Imprimatur :

Albi, le 19 août 1998
Monseigneur Roger Meindre

Guérir en famille

Séminaires Saint-Luc

Bernard Dubois

Guérir en famille

3e édition
7e mille

Éditions des Béatitudes

Ce livre a été rédigé à partir de l'enseignement des Séminaires Saint-Luc. Ceux-ci s'adressent en priorité à tous ceux qui pratiquent l'écoute et l'accompagnement et se déroulent au cours d'une semaine au sein de la maison de la Communauté des Béatitudes du Château Saint-Luc. Ils enseignent les fondements anthropologiques de la guérison, puisant aussi bien dans la Révélation et la Tradition patristique de l'Eglise, que dans les connaissances les plus récentes des sciences humaines.

Grâce à une expérience quotidienne de l'accompagnement depuis 1977, ces Séminaires proposent une thérapie chrétienne adaptée aux besoins de l'homme d'aujourd'hui.

ISBN 2-84024-171-4

Burtin, 41600 Nouan-le-Fuzelier
ed. beatitudes@wanadoo. fr
www.editions-beatitudes.fr

Je dédie ce livre à mes parents, à Florence mon épouse et à nos enfants. Auprès d'eux et grâce à eux, j'ai découvert et j'apprends à vivre chaque jour la belle science de l'amour.

REMERCIEMENTS

Je remercie les docteurs Fernand Sanchez et Philippe Madre, Ephraïm et Jo Croissant sans lesquels ce travail n'aurait pas vu le jour ; sœur Claire de l'Eucharistie, madame Catherine Ferran et le père Dominique Herman pour la relecture du manuscrit ; mademoiselle Maylis-Thérèse Dijoux pour le travail de mise en page ; toutes les personnes qui ont suivi les séminaires de formation à l'accompagnement, les membres des Fraternités saint Camille de Lellis et les amis de Saint-Luc qui ont contribué, par leurs échanges et leurs questions, à préciser cet enseignement ; les Editions des Béatitudes qui ont voulu publier ce travail.

SIGLES UTILISÉS

PN 1, etc. Les 54 Poésies de Thérèse, numérotation nouvelle (1979)

NEC : Nouvelle édition du Centenaire des Œuvres complètes de Thérèse de Lisieux en sept volumes, Cerf/DDB 1992

CG : Correspondance générale de Thérèse de Lisieux, rééditée dans la NEC (1992)

MsA : Manuscrit autobiographique, dédié à mère Agnès de Jésus (1895)·; MsB : Lettre à sœur Marie du Sacré-Cœur, Manuscrit autobiographique (1896) ; MsC : Manuscrit autobiographique, dédié à mère Marie de Gonzague (1897)

DE : Derniers entretiens comprenant le "Carnet Jaune" (CJ) de mère Agnès de Jésus, le "Carnet rouge" (CRM) de sœur Marie de la Trinité

LT : Lettres de Thérèse, numérotées

LC : Lettres des correspondants de Thérèse, numérotées, publiées en CG

CSA : Cantique spirituel A ; CSB : Cantique spirituel B dans les œuvres complètes de saint Jean de la Croix, Ed. du Cerf, Paris 1997

OCL : Office Central de Lisieux

PO : Procès de l'Ordinaire, 1910-1911 (publication : Teresianum, Rome, 1973)

PA : Procès Apostolique, 1915-1917 (publication : Teresianum, Rome, 1976)

T. O. B : Traduction œcuménique de la Bible

PL : Patrologie latine

DC : Documentation catholique

Avant-Propos

À la demande de Monseigneur Coffy, archevêque d'Albi, la Communauté des Béatitudes a fondé sur la colline de Cuq les Vielmur, en France dans le Tarn, une maison d'accueil thérapeutique – le Château Saint-Luc – où depuis 1977, médecins, psychologues, psychiatres, psychothérapeutes, prêtres et théologiens sont venus échanger et partager leurs expériences de la guérison, en lien avec d'autres communautés d'Eglise. Plus de dix mille personnes ont ainsi été accueillies, écoutées et soignées avec les ressources des sciences humaines et dans une vision chrétienne de l'homme tenant compte, chez la personne, de son corps, de son âme ou psychisme, et de son esprit, en distinguant soigneusement chacun de ces niveaux sans pour autant les opposer.

C'est une partie de notre expérience que nous partageons dans ce livre. Celui-ci utilise une méthode qu'il importe d'expliciter ici. Depuis que nous sommes engagés dans l'accompagnement, nous constatons que les personnes qui nous demandent de l'aide manquent de structure intérieure. Blessées dès l'enfance, ayant grandi dans un foyer bien souvent fragile ou éclaté, elles ont besoin aujourd'hui d'un soutien, plus précisément d'une source à laquelle elles reviennent boire pour croître sur un chemin de maturité et de guérison.

C'est pourquoi, dans ce livre, nous proposons la sainte Famille – la Vierge Marie, l'Enfant-Jésus et saint Joseph – comme lieu privilégié de guérison des blessures familiales. La Révélation certes, apporte peu de renseignements sur le vécu de la sainte Famille, en particulier sur la place de saint Joseph. Les Evangiles, l'enseignement de l'Eglise restent bien laconiques à ce niveau. Pourtant nous constatons combien les hommes ont soif de répondre authentiquement aux manques affectifs contractés dès l'enfance, qui perturbent douloureusement aujourd'hui leurs relations interpersonnelles.

C'est pourquoi, à partir des données anthropologiques fournies par la Tradition chrétienne et par les sciences humaines, nous avons écouté ces personnes en détresse, en recherchant quels étaient leurs besoins par rapport à la maternité et à la paternité, en précisant quels sont les différences et les points de complémentarité entre l'homme et la femme, entre l'époux et l'épouse. Puis nous les avons conduites dans une expérience humaine et spirituelle au contact d'une mère, la Vierge Marie, et d'un père, saint Joseph. Les résultats obtenus étant très encourageants, nous avons intensifié et développé ce travail qui donne une réponse solide et durable à ceux qui ont manqué de père et/ou de mère. Que de personnes sont entrées dans la sainte Famille et ont trouvé réponse à leur désarroi ! Vous pouvez à votre tour vous tourner vers la Vierge Marie et vers saint Joseph en leur demandant de répondre à votre attente affective. Le Christ vous offre ses parents : il sait qu'ils sont capables de suppléer aux manques d'amour maternel et paternel de votre enfance.

Bon nombre d'informations contenues dans cet ouvrage pourront vous sembler intellectuelles. Pourtant nous vous invitons à entrer dans une expérience intérieure, à méditer chacun des chapitres plutôt que de survoler certains passages. Car cet enseignement est l'explicitation intellectuelle d'une expérience de libération et de guérison. L'expérience a précédé l'intellectualisation. Puisse ce livre vous entraîner à vivre à votre tour une libération et une maturation intérieures.

Le plan de ce livre offre un parcours progressif, selon une pédagogie précise. Après avoir posé quelques bases indispensables pour comprendre certains aspects de l'anthropologie de la famille (chapitre 1), nous commençons par contempler la femme dans sa vocation éternelle de par Dieu, aux côtés de l'homme (chapitre 2). Car tout commence par la femme : c'est là que nous entrons dans la Nouvelle Naissance (chapitre 3), avant de passer de la mère au père (chapitre 4) pour y rencontrer le vrai visage de la paternité (chapitre 5). Chacune des étapes correspond à la croissance humaine, psychologique et spirituelle, que nous retraçons en nous mettant à l'école de l'Enfant-Jésus (chapitre 6). Nous terminons en illustrant ce parcours par l'exemple impressionnant de sainte Thérèse de l'Enfant-Jésus et de la Sainte Face, Docteur de l'Eglise autant par sa vie que par son enseignement (chapitre 7) ; puis par trois témoignages de personnes marquées par des conditions de vie particulièrement douloureuses : une jeune maman célibataire, une mère de famille nombreuse et une laïque consacrée (chapitre 8).

Chapitre Premier

ANTHROPOLOGIE DE LA FAMILLE[1]

1. Ce recueil a été écrit à partir de conférences enregistrées sur cassettes. Le style oral a été partiellement maintenu pour conserver la simplicité des enseignements de séminaires. D'un chapitre à l'autre, quelques répétitions demeurent afin de favoriser un apprentissage progressif.

INTRODUCTION

Il est indispensable de définir les bases anthropologiques de la famille avant d'esquisser pour elle un chemin de guérison. En effet, la famille est particulièrement attaquée depuis quelques décennies. Si elle est actuellement une cible de choix, cela a – à notre avis – un sens bien précis : c'est le combat de la fin. Le Saint-Père le rappelait à l'occasion de la journée des familles[2], en relevant que le moment de la tentative de son assassinat avait correspondu au premier jour de la Commission sur la famille.

C'est pourquoi, pour affronter un tel combat spirituel, il faut s'appuyer sur le modèle que le Seigneur nous donne : sa propre Famille.

1. La sainte Famille : un modèle

A l'intérieur de la famille, la femme est soumise à rude épreuve. Elle vient de vivre, au cours de la deuxième partie du XXe siècle, une phase importante de sa croissance dans l'humanité en acquérant une certaine libération face à l'homme et en prenant mieux conscience de sa place unique dans le couple. Pourtant elle semble s'acheminer vers une perte dramatique : celle de sa vocation profonde en Dieu. Si la femme oublie Dieu et son rôle irremplaçable dans le salut de l'humanité, l'homme à son tour sera perdu. Car il naît de la femme et sans son aide, il ne saura plus qui il est, il ne pourra plus devenir lui-même : il ne pourra pas réaliser sa vocation d'homme, d'époux et de père.

---

2. Le 2 février 1994, en l'année de la famille.

Pour y porter remède, nous avons besoin de découvrir en la personne de Marie une femme totalement féminine, une épouse et une mère selon le cœur de Dieu. Marie peut devenir un exemple très guérissant pour la femme et l'aider à retrouver sa véritable vocation. De plus, elle nous introduit dans la sainte Famille et dépose l'Enfant-Jésus en nous. Ainsi, par son Fils, elle nous amène dans la Famille Trinitaire[3] et nous donne la Vie divine.

Mais nous ne pouvons pas vivre pleinement l'intimité avec la sainte Famille si la vie spirituelle reste centrée sur les personnes du Christ et de la Vierge Marie, sans faire sa place à saint Joseph. Agir ainsi, c'est tronquer la sainte Famille et déformer la réalité de l'Incarnation du Verbe de Dieu. Ne séparons plus l'époux de son épouse, le père adoptif de son enfant, saint Joseph de la Vierge Marie et de leur Fils Jésus. Quand Dieu décida de venir vivre au milieu des hommes, ouvrit les cieux et descendit, il s'adressa non pas à une femme seule mais bien à un couple. Car il est écrit dans l'Evangile de saint Luc : *L'ange Gabriel fut envoyé par Dieu (...) à une vierge fiancée à un homme du nom de Joseph, de la maison de David ; et le nom de la vierge était Marie*[4]. L'Ecriture prend soin de spécifier, avant même de la nommer, que la jeune fille est donnée en mariage à Joseph, de la *maison de David.* Dieu manifeste par là le plan de l'Incarnation : il parle à une famille, à une maison de sang royal, et à un petit peuple. Le premier nom prononcé par l'évangéliste est celui de Joseph, qui s'efface ensuite devant celui de Marie : ainsi la sainte Famille est rattachée à une histoire. Si nous oublions cet homme, non seulement nous nous privons d'un modèle d'époux et de père dont nous avons pourtant un réel besoin, mais nous faisons l'économie d'une partie de l'Incarnation, avec les graves conséquences que cela suscite. C'est malheureusement ce qui se passe trop souvent en Occident actuellement. La vie trinitaire ne nous est pas donnée par une seule personne – Marie – mais également par Joseph, c'est-à-dire par un couple, par une famille. Cette vérité est très incarnée : ses conséquences sont inestimables.

---

3. L'icône de la sainte Famille (située entre les pages 32 et 33) provient de « EDITRICE SHALOM, 15 Via industria, 60 037 Monte San Vito (AN), Italie. Tel (071) 74 50 440. Fax (071) 74 50 140 ».

4. Lc 1, 26-27. Les citations bibliques sont tirées de la Bible de Jérusalem, sauf indication contraire.

2. L'HOMME, UN ÊTRE FAMILIAL EN CROISSANCE

Pour mieux comprendre ce qui suit, nous rappellerons deux notions anthropologiques indispensables pour découvrir l'importance de vivre dans la sainte Famille :

– L'homme est un être en devenir, un être en croissance. A chaque instant, où qu'il soit, quoi qu'il fasse, il est en changement potentiel : c'est un être en marche.

Plus on adhère à cette vision dynamique de l'homme, plus on saisit la mission de l'accompagnateur ou de l'éducateur. Leur travail consiste à faciliter le changement, à l'introduire ou à le permettre. Nous pouvons être les révélateurs de cette capacité de l'enfant (ou de l'adulte) à introduire le changement dans sa vie.

– L'homme est aussi un être communautaire, un être familial. Il est créé pour vivre en relation avec d'autres car *il n'est pas bon que l'homme soit seul*[5]. Il ne peut être pleinement lui-même qu'en étant inclus dans une cellule familiale élargie. Dans la tradition judéo-chrétienne, la famille est la seule réalité sociale et spirituelle authentique. Le couple n'existe pas pour lui seul, comme une fin en soi : il est destiné à *être fécond* et à *multiplier*[6], car l'homme est coopérateur de Dieu[7], co-créateur avec lui. La promotion du seul couple – comme se suffisant à lui-même – est une notion moderne et profane qui découle d'un environnement égocentrique sous tendu par une perspective individualiste. Il en est de même de la famille nucléaire (les parents avec seulement un ou deux enfants).

Le Seigneur désire reconstruire la famille ; il suscite pour cela une pastorale familiale[8] et développe aussi, dans la mouvance de son Saint-

5. Cf. Gn 2, 18.

6. Gn 1, 28.

7. 1 Co 3, 9.

8. JEAN-PAUL II, *Exhortation apostolique « Familiaris consortio »*, 1981 ; *Lettre aux familles* (2 février 1994, année de la famille) ; *Lettre aux enfants* (13 décembre 1994, année de la famille) *Discours à Rio de Janeiro* (octobre 1997).

CONSEIL PONTIFICAL POUR LA FAMILLE, *Vérité et signification de la sexualité humaine : des orientations pour l'éducation en famille* (8 décembre 1995) ; *Préparation au sacrement de mariage* (13 mai 1996) ; *Aide pastorale pour la préparation de la IIe rencontre du Saint-Père avec les familles* (février 1997) ; *Vade-mecum pour les confesseurs sur certains sujets de morale liés à la vie conjugale* (12 février 1997) ; *La famille : don et engagement, espérance de l'humanité* (septembre 1997) ; *Famille, mariage et «unions de fait»*, DC 2001, n°2242, p. 160-178. Tous ces documents sont disponibles sur le site internet du Vatican à l'adresse suivante : http :/www. vatican. va/ (site francophone : http ://www. vatican. va/phome_fr.htm).

Esprit, des « Communautés Nouvelles » qui redonnent une véritable image de la famille : toutes les tranches d'âge y sont représentées. En Afrique et dans certains pays d'Orient, la famille comporte encore les parents, les grand-parents, les oncles et les tantes, les cousins et cousines. Dans les maisons de la Communauté des Béatitudes, on constate combien la présence des enfants et des personnes âgées (d'une « grand-mère » ou d'un « grand-père ») est guérissante. Voilà l'œuvre de Dieu : ces grandes familles ont pour vocation d'être, à l'image de la sainte Famille, des foyers d'amour et de lumière, des lieux de guérison, d'apaisement, de reconstruction de l'identité pour les jeunes aujourd'hui.

LA FAMILLE, IMAGE DE LA TRINITÉ

1. Le modèle trinitaire

Dieu est famille. L'homme est un être familial car il a été créé à l'image de la Sainte Trinité. Il est sans cesse invité à entrer dans la dynamique trinitaire entre les Personnes divines qui s'aiment et vivent constamment une relation d'amour, dans le plus profond respect de leur identité. Le Père aime le Fils et il lui fait tout connaître[9]. Le Fils aime le Père et il fait tout ce qu'il voit faire au Père[10]. L'Esprit Saint est la communion d'amour qui lie le Père au Fils et le Fils au Père. Chacune des personnes de la Trinité est absolument unique, mais en même temps totalement unie aux deux autres.

L'amour du Père, du Fils et de l'Esprit est caractérisé par un mouvement circulaire, une circulation d'amour. Dans la Trinité, les trois Personnes sont en relation de commune union. Chaque personne se reçoit totalement du don des deux autres et se donne entièrement, réalisant un mouvement permanent où chacun se vide et se remplit de l'autre, où chacun est accueilli et accueille l'autre. Il y a donc une dynamique relationnelle qui est la caractéristique de l'amour.

---

9. Cf. Jn 3, 35.
10. Cf. Jn 5, 19.

L'amour : l'unique mouvement qui est en Dieu

Voilà le modèle trinitaire, le modèle parfait : *Dieu est amour*[11], Dieu n'est qu'amour, l'amour en mouvement, l'amour qui se donne et se déverse sans cesse. La sainte Famille est une « petite trinité sur la terre », car entre Marie et Joseph, près de Jésus, est vécue la même dynamique d'amour, la même plénitude d'accueil et de don mutuel. Dans la Trinité Sainte comme dans la sainte Famille, chacune des personnes se reçoit et se donne. Nous n'aurons pas d'autre modèle que la Famille Divine qui s'explicite dans l'incarnation par la sainte Famille. Le secret de toute famille humaine est contenu dans cette relation : la plénitude de chaque personne est dans le don à l'autre. Dieu est famille et en façonnant l'homme, il n'a rien fait d'autre que de créer une famille. Là, chacune des personnes s'offre dans le respect de l'identité personnelle et de la communion, comme l'explicite saint Grégoire de Nysse[12] : les « trois soleils divins » ne donnent qu'une seule et même lumière. C'est donc bien la Trinité qui sera notre modèle. On ne peut pas être père, mère, enfant, on ne peut pas être famille si on ne participe pas au mouvement trinitaire, à cet échange d'amour.

Dieu inclut l'homme dans le mouvement trinitaire

Dès le premier instant de la création du couple, Dieu a inclus l'homme dans ce mouvement trinitaire, dans ce mouvement circulaire familial. Certes l'homme est distinct de Dieu, il n'est qu'une créature façonnée à partir de la glaise du sol ; mais cette glaise modelée par Dieu est animée de son souffle[13], et reçoit par là les prémices de l'Esprit Saint. Dès lors, Dieu habite l'homme et l'homme devient la demeure de Dieu. Grâce au souffle initial, puis à la plénitude de la grâce offerte par le sacrement du baptême, nous sommes introduits dans la circulation d'amour. L'Esprit Saint toujours présent en l'intime de l'homme, nous fait vivre en relation avec le Père et le Fils, nous replaçant constamment dans la dynamique trinitaire.

---

11. 1 Jn 4, 8.

12. *Les Sentences des Pères du désert,* Nouveau recueil, Abbaye saint Pierre de Solesmes, 72. Sablé sur Sarthe, 1970, n°2, p. 13. On demanda à notre père Grégoire le théologien : « Comment le Fils et le Saint-Esprit sont-ils égaux au Père ? » Il répondit : « Comme le mélange unique de la lumière de trois soleils proches l'un de l'autre, ainsi est la divinité. »

13. Cf. Gn 2, 7.

Par Marie...

C'est à l'Esprit que revient la mission de nous introduire dans la vie trinitaire. C'est à Marie, pleinement femme et mère, *comblée de grâces*[14], parce que revêtue de la plénitude de l'Esprit, que revient la mission de refléter à la perfection, dans son humanité, l'amour maternel de l'Esprit. Car l'Esprit, en lui donnant de porter le Fils au Père, l'a entrainée de façon privilégiée dans ce mouvement d'amour.

Si nous contemplons le mystère trinitaire, si nous nous laissons introduire dans ce mystère, nous pourrons reconstruire une famille pleinement humaine et chrétienne. Mais pour que cela soit possible, il faut vivre de la Trinité, incarner en quelque sorte, par la grâce de la sainte Famille, cet amour divin. Nous sommes tous, dans nos familles ou dans nos communautés, des lieux d'incarnation[15] pour la Trinité Sainte.

2. Le péché originel

Cependant l'expérience confirme que nous ne le vivons pas. Pourquoi ? A cause du péché, en particulier du péché originel qui nous fait sortir de la circulation d'amour. En dehors de la dynamique d'amour, il n'y a pas de vie possible, et l'homme est sujet à la douleur de la blessure, à la souffrance et à la mort. Le péché le coupe de l'amour et l'arrache à la circulation trinitaire.

Comment cela est-il possible ? Par l'orgueil. Et de fait c'est bien cette autre dynamique que le Serpent propose à l'homme : une dynamique de rupture qui place l'homme en dehors de la circulation d'amour et qui induit trois conséquences : le refus d'accueillir, le refus de donner et la perturbation de la relation.

Le refus d'accueillir

L'orgueil se manifeste d'abord par le refus d'accueillir : je ne reçois plus d'un autre, je n'attends plus rien de lui à cause du doute et du soupçon

14. Lc 1, 28.

15. Cf. la prière d'Elisabeth de la Trinité « O mon Dieu, Trinité que j'adore » : « O Feu consumant, Esprit d'amour, 'survenez en moi', afin qu'il se fasse en mon âme comme une incarnation du Verbe : que je lui sois une humanité de surcroît en laquelle il renouvelle tout son Mystère. »

introduits dans la relation ; je veux prendre moi-même. L'homme ne veut plus recevoir de ses parents, ni par conséquent de Dieu, la connaissance, le discernement, la loi et la morale, l'apprentissage du pardon et l'amour des ennemis... Il se gère lui-même tout seul, il rompt avec la dynamique d'accueil et de don où il est révélé par l'amour de l'autre. Il veut se révéler à lui-même par lui-même, c'est-à-dire se réaliser tout seul, dans l'indépendance. N'étant plus en attitude d'accueil, il devient celui qui prend aux autres ce dont il a besoin et qui annonce à qui veut l'entendre qu'il est source, que tout cela vient de lui : « je sais », « je peux », « j'y arriverai »[16].

Fondamentalement, il se coupe du regard du Père. Cela signifie, de manière très incarnée, qu'il rompt, dans sa blessure d'enfance, avec le regard de ses propres parents. La rupture au niveau psychologique se répercute dans une coupure spirituelle avec le regard du Père. Cela suscite une pathologie particulière qui est très fréquente actuellement chez les jeunes : la pathologie de l'identité[17].

Le refus de donner

A côté du refus d'accueillir, la deuxième conséquence de l'orgueil est le refus de donner. On entre alors dans la pathologie de l'égocentrisme : « Tout pour moi ». Je ne donne plus, je ne me donne plus, mais je m'approprie les choses et les personnes, et je les garde pour moi. De plus, ce que je prends se substitue à ce que je suis. Je remplace mon identité personnelle que je ne reçois plus de Dieu et d'un autre, par ce que j'accapare. J'entre alors dans un substitut d'être, je m'appuie sur un avoir ou un pouvoir ou un paraître pour vivre.

---

16. Alors que Dieu seul est source ! Nous sommes canal ou fontaine de ce que nous recevons de lui. Cf. 1 Co 4, 7 : *Qu'as-tu que tu n'aies reçu ? Et si tu l'as reçu, pourquoi te glorifier comme si tu ne l'avais pas reçu ?*

17. Coupé du regard parental, l'homme n'est plus en disposition de se recevoir librement d'un autre. Il apprend alors à se débrouiller tout seul, mais en raison de sa culpabilité et de son agressivité, il devient dépendant du regard des autres et de son propre regard. Regards qui sont toujours porteurs d'une accusation, d'un jugement et d'une condamnation qui empêchent d'être soi-même véritablement.

La perturbation de la relation

La troisième conséquence de l'orgueil apparaît dans la relation. Suivant les moments et les personnes, cela donne une attitude d'indépendance ou une relation fusionnelle.

– L'attitude d'indépendance signifie : « Je n'ai pas besoin de toi », « je n'attends rien de toi parce que je me débrouille très bien tout seul », « je ne reçois rien de toi, je n'ai donc rien à te donner ».

– Dans d'autres cas, ce sera une dépendance fusionnelle[18], c'est-à-dire un ersatz d'amour parce que la circulation d'amour trinitaire est coupée. « J'entre en relation avec toi pour te dominer et t'englober en faisant de toi ce que je veux. » L'autre n'a d'intérêt que pour moi ; il devient l'objet dont je me sers, et je lui prends même ce qu'il n'a pas envie de me donner. Je me considère comme le centre du monde. Mon identité dépend de la disparition de l'identité de l'autre. La relation est vécue dans un rapport de forces dans lequel je domine l'autre.

Pour une autre personne, la situation pourra aussi bien s'inverser. Dans ce cas « je me laisse dominer et englober par toi, espérant ainsi que tu continueras à m'aimer et que tu me donneras mon identité ». L'intérêt que je porte à l'autre passe par la négation de moi-même : je suis l'objet dont il se sert, et j'accepte qu'il soit le centre de mon monde intérieur. J'abdique en face de lui ce que je pense, désire, ou aime – surtout quand je ne suis pas d'accord avec lui –, dans la crainte de ne plus être aimé de lui.

L'immaturité psycho-affective

Que je domine l'autre en l'empêchant d'être ou que je me laisse dominer en me niant moi-même, dans les deux cas apparaît une relation fusionnelle qui mène à la mort. Ce processus émerge chaque fois que nous sortons de la circulation d'amour trinitaire. Il caractérise l'état d'immaturité psycho-affective dans lequel la personne est asservie par ses émotions de peur, de colère, de jalousie… Elle entre alors dans un système d'isolement où la véritable relation s'avère impossible.

Pour quitter l'infantilisme affectif et découvrir la véritable enfance spirituelle, il faudra donc premièrement prendre conscience de la blessure

---

18. La relation est fusionnelle quand il y a mélange des personnalités jusqu'à la perte d'identité d'un ou des deux participants à la relation (cf. J. LAPLANCHE, J.B. PONTALIS, *Vocabulaire de la psychanalyse*, Presses Universitaires de France, Paris 1967, p. 509.

initiale qui a occasionné la fracture dans la circulation d'amour, pour ensuite retrouver le chemin de la réintégration.

3. Le travail de deuil

Comment réintégrer la circulation d'amour ? Par ce qu'il est convenu d'appeler le travail de deuil, c'est-à-dire un travail d'enfantement qui permet de passer d'un état à un autre. Nous sommes amenés à vivre ce deuil parce que nous nous sommes éloignés de la manière de vivre trinitaire. Nous nous sommes construits sur un égocentrisme et un esprit d'indépendance, dans des relations fusionnelles et un infantilisme psycho-affectif. C'est pourquoi cette rééducation devient nécessaire. Notre identité ne se prend pas : elle se reçoit et se forme par le don. Si nous n'étions pas dans l'égocentrisme, nous n'aurions pas besoin de vivre cette nouvelle naissance[19]. Le travail de deuil est une œuvre de sanctification, un passage, par la Croix, de l'état d'égocentrisme à l'état d'oblativité. Si nous vivions continuellement dans l'oblation, le travail de deuil ne serait plus nécessaire.

Le courage d'avoir peur[20]

Nous arrivons là à une grande difficulté de tout travail de deuil, à un véritable nœud : nous avons peur de la mort. Dans la mesure où nous nous accrochons à des substituts d'être, nous craignons de perdre ce à quoi nous tenons : nos avoirs, nos pouvoirs, nos paraître. Toute situation de perte, tout lâcher-prise est vécu dans la peur comme une mort potentielle de notre être. Pourtant il n'en est rien. Seuls disparaissent les ersatz d'amour, mais notre véritable identité, notre être profond avec toute sa capacité à aimer, demeure. C'est pourquoi on peut dire que la mort précède la vie ! La mort débouche sur plus de vie. On peut même affirmer, grâce à la victoire du Christ, que la mort est engloutie par la vie, que nos peurs sont vaines et imaginaires. Thérèse de l'Enfant-Jésus – qui a connu les affres de l'agonie – dit au sujet de sa propre mort : « Je ne meurs pas, j'entre dans la vie[21]. » On

19. Jn 3, 3.
20. M. D. Molinié, Ibid., Le Cerf 1978.
21. S. Thérèse de l'Enfant-Jésus, LT 244, à l'abbé Bellière, 9/06/1897, 29, NEC, Cerf/DDB 1992, p. 1015.

objectera qu'elle est bien morte… ! Non, elle ne meurt pas, elle vit maintenant au cœur de la circulation trinitaire.

De l'infantilisme à la voie d'enfance

Le passage de l'infantilisme à la voie d'enfance nécessite une rupture profonde et une mort à soi-même. Dans la vie de Thérèse de l'Enfant-Jésus, le moment charnière est le fameux épisode de Noël 1886. Jusque là, elle était dominée par ses émotions et demeurait dans l'infantilisme. Elle pleurait pour un rien puis « pleurait d'avoir pleuré »[22]. Elle n'arrivait pas à se décentrer d'elle-même. Mais au Noël de ses quatorze ans, son père la provoqua par une réflexion de douloureuse lassitude : « Heureusement que c'est la dernière année[23] ! » Il se produisit alors dans le cœur de Thérèse une crise profonde, à la fois humaine et spirituelle, la tentation de demeurer dans l'infantilisme en se repliant sur son chagrin toute seule dans sa chambre. Mais Thérèse prit une autre décision : elle sècha ses larmes et elle redescendit l'escalier comme si de rien n'était. La voie d'enfance s'inaugurait pour elle.

Poser un nouveau choix

Dans nos histoires aussi, il existe des épisodes de Noël. Peut-être avons-nous vécu une proposition analogue et nous ne l'avons pas acceptée parce qu'elle supposait un renoncement, une mort à nous-mêmes. Il est important de rechercher ces événements dans la vie des personnes que nous avons à accompagner, pour les aider à poser un nouveau choix, une décision de changement qui inclut toujours le passage de l'égocentrisme vers l'oblation. En les replaçant symboliquement dans la situation ou l'événement-clé, au moment où elles ont dit non, nous leur permettons de découvrir que le passage est toujours possible aujourd'hui : elles peuvent entrer dans la voie d'enfance et vivre dorénavant dans la circulation d'amour.

Faire mémoire du passé

Outre le fait de poser un nouveau choix, le deuxième moyen pour sortir de nos attachements mortifères au passé est d'utiliser ce passé pour faire mémoire des expériences que le Seigneur a permises.

La Providence manifeste la paternité de Dieu au travers des événements. Elle comporte des moments agréables et consolants, d'autres agressants et

22. S. THÉRÈSE DE L'ENFANT-JÉSUS, MsA, 44v°, 15, NEC, Cerf/DDB 1992, p. 139.
23. S. THÉRÈSE DE L'ENFANT-JÉSUS, MsA, 45r°, 15, NEC, Cerf/DDB 1992, p. 141.

douloureux. Ces derniers nous amènent à des lâcher prise, à des deuils qui nous font grandir si nous savons en faire mémoire. Alors ce vécu, si dramatique parfois, devient une histoire sacrée. Faire mémoire consiste à faire eucharistie, c'est-à-dire à prendre conscience que les lâcher prise successifs sont en fait des moyens providentiels de croissance : « Je ne meurs pas, j'entre dans la vie. » Ce qui était pour moi une peur de l'inconnu, devient une expérience de la confiance. Faire confiance en un autre consiste à traverser la peur du lendemain, à faire un saut dans le vide, à affronter la crainte qu'il n'y ait rien de l'autre côté, à accepter l'insécurité fondamentale de ne pas compter uniquement sur soi, sur ce que l'on connaît, sur ce que l'on possède. La confiance fait franchir la peur du renoncement, la crainte devant la souffrance, l'incertitude du lendemain.

C'est une constante de la vie des hommes. Notre vie est un travail de deuil incessant, le passage de l'état de pécheur à l'état de ressuscité. Elle est constamment émaillée de morts pour une résurrection. Chaque mort est un passage qui ouvre à plus de vie. Il n'y a donc pas de réintégration dans la circulation trinitaire sans passer par cette acceptation du deuil.

4. La famille, structure trinitaire

Dans l'accompagnement et la relation d'aide, dans les difficultés d'éducation ou dans les souffrances de la vie de couple, posons-nous la question : Où se situe la rupture dans la relation trinitaire père-mère-enfant ?

C'est une question très réaliste. Nous avons vécu, pendant les vingt premières années de notre vie, dans une famille qui aurait dû être une autre « petite trinité sur la terre ». Nous avons été le fils, la fille, de notre mère, de notre père : il y avait là une certaine circulation d'amour – plus ou moins blessée : parfois sur le mode du manque. Ce passé de l'enfance n'est pas usé, il n'est pas enterré, il ne se résume pas à quelques vieilles cendres que l'on s'efforcerait de réchauffer ; il est parfaitement présent et agissant dans le quotidien de la vie.

Aujourd'hui nous rencontrons des équivalents paternels (le beau-père, le Pape, un directeur d'usine, un père abbé, le berger du groupe de prière, le curé de la paroisse…), des équivalents maternels (la belle-mère ou des milieux qui donnent vie comme une communauté, l'Eglise, le groupe de prière, la paroisse…) : nous vivons alors des difficultés relationnelles vis-à-vis d'eux qui témoignent de la perturbation de la circulation d'amour initiale. Car ce que je vis aujourd'hui dans la relation – mon comportement, mes émotions – révèle que mon enfance est parfaitement actuelle ici et maintenant.

Le deux et le trois

Nous naissons dans une famille et nous avons besoin d'elle pour croître. Or toute famille devrait fonctionner sur le modèle trinitaire, celui du « trois » en « un ». Ainsi la tradition juive enseigne que la lettre *beth* (b) qui est aussi le chiffre deux, manifeste le créé tandis que *aleph* (a), le « un » est l'expression de l'unité, du divin[24]. Le « deux » ne peut pas se suffire à lui-même, au risque de se réduire à un antagonisme destructeur : il appelle le « trois » et le « un ». Ainsi le couple n'est jamais une fin en soi ; pour s'épanouir, il doit déboucher sur la communion de l'amour mutuel (*ils deviennent une seule chair*[25]) et sur une fécondité (*soyez féconds, multipliez*[26]).

La pathologie apparaît chaque fois qu'il y a une rupture dans le fonctionnement relationnel du modèle trinitaire. On réduit la relation trinitaire et on la remplace par un certain nombre de relations duelles : on tombe alors dans un schéma fusionnel potentiel, axé sur un comportement égocentrique dont les deux principales conséquences sont la perte d'identité et l'arrêt de la croissance.

Pour retrouver la dynamique trinitaire, il faudra identifier où et pourquoi la relation est devenue duelle. Puis introduire un tiers entre les deux personnes pour que la relation redevienne porteuse d'identité et de croissance. Toute relation humaine nécessite une ouverture. Il n'y a pas de couple, pas de famille sans ouverture, tout comme il n'y aurait pas de circulation trinitaire sans ouverture. Vous remarquez dans l'Evangile que Jésus se bat contre ce qui enferme l'homme : le repli sur soi, sur sa propre religion (ainsi lorsqu'il donne des Samaritains en exemple, il rompt résolument avec la discrimination des Juifs à leur égard[27]), sur la loi (*le shabbat a été fait pour l'homme, et non l'homme pour le shabbat*[28]), et notamment sur la famille. *Nul n'aura laissé maison, frères, sœurs, mère, père, enfants ou champs à cause de moi...* [29]. *Je ne suis pas venu apporter la paix, mais le glaive*[30]. Jésus est venu réouvrir ce qui était fermé pour introduire l'homme dans la Famille Trinitaire. Issu d'une famille dans laquelle il a reçu

---

24. J. EISENBERG et A. ABECASSIS, *A Bible ouverte*, Présences du judaïsme, Ed. Albin Michel, Paris 1978.
25. Gn 2, 24.
26. Gn 1, 28.
27. Lc 10, 33 ; 17, 16 ; Jn 4, 40.
28. Mc 2, 27.
29. Mc 10, 29.
30. Mt 10, 34.

la vie, celui-ci s'en sépare pour être capable à son tour de constituer une nouvelle famille, humaine ou spirituelle, qui soit le lieu de nouvelles naissances.

Juste distance, séparation et identité

Une famille est un ensemble ouvert sur l'extérieur, dont la particularité est d'être constamment dans un mouvement dynamique de relation et d'amour. Pour qu'il y ait mouvement, il faut qu'il y ait juste distance ; s'il n'y a pas de distance, il y aura fusion de la relation et absence de mouvement. S'il y a trop de distance, il y aura rupture de la relation, indépendance, perte de vie et de croissance. Il y importe donc de garder une juste distance qui tout à la fois requiert nécessairement une certaine séparation dans la relation et évite le piège de l'indifférence – laquelle mène à l'indépendance. Moyennant quoi, l'identité personnelle se développera correctement. Juste distance, séparation et identité sont les trois mots-clés de la relation : c'est par là que l'on vérifie la justesse de l'amour.

Pour qu'une famille fonctionne et qu'elle vive une circulation d'amour, une relation épanouissante entre les membres est nécessaire, chacun étant à tout moment disponible aux autres.

– Prenons l'exemple d'une relation duelle très forte entre deux conjoints : on l'observe chez certains couples qui décident volontairement de ne pas avoir d'enfants. On le remarque aussi chez des couples souffrant de stérilité : c'est souvent le fait que l'enfant soit désiré non pour lui-même, mais pour le couple, qui suscite les problèmes de bioéthique. L'enfant n'est plus perçu comme un don de l'amour des époux. Il devient « optionnel », une option que l'on refuse ou que l'on revendique comme un dû, il est chosifié : il risque de devenir un objet au service du couple. Le couple est alors fermé sur lui-même, et l'enfant n'a plus le droit d'être pour ce qu'il est gratuitement. La fameuse famille nucléaire moderne n'est qu'un ersatz du couple où l'enfant est introduit comme objet de l'amour fusionnel et comme moyen égocentrique de prolonger sa propre existence. Apparemment le couple se donne, mais uniquement à l'intérieur de lui-même, et l'enfant devient un objet de propriété.

– Dans d'autres situations, c'est la mère qui « phagocyte » ses enfants en les prenant pour elle et en excluant le père (comme dans les rejets de paternité après Fivete[31]). La mère vit une relation fusionnelle avec son enfant. Celui-ci n'existe plus en tant que tel, il perd son identité, il « entre

31. FIVETE : Fécondation In Vitro Et Transplantation d'Embryons.

dans la mère » sans avoir accès au père qui est renvoyé à l'extérieur, rejeté par la mère. La mère ne joue plus son rôle qui est justement de permettre la rencontre avec le père. Ce type de pathologie se rencontre dans les processus névrotiques (névroses obsessionnelle ou phobique), dans l'anorexie mentale, et dans les troubles d'identité en particulier l'homophilie.

– La situation inverse, bien que plus rare, donne le même résultat : le couple père-fille, par exemple, se constituera au détriment de la mère méprisée. La fille, coupée de sa mère, ne peut plus trouver de modèle d'identification ; elle n'arrive plus à se situer dans la relation avec son père et tend à confondre sa position avec celle d'épouse.

Recevoir et donner

Il importe donc de veiller à maintenir constamment une relation de circulation entre les membres de la famille. Celle-ci s'établit dans tous les sens, chacune des personnes se recevant des autres mais ayant aussi quelque chose à donner aux autres. Dès que la relation se limite au sens unique, la pathologie apparaît : il y a ceux qui donnent sans rien recevoir et ceux qui reçoivent sans pouvoir donner. Pour amorcer un chemin de guérison, il sera nécessaire de quitter la relation duelle pour retrouver la relation trinitaire ; mais aussi réintégrer ce double mouvement de recevoir et de donner.

Dans l'éducation, cela se vérifie constamment : il est bon de laisser à l'enfant la possibilité de donner quelque chose à ses parents.

– Le pardon en est un excellent exemple. Pour que l'enfant découvre la richesse du pardon, pour qu'il accueille le don de la miséricorde, le don « par-dessus le don », il suffit qu'il expérimente que ses parents lui demandent pardon de leurs erreurs, par exemple lorsqu'une correction a été disproportionnée par rapport à la faute commise. L'autorité des parents en ressort toujours fortifiée car ils offrent à leur enfant l'occasion de donner. Et l'enfant devient capable à son tour d'entrer dans une démarche de demande de pardon.

– La bénédiction paternelle est un moment important du coucher. Mais pourquoi ne pas demander à l'occasion à vos enfants de vous bénir, lors de la prière du soir par exemple ? Là encore, vous leur offrez la possibilité de vous donner quelque chose. Vous augmentez leur identité car ils découvrent la valeur irremplaçable du don d'eux-mêmes. Ils réalisent qu'ils sont importants pour vous. Ils entrent dans une nouvelle circulation, dans une autre façon d'être qui constitue leur identité.

Nous avons vu précédemment que les troubles d'identité, si fréquents actuellement, trouvaient leur origine dans la rupture de circulation entre le père, la mère et l'enfant. Que chacun donc reprenne sa place dans le mouvement dynamique de la relation familiale. L'enfant a besoin de donner à son père, à sa mère, tout comme il a besoin de se recevoir de leur amour. De même les parents donnent ce qu'ils sont, mais ils peuvent aussi recevoir l'un de l'autre, et de leurs enfants.

La pathologie familiale découle donc d'une anomalie dans la relation d'amour trinitaire, d'une perversion du don et de l'accueil, d'un ralentissement voire d'une absence de circulation entre deux personnes. L'autre devient alors l'objet de mon désir : je m'efforce de le dominer, de l'inclure dans mon champ d'influence. J'entre avec lui dans une relation d'amour-haine : je l'aime mais je l'étouffe. Je l'aime mais la relation, parce qu'elle est fermée sur elle-même, mène vers un isolement.

L'introduction d'un tiers dans la relation duelle provoquera un changement d'équilibre et induira nécessairement un deuil, une mort à certains substituts d'être, mais pour une croissance de la vie.

Dans l'accompagnement d'un couple, le travail thérapeutique suscite fréquemment une remontée d'angoisse. Car le chemin de guérison commence toujours par une ouverture dans la relation qui suppose une mort à soi-même. Ce travail de deuil aboutit au fait que l'intrus du début (par exemple le père dans une relation mère-enfant) devient à terme le bienvenu. C'est grâce à l'introduction d'un tiers dans une relation duelle que l'identité se met en place car la personne se décentre progressivement d'elle-même. Ce changement la dérange et l'appelle à donner, puis finalement à ne plus s'appartenir. Ce qui signifie : ne plus être maître du jeu, mais se recevoir à nouveau dans l'amour d'un autre. Comment cela est-il possible ? Par la confiance puis l'abandon qui nous font perdre nos sécurités personnelles. Un tel travail d'enfantement est profondément déstabilisant ; ne nous étonnons donc pas si le fait de grandir dans l'intimité de la sainte Famille provoque quelques angoisses ou réactions de défense !

L'exemple des communautés nouvelles

Dans le contexte d'une communauté rassemblant en un même lieu des célibataires et des familles, on puise des exemples qui illustrent bien notre propos.

– Les célibataires consacrés signifient un aspect particulier de la vie familiale à laquelle sont appelés tous les baptisés. Dans le passé de l'Eglise, avant le concile Vatican II, on opposait volontiers clergé et peuple des fidèles, virginité consacrée et mariage. Or la consécration n'a pas besoin de cette opposition pour définir la grandeur de son appel. Les célibataires consacrés manifestent la grâce prophétique du Royaume. Ils figurent l'union sponsale de l'homme avec le Christ. Ils signifient jusque dans leur chair l'union au Christ Epoux. Ils sont « les épousés du Christ », non pas pour vivre une relation à deux mais une communion à trois. En intensifiant leurs épousailles jusque dans le don d'eux-mêmes, ils grandissent et découvrent une véritable guérison, non seulement affective mais aussi spirituelle, au sein même d'une communauté élargie. En effet, le consacré risque, surtout au début de la vie spirituelle, de chercher « son petit Dieu à soi ». Tout se résume à « Lui et moi ». Il recrée alors, à un niveau spirituel, une pathologie psychologique sous-jacente. Il ferme à clé la porte de son cœur, afin que personne d'autre ne puisse entrer : « Je vais me retrouver avec mon petit Dieu à moi. » Les autres sont absents de cette relation, qui ne fait pas sa place à l'intercession pour le monde.

C'est aux fruits de la charité que l'on discerne que la circulation d'amour est équilibrée entre une personne et son Seigneur. Si un célibataire consacré a tendance à se dérober devant un acte d'amour concret (comme rendre service, ou faire un travail peu gratifiant…), il laisse apparaître qu'il vit une relation fusionnelle à Dieu. Le chemin de guérison comporte systématiquement l'introduction d'un tiers. L'ermite en est un excellent exemple, qui ne se contente pas de demeurer avec son Seigneur : car tout en vivant une relation sponsale, il porte le monde dans sa prière. L'intercession, la médiation de la prière pour l'Eglise et pour toute l'humanité, est un puissant moyen de guérison pour bon nombre de religieux qui ont perdu le sens de leur consécration. S'ils prennent conscience de leur vocation unique d'intercesseurs auprès du Père, ils retrouvent le sens de leur vie. S'ils s'ouvrent au monde entier dans leur prière, ils enfantent. Ainsi saint Silouane de l'Athos écrivait : « Celui qui prie pour le monde verse le sang de son propre cœur[32]. » La relation sponsale avec le Christ, dans le célibat consacré comme aussi dans le célibat « subi », non choisi, est appelée à déboucher sur une telle fécondité spirituelle, visible ou invisible.

– Les familles quant à elles, en s'engageant dans une communauté nouvelle, vivent également une forme de consécration. Leur présence à côté

32. S. SILOUANE, in Archimandrite SOPHRONY, *Starets Silouane, moine du Mont Athos (1866-1938). Vie – Doctrine – Ecrits,* Ed. Présence, n°5, 1978 Sisteron.

des célibataires est prophétique pour l'Eglise aujourd'hui. Elles incarnent un autre visage de la Sainte Trinité, d'une autre façon éminemment complémentaire. Elles ne figurent pas d'abord l'union sponsale avec le Christ, mais le mystère de la filialité et de la paternité. La famille rappelle constamment que nous sommes tous fils d'un même Père, grâce à l'Esprit Saint qui nous y conduit en Marie. La présence des enfants, d'un père et d'une mère dans une communauté permet à chacun de visualiser, de toucher, d'expérimenter le mouvement d'amour trinitaire qui circule entre les parents et les enfants, c'est-à-dire finalement l'amour du Père pour son Fils et du Fils pour son Père. Un tel amour ne peut se vivre que dans l'Esprit Saint.

Les communautés nouvelles ont cela de prophétique qu'elles signifient la vie trinitaire. En rassemblant des célibataires et des familles en une seule communauté, elles manifestent simultanément les deux grandes vocations du peuple de Dieu : les épousailles avec le Christ dans la consécration et la relation filiale avec le Père. C'est pourquoi elles sont des lieux privilégiés de guérison pour ceux qui viennent y vivre quelques jours ou quelques mois. Ces familles élargies, en révélant la vie du peuple de Dieu, sont appelées à être de véritables « petites trinités sur la terre ». Voilà l'œuvre magnifique que le Saint-Esprit suscite aujourd'hui dans son Eglise !

La pédagogie de Dieu passe par la famille. Les parents sont une image du Père pour leurs enfants, et ils leur apprendront, par l'écoute et l'obéissance, à grandir dans leur identité de fils et de fille. C'est à la mère que revient la délicate mission d'amener les enfants au père, comme l'Esprit nous conduit au Père. Ces différents aspects de la vie familiale sont indissociables, soit dans le célibat consacré, soit dans le mariage. Tout homme, toute femme est appelé(e) à être tour à tour : fils, époux et père ou fille, épouse et mère. Cette expression de la circulation d'amour trinitaire est pour tous : c'est la seule relation d'amour possible pour éviter de s'enliser dans une dépendance fusionnelle ou dans une indépendance.

Pour qu'une communauté vive et croisse, elle doit avoir un visage paternel et une dimension maternelle. Dans la structure abbatiale par exemple, le père abbé, la mère abbesse représentent le Christ. Revêtus de l'autorité, ils sont une figure paternelle pour les moines, les moniales. A côté d'eux, le père maître, la maîtresse des novices, font figure de mère pour les plus jeunes vocations qui découvrent la vie monastique. Ils veillent très attentivement sur chacun(e), jusque dans les plus petits détails. Les communautés de ce type, construites sur le modèle trinitaire, respectent la place du père, de la mère, et des enfants, dans une juste circulation d'amour qui aide leurs membres à grandir et à découvrir leur véritable identité de fils ou filles de Dieu.

Les communautés nouvelles quant à elles ont bien vocation d'être ces petits foyers d'amour et de lumière prophétisés par Marthe Robin[33] dès 1936, où chacun peut puiser l'amour et l'espérance dont il a besoin. Dieu les suscite comme des familles élargies qui deviennent lieu de croissance et de vie pour tant de jeunes douloureusement meurtris par le divorce de leurs parents et l'éclatement de leur famille. Elles sont une réponse au drame actuel de la disparition de la famille.

Une réponse aux problèmes d'aujourd'hui

La vision trinitaire de l'homme est la meilleure antidote contre les courants ésotériques qui fleurissent actuellement en Amérique du Nord et en Europe. Dans « le Nouvel-Age » par exemple, l'homme recherche l'union avec Dieu mais par le biais d'une dissolution dans « le grand Tout »[34]. Dans la communion avec Dieu-Trinité, en revanche, chaque être conserve son identité personnelle, sans confusion ni division[35]. La « commune union » trinitaire ne supprime pas l'identité des personnes mais la renforce plutôt, à l'inverse des mystiques naturelles qui tendent à la fusion et à la disparition identitaire[36]. Il suffit que la famille retrouve un mode de fonctionnement trinitaire qui donne une juste place au père et à la mère dans leur relation avec l'enfant pour que la guérison se répande dans notre société.

5. La sainte Famille, lieu de guérison

De là il découle que la sainte Famille est le lieu d'élection de la guérison. Que s'y passe-t-il ? Deux mots, une attitude : une mort d'amour[37]. C'est ce

33. R. Peyret, *Marthe Robin : la Croix et la Joie*, Ed. Peuple libre, Valence 1981, pp. 114-115.

34. K. Koch, *Nouvel Age et foi chrétienne*, Pneumathèque 1990, pp. 23-28.

35. Termes utilisés par le Concile d'Ephèse en 431 ; cf. J. Daniélou, H. Marrou, *Nouvelle histoire de l'Eglise*, T. I, Des origines à Grégoire le Grand, Seuil, Paris 1963, pp. 395-396.

36. Cf. la préface d'Henri de Lubac dans A. Ravier, *La mystique et les mystiques*, DDB 1965, pp. 7-39. Cf. aussi M. Eliade, *Traité d'histoire des religions*, Payot, Paris 1959.

37. Terme créé par Thérèse d'Avila et repris par la petite Thérèse dès sa première communion (cf. MsA, p. 112, note 35r°, 19, NEC, Cerf/DDB 1992).

La sainte Famille (Icône du XXe siècle)

que traduit bien le tropaire de la sainte Famille composé par frère Ephraïm, fondateur de la Communauté des Béatitudes[38] :

– « ...Joseph mourant d'amour pour Marie ». De fait Joseph est l'époux modèle : il livre sa vie pour son épouse. Son Fils Jésus suivra attentivement son exemple, comme l'explicite saint Paul dans son Epître : *Maris, aimez vos femmes comme le Christ a aimé l'Eglise : il s'est livré pour elle*[39]. Le Seigneur pourrait dire : « Comme mon père adoptif a aimé ma mère Marie, moi aussi je livre ma vie pour mon Epouse. »

– « Marie mourant d'amour pour Jésus ». Elle est la mère parfaite, qui a accompli sa maternité en donnant son Fils. Elle a désigné le Père à Jésus durant toute sa vie. Elle l'a laissé partir, elle a accepté de tout son être la séparation que signifiait la Croix. Elle a livré son enfant, son doux agneau entre les mains du Père.

– « Jésus mourant d'amour pour le monde » a livré sa vie pour le salut de chaque homme.

Voilà la circulation d'amour trinitaire dans laquelle nous sommes invités à vivre.

Tout donner et se donner soi-même

Nous retrouvons tout-à-fait ce message chez sainte Thérèse de l'Enfant-Jésus, qui est un exemple de sainteté pour ce siècle. C'est bien l'unique ambition qui faisait battre son cœur : mourir d'amour, donner la vie à en mourir, entrer dans le don total de soi-même jusqu'à se vider de soi[40]. Là se trouve la vraie joie, le bonheur spirituel que suscite l'amour oblatif ; là nous ressemblons le plus à Dieu, nous devenons Dieu. Notre époque est largement tournée vers l'épanouissement de soi ou la réalisation de soi. Or l'épanouissement de soi consiste précisément à se donner. « Aimer, c'est tout donner et se donner soi-même[41] » assurait Thérèse. Il n'y a pas de bonheur en dehors du don total de soi. La trajectoire de la vie familiale est

---

38. « Petite trinité sur la terre, Jésus Dieu sur la terre, Marie épouse de l'Esprit, Joseph ombre du Père, rendez-nous semblables à vous. Petite trinité sur la terre, Joseph mourant d'amour pour Marie, Marie mourant d'amour pour Jésus, Jésus mourant d'amour pour le monde, rendez-nous semblables à vous. »

39. Ep 5, 25.

40. Ph 2, 6-8.

41. S. THÉRÈSE DE L'ENFANT-JÉSUS, *Poésies*, PN 54, 22, 3, p. 247, NEC, Cerf/DDB 1992.

résumée dans une petite phrase : *Nul n'a plus grand amour que celui-ci : donner sa vie pour ses amis*[42]. La famille est inscrite dans le mouvement d'amour trinitaire où chaque membre se donne par amour jusqu'à l'extrême, jusqu'à la mort d'amour (à l'image de ce qu'a vécu la famille Martin[43]). C'est dans cette perspective que l'Eglise ira jusqu'à proclamer bienheureuse une maman qui a préféré mourir pour donner la vie à son enfant[44].

La brisure familiale

Dire que donner sa vie jusqu'à mourir d'amour est le but de la vie familiale ne signifie pas : vivre dans une famille impeccable. Il faudrait, si cela était possible, exorciser nos désirs de perfectionnisme familial et écarter de telles pensées : « Ah ! si je pouvais vivre dans une famille parfaite ! » L'imagerie développée autour de la famille chrétienne, « bon chic bon genre » a parfois un goût d'amère illusion : cette famille polissée, si bien sous tous rapports, est un idéal imaginaire. La véritable famille ne peut pas répondre à un rêve. Elle s'incarne dans un réel qui comporte une brisure, une brèche susceptible d'introduire une ouverture. La famille trop soignée, nimbée d'un certain perfectionnisme, sera une famille centrée sur elle-même, légaliste et manquant de miséricorde, étrangère à la faiblesse et autosuffisante. Elle n'a besoin de personne. Or une vraie famille ne peut se suffire à elle-même : comme la Famille Trinitaire, comme la sainte Famille, elle n'existe pas pour elle seule, mais elle est ouverte sur le monde.

Nos familles sont imparfaites et cela est heureux. La brèche de la faiblesse et du péché les ouvre à un plus d'amour qui est la miséricorde. Il devient alors possible de se donner au-delà de la simple justice, au-delà de ce qui se fait, pour entrer dans la folie de l'amour, jusque dans le scandale du pardon et de l'amour des ennemis. Il n'est pas nécessaire que nos familles soient parfaites, mais bien plutôt qu'elles soient pauvres, ouvertes, voire déchirées, transpercées. Les familles actuelles sont souvent éclatées : cela ne traduit aucunement la mort de la famille, mais l'heure de la puissance de Dieu qui se déploie dans la fragilité de l'homme. Dans cette

---

42. Jn 15, 13.

43. Famille de sainte Thérèse de l'Enfant-Jésus.

44. T. LELIÈVRE : *Jeanne Beretta Molla. Médecin, mère de famille jusqu'au bout.* Pierre Téqui éditeur 1992 ; FEU ET LUMIÈRE, Janvier 1995, n°125 à propos de la bienheureuse JEANNE BERETTA MOLLA (article d'Agnès Renault).

brèche se manifestera le don de Dieu qui nous mènera jusqu'à la mort d'amour. « Moi, je ne peux pas, mais Dieu pourra en moi. » Quand l'homme se heurte à un impossible, il découvre aussi le recours à la confiance et à la dépendance d'amour envers la Trinité Sainte. Demandons au Saint-Esprit d'accomplir dans notre cœur ce que nous ne pouvons pas faire par nous-mêmes.

L'éducation consiste à communiquer la vie divine à nos enfants dans la mesure où nous en vivons nous-mêmes, en étant « trinité sur la terre », en prêchant par l'exemple de notre pauvreté. Que nous sommes lents à croire que l'imperfection héritera de la perfection, la pauvreté de l'amour infini ! Ne restons donc pas dans le désir illusoire d'un idéal jamais atteint, mais soyons réalistes : et la réalité, c'est la Trinité Sainte, c'est l'amour qui se donne. Cette réalité-là s'oppose à toutes les chimères, à ce monde télévisé où l'on ne peut ni sentir, ni toucher, ni goûter parce qu'il s'adresse uniquement à l'imaginaire et crée un espace inconsistant, un monde virtuel.

Il faut toute une vie pour accepter, au prix de bien des luttes, sa vulnérabilité, sa pauvreté, ses limites. Il nous faut tomber des centaines de fois, connaître la maladie, l'épuisement et toutes sortes d'événements qui nous dépassent pour accepter de faire leur place à nos limites. Tant que nous essayons de les contourner, nous tournons en rond, nous restons en dehors de notre être profond ; tant il est vrai que notre être profond ne s'épanouit que dans la circulation trinitaire.

Nos vies sont avant tout marquées par la Croix : c'est bien ce que veulent signifier les époux au cours des mariages croates, qui unissent leurs deux mains sur un crucifix. La famille n'est donc pas d'abord un lieu de refuge. Elle est au contraire le lieu où est dispensé un amour totalement guérissant parce que totalement désintéressé, un amour de la vie, un amour de Dieu qu'il est urgent de communiquer. Il est temps de nous consacrer à Dieu dans nos familles, pour nous donner jusqu'au bout et mourir à la tâche, quelle qu'elle soit, en aimant.

TRAVAIL PRATIQUE

Ce travail peut être commencé seul : il sera alors consigné par écrit de manière à clarifier vos idées. Il peut aussi être entrepris en dialoguant avec une personne de confiance qui vous guidera dans les questions ci-dessous.

1. – Parmi les trois personnes de la sainte Famille (Jésus, Marie, Joseph), de qui suis-je le plus proche ? Qu'est-ce qui m'empêche d'avoir la même proximité de relation avec chacune d'elles ? Est-ce que je consens à partir à la rencontre de celle que je connais le moins, en demandant l'aide des deux autres ?

2. – Après avoir demandé la lumière de l'Esprit Saint, je passe attentivement en revue les relations avec mes proches. Je commence par les personnes que j'aime le plus : ...mon conjoint, chacun de mes enfants, mes parents et grand-parents, mes amis. Je continue avec ma famille élargie (oncles et tantes, cousins...), mes relations professionnelles, sociales... Pour faire cela, je prends trois feuilles de papier (une pour ma famille, une pour mes amis, une pour les autres relations) et j'inscris le nom de ces personnes que j'aime, sur la feuille correspondante. Pour chacune d'elles, je réponds aux deux questions suivantes : Qu'ai-je reçu d'elle ? Qu'est-ce que je lui ai donné ? A partir des résultats que j'obtiens, je constate s'il y a équilibre entre les deux mouvements d'accueil et de don. Sinon, pourquoi ? Comment puis-je y remédier ?

3. – Avec ce troisième exercice, vous allez apprendre à mieux vous connaître. De telles découvertes étant parfois difficiles à accueillir, prenez vous-mêmes le rythme qui vous convient.

- Je reste le temps nécessaire sur la relation avec mes parents, avec mon conjoint, avec chacun de mes enfants. Y a-t-il un déséquilibre dans la relation trinitaire père-mère-enfant ? Si oui, j'essaye d'identifier où et pourquoi la relation est devenue duelle. Puis-je donner plus de place au tiers qui rétablira la relation ? Sinon, pourquoi ?
- J'identifie avec courage où se trouvent mes peurs. Qu'ai-je le plus peur de perdre (avoirs, pouvoirs, paraître, idéaux, relations...) ? Une fois que j'en ai dressé la liste, je continue en recherchant ce qui dans ma vie quotidienne, me met en confiance et me donne la paix. Puis je compare les deux listes et j'en tire si besoin une conclusion pratique.
- Je cherche dans ma vie un événement pénible qui est devenu, malgré tout, porteur de paix parce que j'ai fait confiance. Comment m'y suis-je pris pour traverser la peur de lâcher, la peur de l'inconnu, la peur de

souffrir... ? J'examine soigneusement ces critères puis je fais mémoire de quelques événements douloureux du passé qui ne sont pas encore source de paix aujourd'hui, parce qu'ils restent inachevés et douloureux. Ai-je dans ces cas quelque chose à lâcher ? Puis-je en prendre la décision maintenant ? Si oui, comment vais-je alors la réaliser ?

- Y a-t-il dans ma famille des personnes auxquelles je n'ose pas dire « non », exprimer mes émotions ou mes désirs (opposés aux leurs), ou encore partager ma vie personnelle ? Est-ce que j'accepte de changer, de sortir de cette relation limitée en osant être moi-même ? Comment vais-je m'y prendre ?
- Ai-je complètement coupé la relation avec certains membres de ma famille ? Est-ce que j'accepte d'en prendre conscience et de découvrir pourquoi ?

4. – Je recherche dans ma famille où se trouve la blessure initiale qui a occasionné une fracture dans la circulation trinitaire. J'essaye d'identifier où et comment je suis invité à me donner totalement afin que ma famille vive.

Plus vous avancerez dans ce travail personnel et plus vous vous rendrez compte qu'il est important de ne pas rester seul. Vous aborderez des points douloureux de votre vie qui réclament une guérison intérieure. Faites-vous aider et guider par l'accompagnateur de votre choix. Si vous le demandez au Seigneur avec confiance, il saura vous conseiller et vous éclairer avec un juste discernement sur vous-mêmes et ceux qui vous sont proches.

Chapitre Deuxième

FEMME, ÉPOUSE ET MÈRE

INTRODUCTION

Afin de mieux comprendre quelle est la vocation de la femme, nous contemplerons Marie, petite fille du Père, épouse de l'Esprit, mère du Christ et mère des hommes. Elle n'est pas un modèle inimitable, une statue figée dans une perfection inatteignable. Elle ressemble plutôt à un vitrail qui laisse passer la lumière divine. Elle est un exemple, une école vivante pour toutes les femmes qui désirent accueillir Dieu et le laisser transparaître en elles.

Quand sainte Thérèse de l'Enfant-Jésus affirme que « le trésor de la mère appartient à l'enfant[1] », elle sous-entend bien que Marie n'est pas enfermée dans une sainteté inaccessible mais désire être toute proche de chacun d'entre nous. Voici ce qu'exprime Georgette Blaquière dans son livre *la Grâce d'être femme*. « Une piété mariale mal éclairée plaçait sur un piédestal Marie qui semblait tellement au-dessus des femmes qu'elle les faisait disparaître. (...) Il faut rendre Marie à elle-même car elle n'est pas pour nous un modèle à imiter mais plus profondément une parole vivante de Dieu dite à la femme. (...) Il nous faut apprendre à la regarder, non comme une femme surhumaine, ou inhumaine à force de perfection, mais comme la femme la plus totalement humaine qui soit car elle a en elle le projet de Dieu sur l'être féminin totalement accompli[2]. »

Nous détaillerons trois belles qualités de la femme en Marie :
– elle accueille et donne la vie ;
– elle désigne le père ;
– et elle donne son enfant au père.

---

1. S. Thérèse de l'Enfant-Jésus, PN 54, 5, 4, NEC, Cerf/DDB 1992, p. 243.

2. G. Blaquière, *La Grâce d'être femme*, Ed. saint Paul 1981, p. 178-179. Il est intéressant de consulter les livres récents qui ont été écrits sur ce thème : J. Eisenberg, *La*

LA FEMME ACCUEILLE ET DONNE LA VIE

1. La femme est accueil

C'est sa nature même

Femme se dit en hébreu *nekeva* נקבה, ce qui signifie : « creux », « réceptacle », « créer un espace intérieur ». Qu'elle le veuille ou non, son corps manifeste qu'elle est accueil. Il est tout en souplesse et tendresse. Il est fait pour consoler et donner la vie.

La femme par nature a besoin d'être aimée. C'est pourquoi il lui est donné d'adopter spontanément une attitude éminemment spirituelle : se laisser aimer. Cela lui est plus facile qu'à l'homme, parce qu'elle a été créée pour accueillir. Elle a une disposition particulière pour recevoir – afin de donner en retour. Elle est moins spontanément dans le « faire » que l'homme. Elle a une propension plus grande à l'amour enstatique (mouvement d'accueil) tandis que l'homme vit davantage un amour extatique (il livre sa vie en se donnant). Elle ne peut s'épanouir correctement sans répondre à ce besoin ontologique d'être aimée. Une telle attitude propre à la femme et à l'épouse prédispose à une relation privilégiée avec Dieu en tant qu'époux. Sainte Thérèse de l'Enfant-Jésus l'illustre bien qui disait lorsqu'on lui parlait du ciel : « Je pense seulement à l'amour que je recevrai et à celui que je pourrai donner[3] » ou encore : « Jusqu'à l'infini, j'ai besoin d'aimer[4]. » En ce qui concerne Marie, un prêtre affirmait au cours d'une homélie que sa sainteté ne vient pas seulement du fait qu'elle est mère de Dieu, mais surtout de ce qu'elle s'est laissée aimer, en croyant et en accueillant l'amour de Dieu. Marie a accepté d'entrer dans un amour de préférence. Or cet amour de prédilection, Dieu le propose à chacun d'entre nous. Avec le Christ, avec la Vierge Marie, nous pourrions dire : « Je suis le bien-aimé, l'unique, le préféré, le chéri de Dieu » mais trop souvent nous ne nous ouvrons pas assez à cet amour.

Femme au temps de la Bible, Ed. Stock. L. Pernoud 1993 ; E. Behr-Sigel, *Le Ministère de la femme dans l'Eglise*, Cerf 1987. N. Echivard, *Femme qui es-tu ?*, Ed. Critérion 1985. J. Croissant, *La Femme sacerdotale ou le sacerdoce du cœur*, Ed. des Béatitudes 1992. L. Bouyer, *Mystère et ministères de la femme*, Ed. Aubier-Montaigne. P. Evdokimov, *La Femme et le salut du monde*, DDB. J. Vinatier, *La Femme, parole de Dieu et avenir de l'homme*, Les éditions ouvrières.

3. S. Thérèse de l'Enfant-Jésus, DE, CJ 13. 7. 17, NEC, Cerf/DDB 1992, p. 260.
4. S. Thérèse de l'Enfant-Jésus, PN 53, 2, 7-8, NEC, Cerf/DDB 1992, p. 237.

Marie est proclamée *bienheureuse*[5] parce qu'elle a cru et adhéré de tout son être à cet amour d'élection.

Elle est naturellement religieuse

La femme possède une faculté d'accueil qui la met spontanément en relation avec le monde spirituel. Son autre nom en hébreu est *ishah* אסה (*aleph-chin-hé*[6]) alors que l'homme se dit *ish* איס (*aleph-yod-chin*). Chacun a donc une lettre qui lui est propre. Pour la femme, c'est le *hé*, qui représente le souffle spirituel. Lettre que l'on trouve deux fois dans le tétragramme sacré *YHVH*[7] יהוה (*yod hé vav hé*). Ainsi la femme est-elle prédisposée à une meilleure compréhension des choses spirituelles. Elle aidera l'homme à entrer plus profondément dans la présence de Dieu, et éveillera en lui le désir de le connaître, de le servir et de l'aimer. A l'homme appartient en propre la lettre *yod*, qui représente la main – la main de l'homme mais aussi celle de Dieu. Aussi sera-t-il plus naturellement tourné vers l'action : c'est à lui que revient de façon privilégiée la réalisation concrète, l'incarnation dans l'ici et maintenant des desseins que Dieu confie au couple.

Le femme est donc naturellement plus religieuse que l'homme. C'est un fait avéré si l'on considère le nombre des congrégations religieuses féminines, – deux à trois fois plus élevées que celui des ordres masculins[8] –, et nos assemblées dominicales bien souvent composées aux trois-quart de femmes. La tradition juive, quant à elle, estime que la femme est dispensée de l'observance des six-cent-treize commandements : étant sans cesse en communication avec le divin du fait même de sa nature d'épouse, elle n'a pas besoin de se rendre à la synagogue pour prier[9].

Mais cette aptitude la rend également plus vulnérable aux assauts du démon : elle sera la première à être soumise à la tentation[10]. Si elle est capable d'accueillir la vie et l'amour, elle peut aussi s'ouvrir au mal. Eve fut

5. Lc 1, 48.

6. Ce sont les trois lettres du mot en hébreu.

7. Nom divin (Yahvé) que le grand prêtre prononçait une fois par an dans le Temple de Jérusalem.

8. Annuaire catholique de France, 49e année, 28e édition, Ed. Publicat, Paris 1999 : 266 Ordres, Congrégations et Instituts masculins (pp. 553-602). 687 Ordres, Congrégations et monastères divers féminins (pp. 608-619).

9. Cf. MAÏMONIDE, *le livre des commandements*, Ed. l'âge de l'homme ; J. CARO, *Shaulhan aroukh*.

10. Gn 3, 1-5.

source de chute pour l'homme, mais Marie, la Nouvelle Eve, devient à l'Annonciation le Temple de la Vie, source de notre relèvement.

Sa nature d'épouse et sa disposition à l'accueil lui permettent de percevoir plus facilement l'œuvre de Dieu, l'œuvre de l'Epoux en elle et autour d'elle. Elle écoute et reçoit les nouvelles divines avant l'homme ; nous le voyons chez Marie qui entend l'annonce de l'ange Gabriel trois mois au moins avant que saint Joseph soit prévenu[11] ; nous le voyons chez les saintes femmes (en particulier Marie-Madeleine) qui croient à la Résurrection alors que les Apôtres ne sortent pas encore de leur incrédulité[12].

Elle est prophétique

La femme reçoit souvent l'intuition prophétique dans le couple, elle saisit et comprend l'œuvre du Saint-Esprit bien avant l'homme. C'est pourquoi il est très important pour un époux d'être particulièrement à l'écoute, attentif à toutes les intuitions de sa femme. L'Evangile en donne plusieurs exemples dans la vie de la Vierge Marie. C'est sur sa parole que le petit Jean-Baptiste tressaille dans le sein de sa mère et reconnaît dans l'Esprit la venue du Christ-Messie[13]. C'est sur sa parole encore – *Ton père et moi, nous te cherchons*[14] – que Jésus, à douze ans, accepte de descendre à Nazareth pour se mettre totalement aux affaires de son Père en étant à l'école de son père adoptif Joseph. C'est toujours sur sa parole que s'accomplit à Cana le premier signe de Jésus. Elle dit à son Fils : *Ils n'ont pas de vin*, puis elle ajoute envers les serviteurs : *Tout ce qu'il vous dira, faites-le*[15].

Si elle est prophétique, la femme n'a pourtant pas la faculté de juger des temps et des moments : cette faculté, nous l'avons vu, appartient à l'homme. Aussi a-t-elle besoin de son mari pour incarner ses intuitions dans l'ici et maintenant.

11. Lc 1, 39 ; 1, 56 ; Mt 1, 20.
12. Lc 24, 10-11.
13. Lc 1, 41 ; 44.
14. Lc 2, 48.
15. Jn 2, 5.

Elle est toute intérieure

L'homme, lui, se donne de manière éminente dans l'ouvrage de ses mains, au risque de rester sollicité par ses œuvres et par ce qui lui est extérieur. Peu centré sur lui-même, il peut assumer la souffrance en se donnant dans un travail, dans un apostolat. La femme, elle, ne le peut pas du fait même qu'elle est davantage intérieure[16], au risque cette fois de se centrer sur elle-même dans la souffrance (l'hystérie est plus fréquemment féminine). Elle ne l'affrontera qu'en se donnant, par le biais de la maternité physique ou spirituelle. Elle gère ainsi sa souffrance en donnant la vie.

De ce que nous avons exposé, il découle que la femme court un danger important : celui d'attendre une plénitude de son mari, alors que c'est de Dieu qu'elle doit tout attendre pour vivre un plein épanouissement. Elle est avant tout fille du Père. Si elle reste dans cette attente vis-à-vis de son mari, acculée à la déception, elle risque de se centrer sur ses enfants jusqu'à les empêcher de grandir, établissant avec eux une relation fusionnelle. On observe régulièrement chez la femme une tendance captative, – en particulier envers les garçons – qui s'avère étouffante pour les enfants.

2. La femme est fille du Père

Le lieu d'émerveillement de l'homme

Plus encore que l'homme, la femme est sensible au regard que l'on porte sur elle. Elle a besoin de plaire, d'être reconnue, admirée, et surtout aimée. Cette affirmation n'est aucunement péjorative. Elle porte en elle la nostalgie du premier émerveillement de l'homme, d'Adam sur sa femme Eve, de ce regard qui la ferait être pleinement femme et bonheur pour l'homme. Adam s'émerveille en criant : *Pour le coup, c'est l'os de mes os et la chair de ma chair*[17] ! Le regard de l'homme sur la femme la rend pleinement féminine et épouse. La vocation de la femme est d'être le lieu d'émerveillement de l'homme, et un des besoins essentiels de l'homme est de s'émerveiller de sa femme. Les grandes souffrances conjugales apparaissent quand l'homme est déçu par elle.

---

16. Lc 2, 19 : *Quant à Marie, elle conservait avec soin toutes ces choses, les méditant en son cœur.*
17. Gn 2, 23.

Fille de son papa

Il importe par conséquent qu'elle se souvienne qu'elle est fille de son père, mais aussi et surtout fille du Père. Son développement affectif et spirituel a été marqué par sa relation avec son papa car il représente son premier contact, déterminant pour l'avenir, avec le masculin. En fonction des blessures de l'enfance et des choix qu'elle a posés, elle oscille dans sa relation à l'homme entre deux attitudes extrêmes : la dépendance aliénante (elle abdique devant lui, se laisse dominer et ne peut être pleinement femme) et l'indépendance (typique du féminisme : « Je n'ai pas besoin de toi, je me débrouille toute seule, je ferai aussi bien si ce n'est mieux que toi sans toi »).

Si la petite fille n'acquiert pas une liberté en face de son père, une fois devenue adulte elle ne sera pas vraiment prête à devenir épouse. N'ayant pas pris ses distances par rapport à l'homme, elle ne pourra pas être un véritable vis à vis. Elle risquera fort de passer du schéma de la petite fille obéissante, bien conforme à ce que l'on attend d'elle pour faire plaisir à ses parents, à celui de la femme totalement dépendante de son mari. Etre épouse, c'est avant tout aimer. Epouser, c'est sortir de soi-même pour se donner à l'autre. Mais on ne peut donner que ce que l'on a, ce que l'on est, et si notre être n'est pas achevé, accompli, habité par la présence de Dieu qui fait sa plénitude, il reste encore dans l'attitude de l'attente et non dans celle du don.

Sous le regard du Père

Seul celui qui s'est affranchi du regard des autres pour se tenir résolument sous le regard de Dieu est véritablement libre. C'est le cas de Marie, dont la Tradition rapporte qu'elle aurait vécu au Temple de Jérusalem[18] sous le regard de son Père. Nous la voyons attentive, totalement tournée vers le Père. A l'Annonciation, elle garde dans son cœur le mystère d'enfantement déposé en elle, et laisse au Seigneur le soin de prévenir lui-même saint Joseph[19].

De même la femme ne peut trouver sa liberté et entrer dans une relation fructueuse avec l'homme que si elle prend de la distance par rapport au

18. Cf. le Protévangile de Jacques, in D. Rops, *Les Evangiles de la Vierge*, Ed. Robert Laffont 1948, p. 136-137.

19. Mt 1, 20 : *Ne crains pas de prendre chez toi Marie, ta femme....*

regard de celui-ci pour se placer sous le regard du Père Eternel. Notre relation avec Dieu le Père est fondatrice de notre véritable personnalité. En rejetant le paternalisme, la société patriarcale et l'autoritarisme des pères, – dont les excès ne sont bien sûr pas à cautionner – la femme s'est en fait coupée de la paternité de Dieu qui a le pouvoir de la faire devenir adulte, au risque de rester ainsi une éternelle adolescente.

3. La mère accueille la vie

Il est terrible de rester fille toute sa vie, jusqu'à devenir une « vieille fille ». Toute femme est faite pour être pleinement fille, puis épouse et mère : fille du Père, épouse du Christ, mère des hommes, mère de l'humanité, dans ou à travers une maternité qui dépasse celle de la chair et qui est constitutive de son être profond. Marie est Mère de Dieu, mère du Christ, mère de l'Eglise, mère des hommes.

Nous assistons pourtant dans notre société à une crise de la maternité : les femmes ne veulent plus enfanter, elles refusent de donner la vie. C'est là une stratégie du démon : « Le Malin est jaloux de la femme bien plus que de l'homme, car elle a pour mission première d'être vie, de donner la vie, de mettre au monde et par là de participer de manière extrêmement intime au projet de Dieu. Le serpent sait que pour faire obstacle au projet de Dieu, il doit s'en prendre à la femme pour réduire ses capacités de donneuse de vie[20]. » Si la femme ne redevient pas mère, le monde court à sa perte. S'il n'y a plus de mère, quel sera notre avenir ? Que deviendront nos enfants ? Comment Dieu les fera-t-il siens si nul ne les enfante[21] ?

Le combat actuel prend une tournure eschatologique de plus en plus marquée : car il se porte sur l'identité de la femme, sur la maternité, et sur l'intégrité de la famille. Ce n'est certainement pas un hasard si c'est à la femme que Dieu dit : *Ta convoitise te poussera vers ton mari et lui dominera sur toi*[22], car par nature, c'est la femme qui risque de devenir dominatrice, justement à cause de son pouvoir sur l'enfant qu'elle a mis au monde ; cette tendance insidieuse mais profonde est comme un détournement de l'amour maternel qui, d'oblatif, devient possessif.

---

20. J. Croissant, *La Femme sacerdotale ou le sacerdoce du cœur*, Ed. des Béatitudes, 1992, p. 114. Ce chapitre a été rédigé avec sa participation.
21. Is 37, 3.
22. Cf. Gn 3, 16.

Pour échapper à l'omnipotence de l'homme, la femme aujourd'hui n'a pas vu d'autre solution que de devenir comme lui, sans réaliser que cela l'amènerait à renier sa féminité. Mais il est impossible de travailler comme un homme quand on attend des enfants. La maternité devenait tout logiquement le handicap majeur qu'il fallait absolument maîtriser pour pouvoir prétendre à l'égalité.

Réalisons-nous les conséquences humaines et spirituelles pour notre société à partir de ce fait ? Les femmes se détournent de leur vocation à enfanter. Elles ne sont plus prêtes à se sacrifier pour que leurs enfants deviennent des hommes et des femmes accomplis, – et non des êtres blessés, gavés de choses matérielles, mais qui auront pourtant manqué de cet amour essentiel : celui d'une mère prête à donner sa vie pour eux.

Dieu a voulu avoir besoin de la femme pour transmettre sa propre vie, comme il a besoin de l'homme pour déléguer sa paternité. Donner sa vie, c'est verser son sang. Quand on a perdu son sang, on a perdu la vie. Le fait de verser son sang pour donner la vie est profondément inscrit dans la nature de la femme. Les règles en sont le signe magnifique.

La femme répond de ceux dont elle a été le réceptacle. Elle est responsable des relations à l'intérieur de la famille en ayant le souci de chacun. La tradition juive lui reconnaît ce rôle essentiel d'être l'âme de la maison, gardienne en quelque sorte de la Présence de Dieu au foyer. C'est à ce titre que lui est confiée la bénédiction de la lumière qui ouvre véritablement la liturgie familiale du shabbat. De fait les sages d'Israël rapportent que, puisque l'enténèbrement du monde est venu par Eve, c'est par la femme que la lumière doit être ré-introduite. Perspective éloquente pour nous chrétiens, puisque la nouvelle Eve, la Vierge Marie, a introduit la lumière dans le monde en nous donnant son Fils. Et il est remarquable que ce lien entre la femme et la lumière déborde largement la tradition judéo-chrétienne, comme cela s'observe dans d'autres cultures : en Afrique par exemple, où les mères de famille entretiennent une petite lampe dans leur maison. Quand l'homme rentre, il sent une présence, une vie.

Le corps de la femme est ordonné à l'accueil de la vie. Cette réalité physique est le signe d'une réalité spirituelle. La femme est le Temple de la vie. Ainsi que le disait un rabbin : « Quand je m'approche de mon épouse, j'accomplis un acte sacerdotal, car je pénètre dans le temple de la vie. »

4. La mère, tendresse de Dieu

Quelles sont les qualités d'une mère ?... La tendresse, l'amour, la patience, la douceur, l'écoute. Lorsque l'on cherche la définition du mot « tendresse » dans le dictionnaire, le premier exemple donné est celui de la « tendresse d'une mère ». Si le père est protecteur, s'il délivre, la mère est consolation pour son enfant. Ainsi la liturgie invoque-t-elle Marie comme « Tendresse de Dieu », « Consolatrice des affligés ».

La tendresse n'est pas incompatible avec la force. La bienheureuse Marie de l'Incarnation l'a bien perçu, qui écrit : « Marie est la femme forte, expression de la tendresse de Dieu[23]. » Tendresse qui ne sera pas engluante ou étouffante, mais au contraire, forte et exigeante. C'est debout au pied de la croix que Marie laisse partir son enfant vers le Père. Elle manifeste non pas seulement sa tendresse à elle, mais la force et la tendresse d'un autre. Elle compte sur cet Autre ; c'est ce qui lui permet de demeurer courageusement près de son Fils. Elle se laisse consoler et aimer par le Père :

Dieu la *couronne d'amour et de tendresse. Comme est la tendresse d'un père pour ses fils, tendre est le Seigneur pour qui le craint*[24].

Que ton amour me soit consolation, selon ta promesse à ton serviteur ! Que m'advienne ta tendresse et je vivrai[25]...

Je te fiancerai à moi pour toujours ; (...) dans la tendresse et la miséricorde ; je te fiancerai à moi dans la fidélité, et tu connaîtras le Seigneur[26].

Marie est mère parce qu'elle accueille en elle la tendresse de Dieu dès sa Conception Immaculée, elle la laisse passer de façon unique dès l'Annonciation.

Le mode de présence de la mère n'est pas celui du père. La mère touche son enfant et lui parle abondamment pour l'éveiller à la vie. Dans certaines cultures, hindouiste par exemple, l'enfant est massé durant sa première année[27]. A travers cela, se développent une conscience de son corps, une confiance en lui, un bien-être, qui sont essentiels à sa croissance.

---

23. Cf. A. Jamet, *Marie de l'Incarnation, Ursuline de Tours, fondatrice des Ursulines de la Nouvelle France, Ecrits spirituels et historiques*, DDB, Paris 1930. G. M. Oury, *Marie de l'Incarnation, Correspondance*, Solesmes, 1971.

24. Ps 103 (102), 4 et 13.

25. Ps 119 (118), 76-77.

26. Os 2, 21-22.

27. F. Leboyer, *Shantala : un art traditionnel, le massage des enfants*, Seuil 1976. Consulter aussi : H. Velten et B. Walter, *Massages pour bébés, l'harmonie parfaite entre vous et votre enfant*, Ed. Chantecler 1997.

Malheureusement en Occident, les mères se laissent trop fréquemment déborder par d'autres tâches : elles ne savent plus assez caresser leur enfant. Parce qu'il est expression de la tendresse de Dieu, l'amour transmis par la mère limitera l'apparition du sentiment de culpabilité.

Quand il y a un manque maternel au don de la vie, l'enfant voit apparaître en lui deux drames intérieurs :

– des désirs et des pulsions de mort. Les difficultés à vivre, les tendances dépressives si fréquentes actuellement viennent souvent d'une blessure maternelle très précoce, dès la vie intra-utérine ;

– un sentiment de culpabilité c'est-à-dire une impression désagréable de ne pas être comme il faut, une honte de ce que l'on est, un sentiment d'indignité ou d'impureté qui atteint même le corps. Ce sentiment s'enracine dans des séparations, des paroles de malédiction[28], des gestes ou des attitudes qui n'ont pas donné vie à l'enfant.

Sans doute, avons-nous beaucoup reçu de notre maman, et cela nous a construits. Mais chacun de nous est pourtant en manque d'amour maternel, en raison des expériences de non-amour qu'il a inévitablement connues dans son enfance. Ce que nous n'avons pas reçu d'elle, la Vierge Marie peut nous le donner puisqu'elle nous offre Celui qui est la Vie, Jésus lui-même.

LA MÈRE DÉSIGNE LE PÈRE

Marie joue un rôle essentiel dans la découverte de saint Joseph et du Père. Nous allons le découvrir à travers trois aspects :

– La femme enfante l'homme ;
– La soumission de la femme ;
– La mère prononce le nom du père.

---

28. Ce sont tout autant les injonctions négatives (« n'existe pas », « ne sois pas toi-même », « ne sois pas un enfant », « ne grandis pas », « ne réussis pas », « ne fais pas », « ne sois pas important »...) de l'Analyse Transactionnelle (cf. I. STEWART, V. JOINES, *Manuel d'Analyse Transactionnelle*, InterEditions, Paris 1991, pp. 167-175), que des paroles malheureuses qui perturbent le dynamisme de vie de l'enfant (« tu ne feras jamais rien de ta vie », « tu ne te marieras jamais », « tu es un incapable », « tu ne feras jamais rien de tes dix doigts »...).

1. La femme enfante l'homme

Tout homme naît de la femme. Ainsi l'Ecriture nous présente Eve comme étant réellement la *mère de tous les vivants*[29]. Le psalmiste chante également : *Mais on appelle Sion : « ma mère ! » car en elle, tout homme est né*[30]. Et le Christ sur la Croix demandera à Marie, en lui désignant le disciple bien-aimé, d'être la mère de tous les hommes. C'est ainsi que la Tradition a compris ses dernières paroles : *Femme, voici ton fils.* Et à Jean : *Voici ta mère*[31].

L'homme donc naît de la femme, et il ne s'agit pas là que d'un enfantement selon la chair. Dans la sainte Famille, Marie enfante saint Joseph dans son rôle de père du Messie. Marie a commencé à être mère depuis six mois déjà lorsque Joseph apprend, par l'annonce de l'ange, qu'il est appelé à être le père adoptif du Fils de Dieu. La maternité précède la paternité, et elle en est la condition incontournable : tant il est vrai que le père ne peut être père que par la mère. Si la femme garde l'enfant pour elle, l'homme est exclu de la paternité. Marie donne Jésus à saint Joseph, et elle introduit son époux dans l'amour pur et désintéressé, totalement tourné vers le Père. Ainsi sera-t-il préparé pour recevoir à la perfection la grâce de paternité absolument unique qui repose sur lui.

La femme, d'après ce que nous dit le livre de la Genèse, est une aide pour l'homme[32]. Mais parce que la femme enfante l'homme, parce que l'épouse en quelque sorte « enfante » son époux, elle peut aussi le dominer. Elle possède facilement une maturité plus grande que lui : pour cette raison elle le confirme et le pousse en avant dans sa vocation. Voilà pourquoi la Parole de Dieu lui demande de se soumettre[33]. La tentation qui guette la femme, c'est de dominer l'homme par son pouvoir affectif. L'homme, ainsi affaibli devant elle, risque quant à lui de réagir en utilisant sa force musculaire pour la maîtriser à son tour.

Si la femme enfante l'homme, pourtant ce dernier est son berger. L'Ecriture spécifie que la femme est tirée du côté d'Adam[34]. On trouve ici une expression du merveilleux équilibre de la Trinité, où aucune des

---

29. Gn 3, 20.
30. Ps 86 (87), 5 (traduction officielle pour la liturgie).
31. Jn 19, 26-27. Le texte original dit même : *Voici LA mère.*
32. Gn 2, 18.
33. Ep 5, 21-24.
34. Gn 2, 21-22.

Personnes divines ne se suffit à elle-même ni ne domine sur l'autre. Si l'on oublie un aspect de la communion, on débouche sur une catastrophe anthropologique. La femme a malheureusement retenu que la soumission impliquait la domination par l'homme. A-t-elle oublié qu'elle est affectivement en position de force puisqu'elle enfante l'homme ? Dieu lui demande d'accepter cet homme comme son berger[35].

C'est pourquoi Jo Croissant affirme que tout part de la femme. Si elle perd sa vocation, l'homme ne peut plus trouver la sienne. C'est parce qu'elle veut être comme lui (féminisme) que l'homme est perdu. Il n'y a plus de père parce qu'il n'y a plus de mère. L'homme n'accède à la paternité qu'avec l'aide de la femme. L'homme ne peut plus être père parce que la femme le domine. Aussi insisterons-nous sur l'importance de la soumission de la femme.

2. La soumission de la femme

Voilà la pierre d'achoppement du féminisme qui traita l'apôtre Paul de misogyne ! Cela vient en fait des souffrances du passé et d'une mauvaise compréhension de l'Ecriture.

Une exigence d'amour...

Puisque la femme a ontologiquement besoin d'être aimée et protégée, elle a une exigence d'amour envers son mari. C'est pourquoi il est demandé uniquement aux hommes d'aimer leur épouse. *Maris, aimez vos femmes*[36] dit saint Paul dans la suite immédiate du même texte. Cela sous-entend que c'est la difficulté de l'homme et non de la femme. L'apôtre n'a jamais dit aux femmes « aimez votre mari ». L'invitation consiste à aimer sa femme comme le Christ a aimé l'Eglise. Comment Jésus a-t-il aimé ? Celui qui nous a dit qu'il n'y a *pas plus grand amour que celui-ci : donner sa vie pour ses amis*[37], a offert sa vie pour l'Eglise, son épouse. Et il nous entraîne dans la même oblation. *Voici quel est mon commandement : vous aimer les uns les autres comme je vous ai aimés*[38]. L'exhortation de saint Paul revient à dire :

35. id.
36. Ep 5, 25.
37. Jn 15, 13.
38. Jn 15, 12.

Maris, aimez vos femmes plus que vous-mêmes, jusqu'à donner votre vie pour elle. Ainsi saint Joseph est-il « mort d'amour » pour Marie. La vocation de l'époux est de livrer sa vie pour son épouse en se donnant totalement à elle. Et la femme est en droit d'attendre de lui un amour qui ira jusqu'au bout.

Une exigence de sainteté

C'est à un tel époux qu'il est demandé à la femme de se soumettre fidèlement. Parce qu'il est sorti d'elle, l'homme est dépendant de la femme. Par conséquent il ne peut se donner entièrement qu'à une femme qui se soumette à lui. La difficulté de la femme n'est pas d'aimer son mari, mais d'accepter de ne pas le dominer et de le prendre pour berger. En revanche l'homme aura du mal à aimer fidèlement son épouse. Il est plus faible qu'elle, car il puise ses racines en elle. Aussi, s'il est en danger d'être dominé par elle, il risque de ne plus la respecter et de lui devenir infidèle. Une femme dominatrice devient une épouse-mère qui confine l'homme soit dans une dépendance et un infantilisme psycho-affectif, soit au contraire dans une recherche d'indépendance à travers le travail ou l'infidélité conjugale. Comme nous le voyons dans l'Ecriture, l'homme est en droit d'avoir une exigence de sainteté envers son épouse : qu'elle se fasse *belle, comme une jeune mariée parée pour son époux*[39]. *Quant à la femme, elle est la gloire de l'homme*[40] affirme saint Paul. Il y a toujours en l'homme le désir de la femme parfaite, cette « *Eshet Hail* » évoquée par le livre des Proverbes[41] devant laquelle il puisse s'émerveiller. *Une maîtresse femme, qui la trouvera ? Elle a bien plus de prix que les perles*[42] ! *Heureux l'époux dont la femme est excellente, le nombre de ses jours sera doublé*[43]. De même est-il dit du Christ au sujet de l'Eglise : *Il voulait se la présenter à lui-même toute resplendissante, sans tache ni ride ni rien de tel, mais sainte et immaculée*[44].

39. Ap 21, 2.
40. 1 Co 11, 7.
41. Pr 31, 10 : *Eshet Hail,* אסתצ׳ל en hébreu signifie « une femme parfaite ».
42. Pr 31, 10.
43. Si 26, 1.
44. Ep 5, 27.

L'homme cherche souvent en la femme une vraie mère[45] ; Marie est la mère parfaite qui peut aider l'homme à se réconcilier avec sa maman et à aimer sa femme.

Une place d'aide…

L'homme, nous l'avons dit, a besoin de la femme. C'est par elle qu'il donne sa pleine mesure car elle seule peut féconder sa force virile. Qu'elle retrouve cette place d'aide à ses côtés et ensemble ils pourront porter du fruit. Ils se « connaîtront » : « connaître » signifie littéralement « naître avec », recevoir ensemble et l'un par l'autre le don de la vie, le don de Dieu. La femme qui refuse la semence de l'homme et veut se suffire à elle-même se condamne à la stérilité, non pas elle seule, mais aussi tout son entourage qu'elle paralyse en le privant de toute initiative.

Il y a entre la femme et Dieu comme une connivence, une complicité. Elle participe à l'enfantement de l'homme, à l'enfantement de l'humanité, en s'unissant à Dieu. C'est par le oui de Marie que le salut est entré dans le monde[46]. Le oui de Joseph est second : il permettra la réalisation de l'Incarnation. Mais c'est par le oui de la femme, par le don inconditionnel de sa vie, que le monde est sauvé. Elle précède l'homme dans la compréhension des mystères divins, et par l'accueil du Verbe en elle, elle l'enfante au Royaume. Elle montre le chemin. C'est pourquoi, de par sa mission spécifique dans le plan de Dieu, c'est la femme qui est invitée à changer la première[47].

« La déchéance des deux sexes par la chute a conduit à un asservissement de la femme à l'homme… Celle qui doit devenir sa compagne… doit par une libre décision personnelle venir en “aide” à l'homme et lui permettre ainsi de devenir ce qu'il doit être[48] ». La femme ne le peut qu'en revenant au Père. Tout son chemin de conversion consistera à passer de la domination à la soumission. Et cette soumission sera mystérieusement et incroyablement rédemptrice.

---

45. Gn 24, 67 : *Et Isaac introduisit Rebecca dans sa tente : il la prit et elle devint sa femme et il l'aima. Et Isaac se consola de la perte de sa mère.*

46. S. BERNARD DE CLAIRVAUX, *Homélie à la louange de la Vierge Marie*, 4, 8-9. Ed. cistercienne, 4. (1966), p. 53. 4.

47. Voilà pourquoi elle sera la première cible de l'adversaire !

48. E. STEIN, *La Femme et sa destinée,* Ed. Amiot Dumont 1956.

De la domination à la soumission…

Se soumettre, c'est se « mettre sous » la protection de l'autre. Comme le Christ est la tête de l'Eglise, l'époux est le berger de son épouse dans la mesure où précisément il livre sa vie pour elle. Saint Joseph est le chef de la sainte Famille auquel la Vierge Marie obéit en tout. C'est lui que l'ange prévient : *Prends avec toi l'enfant et sa mère, et fuis en Egypte*[49] et cela suffit à Marie qui se laisse conduire par le Père à travers lui. Ainsi lorsque la femme se soumet à l'homme, c'est à Dieu qu'elle obéit à travers les limites de son mari, dans l'espérance de la réalisation de sa volonté[50].

Eve a péché pour deux raisons très importantes : d'une part elle a quitté la soumission à son époux, en négligeant de consulter Adam. D'autre part elle s'est coupée du regard de Dieu, elle ne s'est pas adressée à lui et elle a oublié la parole du Père qui disait : *Tu peux manger de tous les arbres du jardin. Mais de l'arbre de la connaissance du bien et du mal tu ne mangeras pas…* [51]. Elle a même transformé la parole divine en rajoutant : *vous n'y toucherez pas*[52]. La peur de Dieu fait qu'Adam et Eve quittent son regard et se retrouvent l'un en face de l'autre. L'homme est passé de l'émerveillement au reproche, et désormais il se méfiera de la femme comme étant celle qui peut le faire tomber. En même temps il restera toujours en quête de l'être merveilleux que Dieu avait voulu pour lui. Quant à la femme, elle s'est tournée vers l'homme pour reporter sur lui son attente, une attente que jamais nul homme ne pourra combler, mais qui, à cause de la faiblesse dont elle vient de faire l'expérience, la prédisposera à être dominée malgré elle, comme elle prédisposera l'homme à profiter de sa force.

La soumission est une exigence autant pour l'homme que pour la femme. Cependant, la soumission mutuelle des époux s'enracine dans celle de la femme. Comment un mari pourrait-il se soumettre à sa femme sans être dominé, si celle-ci ne lui est d'abord soumise ? Dans la voie évangélique du renoncement à soi-même par amour de l'autre, la femme est

---

49. Mt 2, 13. Voir aussi 2, 20. 22.

50. Cf. 1 P 3, 1-5 : *Pareillement, vous les femmes, soyez soumises à vos maris, afin que, même si quelques-uns refusent de croire à la Parole, ils soient, sans parole, gagnés par la conduite de leurs femmes, en considérant votre vie chaste et pleine de respect. Que votre parure (…) soit à l'intérieur de votre cœur dans l'incorruptibilité d'une âme douce et calme : voilà ce qui est précieux devant Dieu. C'est ainsi qu'autrefois les saintes femmes qui espéraient en Dieu se paraient, soumises à leurs maris.…*

51. Gn 2, 16-17.

52. Gn 3, 3.

première, c'est elle qui introduit l'homme dans ce nouveau type de relation, qui n'est plus une recherche de soi en dominant l'autre, mais un don de soi pour l'autre.

La soumission de la femme est éminemment rédemptrice. De même que par son insoumission la femme a entraîné l'humanité dans le malheur, de même par sa soumission et son oblation Dieu achemine l'humanité vers sa Rédemption. C'est pourquoi on peut affirmer que, si l'homme est premier au plan de la Création, la femme a la primauté au plan de la Rédemption. Elle trouve son bonheur dans la soumission à son mari, et lui est heureux en se donnant entièrement à son épouse.

3. La mère prononce le nom du père

Si la femme, petite fille du Père, enfante l'homme, si elle accepte d'entrer dans cette soumission à son mari, il lui est alors aisé de prononcer le nom du père. La mère est indispensable à la découverte du père. C'est elle qui pour la première fois, le désigne à son enfant en prononçant le nom de « papa ». C'est ainsi que Marie appelle saint Joseph lors de l'épisode du recouvrement au Temple quand elle dit à son Fils : *Vois ! ton père et moi, nous te cherchons, angoissés*[53].

Il en est de même pour nous. La façon dont nous nous sommes comportés avec notre papa dans l'enfance pose en quelque sorte les bases d'une relation incarnée avec Dieu notre Père. On ne peut pas dissocier les deux complètement. Marie nous l'apprend quand elle rappelle à son Fils que son père le cherche. C'est comme si elle nous disait : « Tu ne peux pas être aux affaires de ton Père du Ciel si tu ne t'es pas d'abord occupé de celles de ton papa. Tu ne peux pas être aux œuvres de Dieu si tu n'accueilles pas la paternité que saint Joseph désire exercer envers toi. Comme moi, il te cherche afin que nous t'aidions à entrer dans le Royaume, à laisser naître et grandir Jésus en toi, à réaliser le passage de la mère vers le père et tout ce que tu n'as pas pu encore accomplir entre ta maman et ton papa. »

---

53. Lc 2, 48. On remarque aussi que le quatrième Evangile, celui de Jean, mentionne plus de cent fois le nom du Père (contre une trentaine de fois dans les synoptiques). Or le disciple bien-aimé du Seigneur est justement celui qui prit la Vierge Marie « chez lui », – selon certaines traductions, « dans son intimité ».

Marie aimerait que son époux soit plus connu. Elle partagea avec sainte Thérèse d'Avila combien la dévotion à saint Joseph lui procurait de joie[54]. Elle s'exprima de la même manière auprès de Monsieur Olier : « Je n'ai rien de plus cher au ciel et en la terre après mon Fils[55]. »

Sur certaines icônes, Jésus a moins de trois ans, il n'est pas encore sevré, et nous le voyons qui entoure sa mère de ses petits bras en se serrant contre sa joue. Sur d'autres icônes au contraire, Marie nous présente l'Enfant-Jésus qui semble nous regarder[56]. En fait, il est tourné vers son père Joseph, vers son Père Eternel. Nous retrouvons bien là ce rôle de Marie. Jésus écoute attentivement l'enseignement de Marie qui lui désigne saint Joseph. Il nous entraîne dans l'élan filial de son cœur amoureux du Père.

Mettez-vous à l'écoute de Marie et demandez-lui : « Mène-moi au Père. » Elle répondra à votre prière, et vous donnera Jésus tout en désignant le Père. Elle vous introduira dans l'intimité de saint Joseph et vous apprendra à murmurer avec l'Esprit Saint le Nom du Père dans votre cœur. Et plus Jésus grandira en vous, plus vous découvrirez le Père car il est écrit : *Nul ne vient au Père que par moi*[57]. *Qui m'a vu a vu le Père*[58].

LA MÈRE OFFRE SON ENFANT AU PÈRE

Offrir le fruit de ses entrailles est toujours une séparation, c'est-à-dire une souffrance. Marie consent totalement à la séparation d'avec son Fils unique : elle le laisse partir vers son Père. Elle a probablement perçu la nécessité et le prix de cette offrande dès avant son *fiat* de l'Annonciation, lorsqu'elle ressentit trouble et angoisse devant les paroles de l'ange Gabriel[59]. Mais elle l'expérimenta vraiment quand Jésus disparut trois jours à Jérusalem[60]. Et enfin elle l'accomplit pleinement au pied de la Croix

---

54. S. THÉRÈSE D'AVILA, *Vie* 33, 14.
55. Cf. *Mémoires autobiographiques de Monsieur Olier*, Archives de Saint-Sulpice.
56. K. WEITZMANN, M. CHATZIDAKIS, S. RADOJCIC, *Le grand livre des Icônes*, G. Kogan éditeur, Paris 1983, pp. 16, 59, 76-77, 81, 85, 87, 129, 141, 147, 163, 181, 184, 187-188. P. EVDOKIMOV, *l'art de l'icône*, DDB, Paris 1972, pp. 217-223.
57. Jn 14, 6.
58. Jn 14, 9.
59. Lc 1, 29.
60. Lc 2, 48.

quand son cœur fut transpercé en écoutant les paroles du Christ : *Femme, voici ton fils*. De fait, c'est là que les Pères reconnaissent le glaive de douleur prophétisé par Syméon : cette effroyable détresse de Marie devant la souffrance de la séparation[61]. Son cœur est ouvert désormais pour que la tendresse de Dieu et sa miséricorde se déversent sur les hommes. Elle devient « Mère de miséricorde » en prenant pour ses enfants ceux-là même qui crucifiaient son Fils. Le Christ l'invita au pardon plénier en l'amenant à livrer, comme l'a fait le Père Eternel[62], le trésor de ses entrailles entre les mains des hommes.

Il est donc normal que la femme vive douloureusement la séparation d'avec son petit. C'est pour elle une autre manière de verser son sang. Et c'est la vocation du père d'être un glaive de séparation entre la mère et son enfant. A la femme de consentir à la distance, même en gémissant de douleur, pour que son enfant ait la vie et rencontre le père.

Marie n'a pas gardé son Fils pour elle, elle l'a donné. Elle saura aussi prendre soin des enfants que nous lui confions. Si vous vous faites du souci pour vos enfants, offrez-les à Marie et priez-la avec confiance. Elle saura intercéder pour eux et les redonner au Père.

Nous pouvons rapporter ici le témoignage d'Anne M., mère de famille qui a vécu ce déchirement avec le soutien de la Vierge Marie, à l'occasion du départ au Ciel de son fils Samuel :

> « Lorsque notre fils était dans le coma après son accident de voiture, le Seigneur nous a fait la grâce d'accomplir pleinement notre vocation de parents. Au lieu d'essayer de le retenir afin de le garder pour nous, nous avons prié Samuel pour savoir ce qu'il attendait de nous à son heure ultime : c'était que nous acceptions de le laisser partir vers le Père, et même plus, que nous l'aidions à y aller plus vite. Je m'explique : à cause de son passé douloureux et de son implication tragique dans la mort de son petit frère Etienne, à cause aussi de ce dernier accident où il savait son autre frère François gravement blessé par sa faute, Samuel était dans l'angoisse et la culpabilité, nous le sentions clairement à son chevet en priant avec lui. Nous avons donc décidé de l'aider à faire son "passage" dans la paix en invoquant sur lui la puissance salvifique du Sang de Jésus versé pour lui lors de la Passion et de la Mort sur la croix. Nous avons

---

61. S. Bernard de Clairvaux, *Sermon pour le dimanche de l'octave de l'Assomption*, cité dans P. Aubron, *L'œuvre mariale de saint Bernard*, Cahiers de la Vierge, n°13-14, Ed. du Cerf, p. 130s. Rupert de Deutz, *Commentaire sur Jean*, XIII, PL 169, 789-790.

62. Jn 3, 16 : *Car Dieu a tant aimé le monde qu'il a donné son Fils unique...*

cru dans la foi à l'efficacité de cette prière de guérison, et nous avons pu alors dire à notre fils : "Vas-y, saute dans les bras du Seigneur et ne t'en fais pas pour nous." Bien sûr, nous espérions quand même un miracle, mais nous avions fait ce que tout parent doit faire : aider notre enfant à naître au Ciel. Deux jours après sa mort, une amie m'a raconté un songe : elle avait vu Samuel dans une grande lumière, bondissant de joie et disant : "Victoire, le Sang de Jésus m'a lavé de tous mes péchés !" Elle ne savait rien de la prière que nous avions faite pour lui.
Curieusement, ma grande souffrance de mère à l'occasion de ces événements a été plusieurs fois atténuée par la Vierge Marie, mais d'une façon inhabituelle. Par exemple, la nuit où l'on prélevait son cœur pour qu'il soit greffé à quelqu'un d'autre, j'imaginais en tant qu'infirmière les gestes chirurgicaux, et ma souffrance devenait si intense que je regrettais d'avoir donné mon accord pour le don d'organe, trouvant que j'avais assez souffert comme cela pour ne pas en rajouter. Puis tout à coup j'ai repensé à la Vierge Marie, je l'ai contemplée regardant le soldat transpercer le cœur de Jésus et son horrible souffrance s'est "mélangée" à la mienne. J'ai compris que la sienne était plus grande encore et j'ai eu envie de la consoler ; ce faisant, ma souffrance, mon angoisse se sont changées en paix et je me suis endormie.
Une autre fois, juste après qu'on ait mis mon fils en terre, j'étais épuisée et bouleversée ; et voilà qu'un jeune ami de mon fils m'interpelle. Il me rappelle qu'il doit être ordonné trois jours après et me demande de venir à son ordination. Là encore, une souffrance terriblement angoissante me prend et un énorme "non", une violente révolte montent en mon cœur : "Non, celui-ci n'est pas mon fils. C'est Samuel qui aurait dû être prêtre. C'est à son ordination que j'aurais aimé assister." Et puis à nouveau, j'ai vu la terrible souffrance de Marie entendant : *Femme, voici ton fils*. Prise de compassion pour elle, j'ai senti ma douleur s'atténuer et j'ai pu trouver la force de dire : "Oui, je serai là pour ton ordination." »

La Vierge Marie nous apprend à sortir de nous-mêmes et nous aide à guérir de nos amours possessifs pour entrer dans l'amour de compassion.

TRAVAIL PRATIQUE

– Pour une femme

- Je prends une feuille de papier, je la sépare en trois colonnes, puis je trace successivement quatre étages auxquels je donne les noms suivants dans la colonne de gauche, en partant du bas : (1) fille, (2) femme, (3) épouse et (4) mère. Ma vocation est d'accomplir chacun de ces niveaux quel que soit mon état de vie (mariée, consacrée ou célibataire). Dans la colonne du milieu, je relève mes manques à être fille, femme, épouse et mère. Ce sont pour moi autant d'appels au changement. Pourquoi sont-ils présents ? Comment puis-je progresser ? A droite, j'inscris quelles sont mes qualités de fille, de femme, d'épouse et de mère, c'est-à-dire ce qui en moi est épanoui et me rend heureuse. Comment puis-je le faire fructifier davantage encore ?
- J'examine quelle est en général ma relation à l'homme : est-ce que je la vis dans le désir de séduire ou dans une attitude d'indépendance ? Qu'en est-il avec mon conjoint ? Suis-je sous son regard encore sur le mode de l'attente ? Y a-t-il alors un déséquilibre m'amenant à reporter mon affection sur mes enfants, sans laisser assez de place à leur père ? Quel lien ai-je actuellement avec mon père ? Suis-je libre de l'aimer avec tendresse et de lui exprimer mes désirs, mes refus, mes souffrances ? Ai-je découvert le regard du Père qui transforme toute ma vie ?

Vous pouvez installer dans votre maison un petit oratoire, avec une icône de la Vierge Marie, une statuette ou une image de saint Joseph, un crucifix. Et là tous les vendredis, seule ou avec votre conjoint, offrez avec confiance à Marie chacun de vos enfants, surtout ceux qui sont le plus en souffrance et demandez-lui de les confier à Jésus. Invoquez sur eux le précieux Sang du Sauveur afin qu'ils soient protégés et délivrés de tout mal. N'oubliez pas que les larmes de sainte Monique lui ont valu la conversion de son fils, saint Augustin docteur et Père de l'Eglise.

Là aussi, vous pouvez prier pour votre époux, surtout si les relations sont difficiles ou si vous êtes séparés. Demandez à la Vierge Marie de lui donner sa juste place auprès de vos enfants et réclamez la grâce du pardon.

– Pour un homme (ce travail sera approfondi au chapitre 5)

- Quel regard est-ce que je pose sur la femme en général ? Suis-je dans un rapport de séduction, de domination... ?
- En quoi suis-je pleinement homme et époux en face de ma femme ? Est-ce que j'ose lui dire en vérité ce que je pense afin de déboucher ensuite

sur un pardon ? Suis-je encore capable de m'émerveiller de mon épouse ? Quelles sont ses qualités que j'aime le plus ? De quelle manière vais-je aller jusqu'au bout de l'amour avec elle (jusque dans les petites choses concrètes de la vie quotidienne) ?

La maternité de Marie est-elle active dans ma vie ? Vais-je chercher auprès d'elle ce qui manque à mon expérience de l'amour maternel et même conjugal ?

Chapitre Troisième

RENAÎTRE EN MARIE

Consolata de Turin (Icône apportée d'Égypte en Italie au IVe siècle)

INTRODUCTION

1. Un besoin infini

« Jusqu'à l'infini, j'ai besoin d'aimer » dit sainte Thérèse de l'Enfant-Jésus[1]. Comme cette parole correspond à l'aspiration profonde de notre cœur ! Nous sommes tous en quête d'un bonheur absolu, désirant être aimés et aimer en plénitude. Or nous constatons quotidiennement que nous n'y arrivons pas. Pourquoi ? Parce que nous oublions la parole du Seigneur : *Qu'as-tu que tu n'aies reçu*[2] ? L'homme est fait à l'image de Dieu[3], il a été créé pour aimer d'une manière divine. Il est d'abord « capacité »[4] : il ne peut donner que ce qu'il a au préalable accueilli.

Chaque jour, nous sommes confrontés à des limites, à des incapacités à aimer qui nous replongent dans notre misère et nous démontrent fina-lement que nous sommes inaptes à aimer, nous heurtant sans cesse à un intangible « je ne peux pas », « je n'y arriverai pas ». Pourtant, au tréfond de nous sommeille un désir illimité qui nous rappelle constamment que nous sommes faits pour l'amour. Il nous pousse vers la réalisation de ce qui est le but de la vie et la source du vrai bonheur : aimer jusqu'au don de soi-même, comme le Christ qui s'est livré entièrement au Père.

---

1. S. Thérèse de l'Enfant-Jésus, PN 53, 2, 7-8, NEC, Cerf/DDB 1992, p. 237.
2. 1 Co 4, 7.
3. Gn 1, 26.
4. « Fais-toi capacité, je me ferai torrent », disait le Seigneur Jésus à sainte Catherine de Sienne.

2. Coupé de ses origines

Pourquoi n'arrivons-nous pas à assouvir une telle soif? Parce que nous sommes tendus vers le but en étant coupés de nos racines. Un arbre peut-il atteindre sa stature adulte s'il ne développe pas de bonnes racines plantées vigoureusement dans le sol ? Comment arriver à donner quelque chose si nous ne l'accueillons pas d'abord ? Comment offrir ce que nous n'avons pas encore reçu ? Nous voudrions aimer avant même de guérir de nos incapacités à nous laisser aimer. Cette attente nous décourage forcément puisque nous essayons de faire et de donner ce que nous n'avons pas. L'erreur de base est en fait un péché d'orgueil : il consiste à se prendre pour une source, là où ma vocation est d'être la fontaine qui transmet l'eau de la source.

Pour atteindre la finalité de notre vie et vivre la plénitude de l'amour, il nous faut donc d'abord retrouver nos origines pour y puiser la sève de vie qui jaillit des racines. Cette démarche est fondamentale dans la vie spirituelle. Le Talmud la résume ainsi en disant : « Si tu veux savoir où tu vas, sache d'où tu viens[5]. »

3. Une nouvelle naissance

Jésus enseigne à Nicodème : ...*A moins de naître d'en haut, nul ne peut voir le Royaume de Dieu*[6]. Celui-ci, ne comprenant pas, demande : « Faut-il retourner dans le sein de sa mère ? » Jésus lui répond : *Tu es Maître en Israël, et ces choses-là, tu ne les saisis pas*[7] ? De nombreuses personnes réagissent actuellement comme Nicodème, en particulier celles qui adhèrent au Nouvel-Age. Elles s'efforcent de renaître dans le sein de leur mère en recherchant un paradis perdu, pour installer une ère de bonheur utopique[8]. Regarder ou retourner en arrière est toujours source de stérilité comme l'illustre à ses dépens la femme de Loth[9]. Jésus nous avertit d'ailleurs dans

5. J. Eisenberg et A. Abécassis, *A Bible ouverte, Présences du judaisme*, Ed. Albin Michel, Paris 1978, p. 21 et 55.

6. Jn 3, 3.

7. Jn 3, 10.

8. B. Dubois, *Le Nouvel Age : accueillir, discerner, dénoncer*, Pneumathèque 1994, p. 34-37.

9. Cf. Gn 19, 26.

l'Evangile : *Quiconque a mis la main à la charrue et regarde en arrière est impropre au Royaume de Dieu*[10].

La réponse du Christ à Nicodème nous éclaire : il ne s'agit pas d'un retour en arrière dans le sein maternel, mais de *naître d'eau et d'Esprit*[11]. Et cette nouvelle naissance se passe en Marie, notre mère spirituelle, figure de l'Eglise.

Avec elle, nous allons franchir quatre étapes successives qui ne sont ni exhaustives ni obligatoires :

– prendre conscience de notre refus de nous laisser aimer,
– retrouver nos racines,
– renaître en Marie
– et nous consacrer à Marie.

A travers ce cheminement nous est proposée une pédagogie de croissance intérieure, pour réapprendre à accueillir et à nous laisser aimer.

LE REFUS DE SE LAISSER AIMER

1. Le doute envers l'amour

La première étape est la plus difficile à franchir. Elle nécessite de laisser monter en soi le désir très intime d'être aimé pour expérimenter ensuite la résistance souvent inconsciente à se laisser faire, à se laisser aimer. Elle demande beaucoup de vigilance, du temps et donc de la patience. Sans une lumière surnaturelle, l'homme ne réalise pas la nature du blocage intérieur qui l'empêche d'accueillir la vie et l'amour. Chacun de nous pourrait s'exclamer : « Mais c'est justement tout ce que je désire, je ne vois pas où est le problème ! » En fait, en disant cela, nous ne nous rendons pas compte que nous sommes habités par une incapacité à accueillir. La vie spirituelle consiste à se laisser aimer par Dieu pour pouvoir en retour se livrer à l'amour. Si nous laissons l'amour nous aimer, nous serons consolés de toutes nos détresses et à notre tour nous aimerons et deviendrons des consolateurs pour nos frères[12].

10. Lc 9, 62.
11. Jn 3, 5.
12. Cf. 2 Co 1, 4-6.

Afin de mieux expliciter où est la difficulté, nous répondrons d'abord à la question : « Où avons-nous tellement besoin d'amour sans que pour autant nous parvenions à nous laisser aimer ? » La réponse est univoque : « C'est précisément dans nos blessures. »

Le visage de l'amour se présente à notre quotidien d'une manière variable : ce peut être à travers une personne ou un événement, ou encore une intervention directe du Seigneur dans notre cœur par le don de sa grâce. Mais dès que l'amour s'approche de notre blessure pour la visiter et la purifier, immédiatement nous réagissons par une attitude de défense pour qu'il nous laisse tranquilles. Attitude qui se traduira par de l'agressivité, des gestes impatients, etc.

Pourquoi un tel comportement presque malgré nous ? Parce que dans la blessure originelle, qui remonte à notre toute petite enfance, nous gardons même inconsciemment la mémoire d'une expérience très douloureuse de manque d'amour ou même d'agression. Le petit enfant que nous étions est arrivé dans une disposition d'accueil, tout réceptif à la tendresse dont son cœur avait besoin pour vivre. Mais voilà : il s'est heurté plusieurs fois au silence, à l'abandon, voire à une attitude agressante de ses parents, sans pour autant que ceux-ci s'en soient rendus compte. Par exemple il pleurait la nuit dans son petit lit parce qu'il avait faim et soif de lait et d'amour. Hélas ! Sa maman n'est pas venue le consoler tout de suite. Résultat : sa confiance, exprimée par ses pleurs et ses cris, a été trahie ; désormais il ne peut plus croire à l'affection de ses parents là où jaillit la douleur affective, justement dans sa blessure. Il en vient donc à douter de leur amour, et plus tard on le verra persuadé que sa maman préfère le petit frère qui vient de naître… Et si maman s'approche pour lui exprimer sa tendresse, il ne se laisse plus aimer : il boude, il la repousse ou il fait semblant d'être occupé à autre chose. Là où il a été déçu, blessé dans sa confiance spontanée, il ne croit plus à l'amour.

Il est indispensable de passer par cette prise de conscience pour avancer dans la vie spirituelle. Soyons bien attentifs à la manière dont nous entrons en relation et vivons les événements, demandons la lumière nécessaire au Seigneur et nous découvrirons quelles sont nos résistances à l'amour.

Sachant qu'il est bien difficile de conceptualiser avec clarté ce que nous entendons par « se laisser aimer » ou « croire à l'amour », voici quelques exemples tirés de l'expérience de la vie et de l'accompagnement.

« Si tu savais comme je t'aime »

La Gospa disait à Medjugorje[13] : « Si vous saviez combien je vous aime, votre cœur en pleurerait[14]. » Qu'est-ce qu'une telle phrase éveille en nous ? Reprenons-la plusieurs fois et méditons-la au singulier : « Si tu savais combien je t'aime, tu en pleurerais. »

Voici un témoignage qui nous a été livré à ce sujet :

> « La première fois que j'ai entendu cette parole de la Gospa, je me suis aussitôt énervé en pensant : "Si vous saviez... ! Mais pourquoi est-ce que je ne le sais pas ?" En fait, je lui en voulais de rester dans le conditionnel et je criais intérieurement : "C'est de ta faute si je ne sais pas de quel amour tu m'aimes. Je ne demande que cela !" Je me suis rendu compte que je n'avais pas goûté à cet amour puisque je n'en pleurais pas de bonheur et de joie. J'ignorais de quel amour j'étais aimé. J'ai réfléchi à mon attitude intérieure ; pourquoi l'amour est-il là, à la porte de mon cœur, sans que je puisse en jouir ? Comment se fait-il que je sois aimé à ce point sans en être complètement bouleversé ? J'ai une maman qui m'aime, comme Jésus et le Père m'aiment, et je ne le vois pas ! »

C'est bien ce qui se passe : nous sommes assis à côté d'une source d'eau vive et nous mourons de soif. Je suis attablé à un banquet somptueux auquel tout le monde participe sauf moi qui suis triste et malade. Je ne mange pas, je meurs de faim devant une table garnie. Je ne pleure pas de joie devant l'amour de Dieu parce que je ne le connais pas. Pourquoi en suis-je à ce point ignorant ? Est-ce la faute de Dieu, est-ce ma faute ? Non, ce n'est la faute ni de l'un ni de l'autre. En moi, quelque chose bloque qui me rend sourd et aveugle. Et c'est vrai pour tout homme : il ne ressent pas, il ne reçoit pas – ou pas totalement – l'amour de Dieu et l'amour des autres. Pourtant Dieu l'a créé pour le bonheur d'être aimé et d'aimer. Pourquoi alors un tel blocage ?

---

13. En rapportant ici l'un ou l'autre message transmis par les voyants de Medjugorje, nous ne souhaitons pas anticiper sur le jugement de l'Église quant aux apparitions de la Mère de Dieu en ce lieu, et nous nous y soumettrons dès qu'elle se sera prononcée.

14. C. AUBOYNEAU, *Paroles du ciel*, Ed. des Béatitudes 1994, Jeudi 21 juin 1984 à Jelena, p. 200.

L'histoire de Françoise

Le deuxième témoignage est une histoire vraie rapportée par Jean Vanier.

> Une personne handicapée mentale nommée Françoise était hospitalisée depuis plusieurs mois en psychiatrie et ne recevait aucune visite. Mais un jour, quelqu'un frappe à la porte et entre. Aussitôt, toute joyeuse, Françoise lui tend les bras et l'invite à venir plus près d'elle pour engager une conversation. Mais son aspect physique très marqué par le handicap fait hésiter le visiteur. Il s'arrête sur le pas de la porte, puis finalement tourne les talons et s'en va. Quelques jours plus tard la même scène se reproduit avec une autre personne. Françoise lui tend la main de nouveau, moins convaincue que la première fois, anxieuse de sa réaction. Et voilà que de nouveau le visiteur la regarde, hésite et s'en retourne précipitamment.
>
> Nouvelle visite : une troisième fois, un inconnu frappe à la porte et entre en disant : « Bonjour, Françoise ». Mais cette fois, Françoise ne réagit plus. Prostrée sur son lit, elle semble ne rien voir, ne rien entendre. Elle se balance et bave abondamment. Le visiteur s'approche lentement de son lit, répète un « bonjour » déjà plus timide, et lui tend la main en guise de salut. Alors tout d'un coup Françoise se dresse sur son lit, saisit la main de l'inconnu et la mord avec rage.

Il est facile d'imaginer la suite. Personne n'osait plus s'approcher d'elle en raison de son agressivité. Mais il importe de se souvenir de ce qui avait précédé : Françoise était dans une grande ouverture de cœur, confiante et innocente, toute disposée à nouer une relation d'amitié. Le dégoût qu'elle a lu dans le regard des deux premiers visiteurs l'a profondément meurtrie et comme désespérée de l'amour. Elle attend de l'affection, et voilà qu'on l'abandonne ! Elle se réjouit d'avoir de la compagnie, et on la laisse seule avec sa souffrance ! Cette blessure profonde fait immédiatement émerger le doute, le manque de confiance par rapport à l'amour. Dans ce contexte la deuxième rencontre est déjà vécue avec appréhension : Françoise tend la main timidement, craignant d'être trahie à nouveau, mais espérant encore. Quand arrive le troisième visiteur, cette fois elle n'y croit plus, elle n'espère plus, alors même que l'amour s'approche d'elle. Mordre la main devient en quelque sorte le « test de validité de l'amour ». Si le visiteur se retire, cela confirmera ce que Françoise redoute le plus : qu'elle n'est aimable pour personne. Mais s'il reste alors même qu'elle a mordu sa main tendue, la confiance en l'autre pourra renaître : Françoise saura qu'elle est aimée comme elle est, qu'elle ne sera plus abandonnée.

Le Seigneur Jésus agit ainsi avec chacun de nous. Il nous apprivoise à son amour sans regarder à ce que cela lui coûte. Nous l'avons insulté, frappé, flagellé, couvert de crachats, méprisé, crucifié, nous l'avons tué sans arriver à lui arracher le moindre cri de violence ou de haine. Sans cesse il bénit, et ses premières paroles après la Résurrection sont : *Shalom, que la paix soit avec toi*[15]. Pas un mot de reproche à ses disciples ou à ses amis. Au contraire, il promet de leur envoyer une force d'en-haut, le Saint-Esprit, qui leur révèlera toute chose[16] et fera d'eux des fils bien-aimés du Père.

Là où est la blessure, nous sommes dans cette disposition intérieure : quand l'amour de Dieu s'approche, soit directement, soit par l'intermédiaire d'un frère, nous n'y croyons plus et nous réagissons par l'agressivité et l'isolement, comme pour dire « on verra bien si l'amour restera ». Nous refusons d'être aimés dans nos blessures. Le Seigneur prend sur lui notre amertume : il vient toucher la source tarie, l'eau amère du doute et de la suspicion qui engendrent la perte de confiance en l'autre et la peur de souffrir, la crainte d'être trahi de nouveau. En essuyant tous nos refus et en les prenant sur lui, Jésus vient nous délivrer de notre enfermement et nous rétablir dans la confiance en Dieu et dans les autres.

Une petite fille abandonnée

Encore un témoignage :

> Valérie est une petite fille abandonnée dès la naissance qui a été adoptée à l'âge de deux ans. Un jour, alors qu'elle était âgée de cinq ans, dans un mouvement de colère, elle cria à son père : « Tu es un vilain papa ! Je veux changer de papa ! Je veux un papa toujours gentil avec moi, qui me donne des bonbons même quand je fais des bêtises ! » Une telle attitude, on le comprend, posait quelques problèmes à son père adoptif. Pourtant un jour qu'elle avait fait une grosse bêtise, son père, se rappelant ses propos, prit un bonbon dans l'armoire pour le lui présenter en disant : « Te souviens-tu ? Tu as demandé un papa qui t'aime même quand tu fais des bêtises. Eh bien ! Regarde ! Papa te donne ce bonbon. » Tout en faisant ce geste, il lut dans les yeux de sa petite fille tout à la fois l'envie de la friandise et le refus de l'amour de son père. Pour ne pas la mettre trop vite en face de son refus de se laisser aimer, il posa simplement le bonbon sur la table en disant : « Voilà la gentillesse demandée, tu peux la

15. Cf. Lc 24, 36 ; Jn 20, 21-26.
16. Cf. Jn 14, 26.

prendre », et il s'en alla comme s'il n'avait rien deviné. Par l'entrebâillement de la porte, il fut surpris de voir sa petite fille faire semblant de se détourner comme si elle ne voulait pas du bonbon puis, voyant que son père était parti, se précipiter et le prendre avidement.

Cet exemple est très éclairant sur le cœur blessé de l'homme. On observe si souvent ce type de comportement dans l'accompagnement ou la direction spirituelle. De fait, tant que l'on peut accuser les autres de ne pas assez nous aimer, on n'est pas responsable, puisque c'est la faute des autres. Mais cela devient douloureux dès qu'on est confronté à la réalité : je meurs de soif parce que je le veux bien. Je meurs de soif parce que je refuse de me laisser aimer et d'accueillir la Miséricorde. Tant que l'on ne fait pas cette prise de conscience, on accuse les autres et on agit sous le mode de la convoitise : on s'efforce de prendre, comme cette petite fille, en dehors d'une relation d'amour[17], par crainte d'être de nouveau trahi. On refuse d'être en relation filiale, on préfère mettre en échec l'amour du Père et sa Miséricorde plutôt que de s'ouvrir pour découvrir l'amour de préférence du Père et la douceur de son pardon.

La liturgie du shabbat

Le shabbat n'est pas une institution poussiéreuse que l'on ressortirait des vieux cartons de l'histoire par nostalgie ou pour imiter nos frères Juifs. Le shabbat est une initiative divine et éternelle qui a l'ancienneté de la création. Dieu a créé le monde en cinq jours, l'homme et la femme le sixième jour, et le septième jour il a institué le shabbat pour se réjouir de sa création[18]. Le Christ lui-même l'a vécu avec ses parents à Nazareth, puis avec ses apôtres ; après lui, l'Eglise l'a célébré pendant les quatre premiers siècles jusqu'à l'avènement de l'empereur Constantin[19]. Il nous est donné, à la Communauté des Béatitudes, de puiser à l'immense richesse de ces racines judéo-chrétiennes en célébrant autour de la table, le vendredi soir, une liturgie familiale d'introduction au shabbat.

Le shabbat est donc le moment privilégié où nous sommes aimés et regardés personnellement par notre Créateur comme au premier jour. *Dieu*

17. Comme originellement Eve lors de la chute (cf. Gn 3).

18. Gn 2, 3 ; Ex 20, 10 ; Dt 5, 14 .

19. C. BIHLMEYER, H. TUCHLE, *Histoire de l'Eglise, l'antiquité chrétienne* (T. I), Ed. Salvator Mulhouse, 1962, p. 177 ; 434.

vit tout ce qu'il avait fait : cela était très bon[20] : Dieu se réjouit d'être notre Père, nous pouvons ainsi à notre tour goûter à la joie d'être nés de lui, la joie du tout petit enfant qui se blottit dans ses bras. Au cours de la liturgie du shabbat le Seigneur passe au milieu de nous, pour nous serrer sur son cœur. Nous découvrons le délicieux bonheur d'être les fils et les filles du Père Eternel, passionnément aimés. Le shabbat nous fait savourer cette intimité avec Dieu, dans laquelle on entre progressivement car cette expérience suscite des émotions contradictoires.

De nombreuses confidences recueillies lors de l'accompagnement de personnes qui vivent régulièrement le shabbat éclairent cela. Le shabbat ne laisse jamais indifférent : il suscite très vite des sentiments révélateurs qu'il est important d'accueillir en vérité. Le shabbat devient ainsi un lieu privilégié de guérison intérieure.

Par exemple le shabbat énerve profondément certaines personnes qui ne comprennent pas pourquoi. Chez d'autres l'agressivité fait place à l'angoisse. Pourquoi ces émotions et cette difficulté à entrer dans le repos, dans la paix et la joie du shabbat ? Parce que le shabbat est un moment spirituel intense au cours duquel le Seigneur s'approche de moi personnellement, pour me bénir paternellement, poser sa main sur ma tête en disant : Tu es *mon fils bien-aimé, qui a toute ma faveur*[21]. Il me visite là où j'ai été blessé dans la filialité, là où, par le passé, j'ai été trahi dans ma confiance. Or suite à cela, je n'ai plus voulu dépendre de qui que ce soit, et maintenant je ne veux plus rien attendre d'un autre. Je me suis protégé de ma souffrance en décidant que je n'ai pas besoin de cet amour, je ne veux plus affronter la peur d'être déçu. Je dis : « Non, je ne te servirai pas[22], je ne veux pas être ton fils, ta fille. » La liturgie du shabbat fait remonter cette blessure à la surface et donne envie de prendre la fuite, parce que l'amour me fait peur, il me renvoie à ma vulnérabilité. L'amour s'approche de moi, mon Père me manifeste combien il me chérit, mais cela m'énerve et m'angoisse profondément. Je refuse que Dieu me visite là où je suis le plus blessé dans mon désir d'être aimé.

Le shabbat est un temps de guérison particulièrement puissant pour tout ce qui touche aux blessures d'abandon de la petite enfance : chemin lumineux mais laborieux, qui demande parfois de traverser plusieurs années

---

20. Gn 1, 31.
21. Mt 3, 17.
22. Non serviam ! C'est l'exclamation de Satan qui refuse de se soumettre à Dieu (Jr 2, 20).

de ressenti douloureux avant qu'il soit source d'une paix profonde et d'une immense jubilation. Nous découvrons alors le bonheur ineffable, l'exultation de se mettre sous la protection et la bénédiction de notre Père. Nous l'appelons : « Mon Père » et nous l'écoutons murmurer au fond du cœur : « Mon fils..., ma fille..., mon enfant bien-aimé(e). »

Ces quelques mots autour du shabbat permettent de mieux comprendre ce que signifie « se laisser aimer ». On y associe trop souvent l'expérience d'une simple consolation. C'est une erreur spirituelle grave. Se laisser aimer n'est pas toujours agréable, mais demande de traverser des émotions négatives. C'est comme une consolation sur fond de détresse, une douceur sur fond de douleur, une paix et une joie sur fond de souffrance. La vie de Dieu passe à travers notre sensorialité blessée, notre sensibilité exacerbée ou angoissée, pleine de peurs et de honte. On reconnaît le passage de Dieu non pas d'abord à la disparition de la détresse, mais à la présence d'une consolation dans cette détresse. L'union à Dieu se vit souvent sur la Croix. Elle n'est pas un nirvana mais l'expérience d'un intense bonheur à l'intérieur même d'une souffrance.

2. Dieu me cherche

Nous avons tous un très grand désir d'être aimé ; et en certaines circonstances nous le percevons de façon plus aigüe. Par exemple, j'aimerais tant que l'on fête dignement mon anniversaire. Mais si je suis entouré de nombreux amis, si la fête devient trop somptueuse, soudainement je me sentirai mal parce que c'est trop d'affection. En revanche, si l'on ne fait pas attention à moi, si l'on oublie de me fêter mon anniversaire, je serai ulcéré, je me sentirai abandonné. N'y a-t-il pas bien souvent ce paradoxe en l'homme ? Ainsi une personne rapportait au sujet de ses noces :

> « Notre mariage fut une fête extraordinaire et le jour d'un merveilleux bonheur. Pourtant le plus difficile à accepter fut la gentillesse de ces trois cents amis, venus de toute la France se réjouir avec nous. Tant d'affection pour moi, pour nous, m'était presque pénible à supporter. »

La première étape d'une nouvelle naissance consiste donc à prendre conscience de cela : Dieu ne cesse de s'approcher de nous, mais il ne peut pas nous serrer dans ses bras parce que nous l'arrêtons, comme un enfant qui boude. Nous croyons le chercher et accomplir tous les efforts nécessaires : nous allons à la messe régulièrement, nous prions, nous lisons

Pourquoi le Seigneur insiste-t-il sur le souvenir ? Parce que nous ne sommes pas abandonnés, nous ne sommes pas des orphelins : Dieu est avec nous. Notre sensorialité et notre sensibilité crient : « Je suis tout seul, je suis rejeté, je suis abandonné », mais l'Esprit Saint gémit au fond de notre cœur : « Viens vers le Père[26]. » Dieu contracte avec nous une Alliance nouvelle à l'intérieur de nos blessures.

Quand on ressent la solitude, l'abandon ou le rejet, dans la foi on sait cependant que c'est aussi le moment où Dieu nous visite : il sonde nos reins et nos cœurs[27]. Comme le dit le Livre du Deutéronome, Dieu veut savoir si oui ou non, nous acceptons d'être ses fils et ses filles en suivant ses commandements[28]. C'est le moment du choix libre et personnel où nous manifestons – ou non – notre désir de prendre Dieu pour Père. Or que faisons-nous bien souvent ? Nous répondons : « Non, je ne peux pas, je ne suis pas capable, c'est trop difficile pour moi. » Notre sensorialité affolée nous empêche d'accueillir l'amour et de nous laisser aimer par le Seigneur. Dieu ne demande pas si nous le pouvons car il sait bien que cela dépend de lui, et : *Ce qui est impossible pour les hommes est possible pour Dieu*[29]. Il dit simplement : « Veux-tu être mon fils, ma fille, là où tu ressens douloureusement un esseulement, un abandon ? Acceptes-tu que je m'approche de toi pour te soigner et te consoler là où tu as si mal ? Veux-tu m'accueillir ? » Il ne s'agit donc pas de savoir si je peux, mais plutôt **si je veux**.

Pour cela, il suffit de mobiliser notre volonté d'amour en exprimant, dans un acte de foi, la confiance que nous donnons au Seigneur là même où notre sensibilité, plongée dans la douleur de l'abandon, n'a aucune envie de s'appuyer sur un autre. Il importe que nous le saisissions bien. Cette attitude est tout-à-fait concrète et elle est très importante dans le combat spirituel. Ne nous cachons jamais derrière un « je ne peux pas ». Même quand nous ressentons la douleur, l'angoisse et un mal-être intérieur, nous pouvons utiliser cette faculté spirituelle qui nous permet de poser de tous petits actes en disant : *Amen, viens, Seigneur Jésus ! Maranatha*[30] ! Alors la consolation de Dieu nous visitera soit immédiatement, soit progressivement par infusion. Dieu l'a promis par sa Parole : *Si quelqu'un*

26. S. IGNACE D'ANTIOCHE, Rm 5, 6.
27. Cf. Ps 7, 10 ; Jr 17, 10 ; Ap 2, 23.
28. Cf. Dt 8, 2.
29. Lc 18, 27.
30. Ap 22, 20.

entend ma voix et ouvre la porte, j'entrerai chez lui pour souper, moi près de lui et lui près de moi[31].

RENAÎTRE EN MARIE

1. La naissance spirituelle

La meilleure manière de faire mémoire de ses racines passe par cette troisième étape : renaître en Marie. Deux événements que j'ai vécu à la Communauté des Béatitudes illustrent bien la manière dont peut être vécue cette nouvelle naissance.

> – « Nous avons partagé cinq jours de retraite avec Ephraïm, le fondateur de la Communauté, sur le thème de "la nouvelle naissance en Marie". Nous étions environ cent cinquante personnes. Chaque jour, nous entendions quatre à cinq heures d'enseignement. J'ai été très frappé par l'attitude des participants. Il y avait ceux qui accueillaient toutes les paroles qu'ils entendaient sans manifester la moindre difficulté. D'autres se rendaient compte qu'ils avaient quelques difficultés à recevoir une telle densité doctrinale et mystique. Plus à l'écoute de leur cœur, ils remarquaient qu'ils étaient de plus en plus angoissés puis agacés au fur et à mesure que la retraite se déroulait, ce qui les culpabilisait beaucoup. »
>
> – « Quand nous avons fait la retraite des trente-trois jours de la Communion Marie Reine de la Paix[32], j'ai été très surpris de vivre un pareil combat. Au bout de quinze jours, je n'en pouvais plus : j'éprouvais un sentiment croissant d'étouffement et d'angoisse. J'attrapais un torticolis : les muscles du cou et de la nuque étaient tendus et je ressentais une puissante résistance intérieure. Pourquoi avais-je réagi ainsi, alors

31. Ap 3, 20.

32. La Communion Marie Reine de la Paix est née en France en 1994, à la suite des événements de Medjugorje. C'est une association fondée par Frère Ephraïm et parrainée par le père Slavko (o.f.m). Essentiellement laïque, elle s'ouvre à tous les états de vie et réunit des personnes qui désirent consacrer tous les aspects de leur cœur et leur vie à Jésus par Marie. Elle propose de vivre dans un grand amour de l'enseignement du Saint-Père et de l'Église, d'écouter la Parole de Dieu, de recevoir les sacrements de l'Église, de jeûner et de prier afin de réunir sous le manteau de la Vierge une armée de chrétiens qui fasse bloc en elle, pour la conversion et la réconciliation du monde entier.

> que j'ai toujours aimé la Vierge Marie ? J'ai compris soudainement que la renaissance spirituelle en Marie nous entraîne dans les zones les plus intimes de nous-mêmes, jusque dans la blessure du tout petit enfant. »

Nous le voyons, il est donc normal, quand on entre dans l'intimité de la Vierge Marie, de ressentir des émotions pénibles d'angoisse, d'agressivité, une impression d'étouffement... L'important est de rester dans la vérité de l'expérience et de ne pas nier ou fuir de tels sentiments. Il n'y a pas lieu non plus de s'en culpabiliser. Comprenons simplement ce que nous vivons. Il s'agit en fait d'une reviviscence de l'expérience maternelle de notre enfance : nous avons connu la tendresse d'une mère et ses limites. Elle nous a aimés, mais elle nous a aussi empêchés d'être. Nous avons pu être opprimés dès le sein maternel, étouffés dans les bras d'une mère qui nous gardait pour elle, nous avons pu ressentir une détresse ou un esseulement. Notre sensibilité garde la mémoire de ces évènements, qui vont donc refaire surface dans l'expérience spirituelle.

Lorsque nous intensifions notre relation à Marie, nous redescendons dans la blessure du tout-petit. La nouvelle naissance, ce naître d'en-haut, ne peut pas se vivre en dehors de notre sensibilité blessée, de notre sensorialité exacerbée. Nous ressentons toutes ces émotions avec Marie, et c'est au travers d'elles que nous allons renaître d'eau et d'Esprit. L'eau est celle du baptême, celle du sein maternel et virginal de Marie, Temple du Saint-Esprit. En demeurant sous le manteau de Marie malgré ces sentiments et en posant des actes de foi et de confiance, nous accueillons l'Esprit du Père qui, comme il descend sur Marie, nous enveloppe et fait de nous des fils et des filles. Car Marie nous permet de devenir fils et filles de Dieu : elle fait naître en nous le Fils, Jésus. Elle est, selon l'expression de saint Louis-Marie Grignion de Montfort, « le moule de Dieu » dans lequel nous sommes rendus semblables au Fils de Dieu[33].

Cette pédagogie de Dieu est très actuelle. Alors même que la famille est en danger d'éclatement (parce qu'il n'y a presque plus de père, et que la mère tend à perdre sa vocation), le Seigneur attire fortement l'attention, au sein même de son Eglise, sur le rôle de la Vierge Marie dans les derniers temps[34]. Saint Louis-Marie Grignion de Montfort l'avait prophétisé au

---

33. S. L. M. GRIGNION DE MONTFORT, *Le Secret de Marie,* Œuvres complètes, Ed. du Seuil 1966, §17, p. 449.

34. C'est le Concile Vatican II qui a appliqué à notre époque la notion de « derniers temps ». Le même Concile a justement développé la mission de Marie pour l'Église aujourd'hui (Lumen Gentium, chapitre VIII).

XVIIe siècle[35] en sachant que cela s'adressait de façon éminente aux « apôtres des derniers temps ». Sainte Thérèse de l'Enfant-Jésus l'a profondément incarné dans sa courte existence : elle a expérimenté cette « nouvelle naissance en Marie », elle a su dans tout son être ce qu'elle signifiait[36]. C'est pourquoi elle a enseigné par sa vie et par sa parole la voie d'enfance, cette voie toute mariale qui est par excellence le chemin des tout-petits.

Il n'y a pas d'enfant sans sa mère. Pour retourner *à l'état des enfants*[37], il nous faut naître d'en haut, c'est-à-dire renaître en Marie. Il ne s'agit pas simplement de prendre Marie pour mère, ni d'agir par Marie ou pour Marie. Cela, c'est le propre d'une dévotion à Marie, et on le rencontre souvent dans la vie de l'Eglise. Mais Thérèse est allée beaucoup plus loin. Comme Louis-Marie, elle a dépassé la simple dévotion à Marie pour entrer dans une véritable union mystique à Marie. Grâce à son exemple, on peut différencier nettement dans la vie spirituelle, ce que signifient : agir par Marie, agir avec Marie et agir en Marie.

2. L'Immaculée Conception

Louis-Marie Grignion de Montfort appelait cette pédagogie de Dieu, le secret de Marie[38]. Un secret qui apparut au grand jour en l'an 1854 lors de la proclamation du dogme de l'Immaculée Conception, et qui fut confirmé quatre ans plus tard, à Lourdes, à une toute petite Bernadette pauvre et illettrée, de la bouche même de la Mère de Dieu : « Je suis l'Immaculée Conception. » Que veulent dire ces mots dans l'expérience de la guérison intérieure ?

Marie est immaculée

Marie a été conçue immaculée, sans l'empreinte du péché originel, dans le sein de sa mère, Anne. Celle-ci, bien que sanctifiée, était pourtant une femme marquée par le péché. Pendant sa grossesse, comme toutes les mamans, elle a traversé des moments de crainte ou de souffrance que la

35. S. L. M. Grignion de Montfort, *Traité de la vraie dévotion à la sainte Vierge,* Œuvres complètes, Ed. du Seuil 1966, §50, p. 515, et §55-59, pp. 520-522.

36. S. Thérèse de l'Enfant-Jésus, MsA, 30v°, 8, NEC, Cerf/DDB 1992, p. 98.

37. Cf. Mt 18, 3.

38. S. L. M. Grignion de Montfort, *Le Secret de Marie,* Œuvres complètes, Ed. du Seuil 1966, §1, p. 442 (Note 1) et §20, p. 450.

toute petite Marie aura forcément perçus, de par sa conscience d'amour[39], comme un manque à la plénitude d'amour pour laquelle elle avait été créée. Une agression si précoce entraîne constamment chez le fœtus la mise en place d'un système de protection et de fermeture sur soi. Or l'Eglise enseigne qu'il n'en est rien pour Marie. Par le privilège de l'Immaculée Conception, elle a été préservée de tout retour sur soi[40]. Chaque fois qu'elle expérimentait le manque d'amour et en était blessée, elle s'ouvrait davantage à l'amour du Père.

La Tradition rapporte que Marie serait entrée dans le Temple de Jérusalem après son sevrage, à l'âge de trois ans[41]. Une petite fille de cet âge ne peut pas quitter ainsi sa mère et son père sans vivre une douloureuse blessure d'abandon, source de souffrance et d'angoisse. La prise de distance avec son milieu familial n'est pas anodine dans le cœur d'une enfant, même immaculée, mais Marie s'en est servie pour accueillir encore davantage l'amour du Père pour elle.

La Vierge Marie a traversé d'immenses souffrances et de grandes angoisses tout au long de sa vie. Le Seigneur l'a révélé à Marthe Robin : jamais personne n'avait autant souffert après lui que sa mère[42]. Lors de la Nativité de Jésus, il n'y avait plus de place à Bethléem[43]. Marie, avec sa sensibilité toute empreinte de surnaturel, percevait douloureusement l'indifférence ou l'opposition envers son Fils. Chaque fois qu'il était *en butte à la contradiction*[44], elle souffrait : lors de la fuite en Egypte, puis au

39. La conscience d'amour est une expression du père Thomas Philippe (fondateur de l'Arche avec Jean Vanier) qui désigne la conscience qu'a le tout-petit dès le sein maternel de percevoir intuitivement mais de manière certaine s'il est désiré et aimé. Elle provient du fonctionnement des facultés spirituelles qui permettent au bébé, avant même l'apparition de l'intelligence et de la raison, de comparer l'inscription à l'image de Dieu qu'il porte en lui avec l'expérience sensible de l'amour qu'il reçoit de ses parents.

40. H. BOURGEOIS, B. SESBOÜÉ, P. TIHON, *Les signes du salut, histoire des dogmes*, T. III, Desclée, Paris 1995, pp. 594-603.

Textes du magistère catholique réunis et présentés par R. ACKERMANN, *Sainte Marie, mère de Dieu, modèle de l'Eglise*, Le Centurion, Paris 1987 ; PIE XII, Encyclique Fulgens Corona, 1953, pp. 52-56 ; JEAN-PAUL II, Clôture du Synode extraordinaire des évêques, 1985, pp. 222-223.

41. Cf. le Protévangile de Jacques, in D. ROPS, *Les Evangiles de la Vierge*, Ed. Robert Laffont 1948, pp. 136-137.

42. EPHRAÏM, *Marthe... une ou deux choses que je sais d'elle*, Ed. des Béatitudes 1990, p. 43.

43. Lc 2, 7.

44. Lc 2, 34.

retour à Nazareth, pendant le ministère de Jésus... Elle atteignit le paroxysme de la souffrance et de l'angoisse au pied de la Croix. Mais jamais elle n'accepta de douter de l'amour de Dieu ! Sans cesse au contraire, elle faisait mémoire des merveilles de Dieu. Elle n'oubliait pas, elle ne se fermait pas à l'amour de Dieu. Au contraire, chaque blessure était pour elle une occasion providentielle qu'elle accueillait immédiatement pour se laisser pénétrer davantage. Aussi l'Ecriture nous rapporte-t-elle qu'*elle conservait avec soin toutes ces choses, les méditant en son cœur*[45] pour en recevoir le sens. Quand elle percevait un manque d'amour dans son entourage, elle orientait son âme vers le Père pour murmurer amoureusement : « *Abba* ! Mon Père ! » Elle attirait sur elle l'Esprit du Père, sans aucun retour sur elle-même, sans aucun système défensif. Elle traversa l'abîme de la détresse en voyant son Fils bien-aimé humilié et martyrisé, mais jamais elle ne se replia sur elle-même. Elle restait dans une attention constante au Père, totalement perméable à la consolation de Dieu, là même où les hommes la blessaient en ne lui donnant pas l'amour qu'elle attendait. Elle était ainsi, depuis le jour de sa conception, complètement tournée vers Dieu, ses yeux dans les yeux du Père. Continuellement, elle scrutait le Cœur du Père.

Nous pourrions penser que le privilège de sa conception immaculée met Marie comme dans un autre monde que nous, forte d'une grâce dont nous serions exclus, en quelque sorte à distance, une distance qui ferait que nous ne serions plus concernés. En fait c'est justement l'inverse qui se passe : le fait que la Vierge Marie soit immaculée est très important pour nous. Nous pourrions dire que c'est justement pour nous que Marie est qui elle est. Car en demeurant près d'elle, nous découvrons une autre manière de prier qui nous est impossible habituellement : prier le Père et croire qu'il est bon, *lent à la colère et plein d'amour*[46] alors même que nos entrailles crient « abandon », que notre sensibilité est dans la nuit de la douleur, de l'irritation ou de la tristesse. Parce que Marie est Immaculée Conception, si nous restons sous son manteau, elle nous rend accès à la relation au Père. Voilà la grande guérison que le Seigneur nous offre en Marie. Tant il est vrai qu'un père ne peut exercer sa paternité que par la mère, car celle-ci prononce le nom du père, elle le reconnaît comme autorité, comme nourricier et bienfaiteur. Marie, dès sa conception immaculée, sait qui est

45. Lc 2, 19.
46. Ps 103 (102), 8.

le Père. Elle nous le montre, elle nous mène au Père en nous donnant Jésus. Elle nous conduit aussi jusque dans les bras de saint Joseph, véritable visage de la paternité. Tel est le privilège de l'Immaculée Conception.

Jésus est le Fils Immaculée de Marie

Conçue toute pure, la Vierge Marie peut donner au monde celui qui est immaculé : le Christ Jésus. C'est le deuxième privilège de l'Immaculée Conception qui nous est offert : parce qu'elle a conçu le Fils de Dieu dans sa chair, Marie reçoit mission de le concevoir en chacun de nous, dans la mesure où nous vivons en elle. Protégée du repli sur soi, constamment tournée vers le Père, elle est devenue la mère du Sauveur, la mère virginale du Saint de Dieu. Elle est le « moule pur et sans tache[47] » qui a accueilli *l'aîné d'une multitude de frères*[48]. A notre tour, vivons à l'ombre de Marie pour être « formés en ce moule à l'image du Christ », comme dirait encore Louis-Marie Grignion de Montfort, pour être rendus semblables au Fils de Dieu.

Marie nous « virginise »

Marie est mère de l'Eglise et mère des hommes. Elle enfante en nous le Fils de Dieu. Cet enfantement n'est pas une affirmation théologique planant dans les sphères d'une mystique vide de sens, mais bien une réalité incarnée, sensorielle, sensible et spirituelle très puissante. Marie engendre Jésus l'Immaculé en nous : ce faisant, elle nous « virginise ». Elle vient « faire du sacré » en déposant l'Enfant-Dieu entre les deux lèvres de nos blessures, comme dans la mangeoire de Bethléem. Elle fait naître Jésus-Eucharistie là où nous ressentons douleur, angoisse, amertume et tristesse.

Thérèse de l'Enfant-Jésus l'a compris d'une manière incomparable et c'est bien ce qu'elle enseigne à sa sœur Céline quand elle l'invite à se cacher sous le manteau virginal de Marie[49]. Elle court déjà sur la voie d'enfance : elle est comme un tout-petit qui a besoin de sa mère, et cette mère, le Père nous la donne, c'est Marie.

---

47. S. L. M. Grignion de Montfort, op. cit., §17, p. 449.
48. Rm 8, 29.
49. S. Thérèse de l'Enfant-Jésus, CG, T.I, LT 105 du 10/05/1890, 2r°, NEC, Cerf/DDB 1992, p. 529.

La Gospa disait à Medjugorje[50] : « Je suis votre mère et je veux vous éduquer à la vie en moi. » Marie a commencé cette éducation avec les Apôtres et elle l'intensifie actuellement à travers les messages de Lourdes, de Fatima et aujourd'hui de Medjugorje. Le Seigneur désire faire de nous des tout-petits afin de nous guérir à l'origine même de nos blessures, jusque dans la racine du péché originel. Selon saint Augustin[51], Jean le Baptiste a été purifié du péché originel dès le sein de sa mère lors de la Visitation. En rendant visite à sa cousine Elisabeth, Marie a apporté l'Enfant-Jésus au petit Jean qui, sanctifié par l'Esprit, a tressailli d'allégresse. Saint Joseph est le premier homme à s'être laissé virginiser dans l'intimité de Marie son épouse et de Jésus son Fils, pour devenir une icône parfaite de la paternité divine.

Marie a toutes les qualités d'une mère

La Vierge Marie rassemble les trois qualités essentielles d'une mère selon le cœur de Dieu :

– elle donne la vie à son enfant (et non la mort),
– elle lui montre le père (au lieu de le masquer)
– et elle accepte de s'en séparer pour l'offrir au père (au lieu de le retenir pour elle).

C'est pourquoi nous pouvons nous blottir en toute confiance dans ses bras. Marie nous apprend les secrets du Père, elle nous le désigne et nous mène à lui sans jamais nous étouffer ou nous maintenir en esclavage. Elle est une mère très délicate et respectueuse auprès de laquelle nous trouvons la guérison de nos blessures maternelles. Si dans notre enfance nous avons souffert d'une mère captative, Marie se fera très discrète dans notre vie spirituelle et nous poussera doucement vers le Père. Si au contraire nous avons été éprouvés par l'absence de notre maman, elle se fera très proche et consolatrice.

---

50. Au sujet des apparitions de Medjugorje, voir la note précédente n° 13.
51. S. AUGUSTIN, *Contra Julianum Opus Imperfectum,* lib IV, 134.

3. La guérison en Marie

Au commencement de notre vie, comme nous l'avons dit, nous avons tous été à la fois aimés et blessés par notre maman. Chacun de nous pourrait dire : « Ma mère m'a donné la vie, mais elle a aussi instillé en moi la morsure du péché et de la mort. Elle m'a offert(e) à mon père certes, mais elle m'a retenu(e), voire elle m'a séparé(e) de mon père. Elle a accepté mon départ mais aujourd'hui je suis encore habité(e) intérieurement par certaines de ses attitudes, certains de ses reproches. Et tout cela aujourd'hui me gêne dans ma vie quotidienne, mes relations avec mon conjoint, mes enfants, mes amis. »

La Vierge Marie peut être pour chacun de nous la Mère parfaite là où notre propre maman n'a pas pu, n'a pas su ou même n'a pas voulu l'être. Toutefois cela n'est possible que si nous acceptons, si nous choisissons de vivre en elle. Son action se reconnaît à un signe sensible caractéristique : une douceur douloureuse, une douleur très douce. On ressent, justement là où l'on a mal, une grande consolation empreinte de tendresse et de douceur toute maternelle.

Marie est là, parfaitement disponible, pour nous garder sous son manteau et nous enfanter à la vie. Parfois nous nous plaignons de ce que la Vierge Marie soit inaccessible en clamant qu'elle est trop parfaite, trop sainte, qu'elle a trop de privilèges ! Là encore Thérèse de l'Enfant-Jésus vient à notre aide, qui nous rappelle : « Le trésor de la mère appartient à l'enfant[52]. » Petite phrase extraordinairement riche qui signifie exactement : « Tout ce qui est à Marie est à moi. » Marie nous donne tout, puisqu'elle enfante Jésus en nous. De même que l'épître aux Romains dit de Dieu : *Lui qui n'a pas épargné son propre Fils mais l'a livré pour nous tous, comment avec lui ne nous accordera-t-il pas toute faveur*[53] *?*, de même nous pouvons dire de Marie : « Comment nous refuserait-elle quoi que ce soit, elle qui a offert son enfant pour chacun d'entre nous ? » Oui, vraiment, tout ce qui est à elle est à nous : ses parents Anne et Joachim, son Fils Jésus, son époux Joseph, son Immaculée Conception, sa virginité et son corps Temple de l'Esprit, sa relation filiale au Père, ses qualités d'épouse et de mère, sa

52. S. Thérèse de l'Enfant-Jésus, PN 54, 5, 4, NEC, Cerf/DDB 1992, p. 243.
53. Rm 8, 32.

Maternité divine, sa sainteté et ses mérites...[54] ; encore faut-il faire ce choix de ne pas fermer notre cœur et d'accueillir le don de Dieu !

SE CONSACRER À MARIE

La quatrième étape nous mène à bon port. Elle nous permet d'expérimenter la naissance en Marie, la prière et la vie quotidienne en Marie.

1. FAIRE DU SACRÉ

Pour rendre sacrée la vie profane, avec nos blessures du passé, ainsi que nous l'avons évoqué, faisons eucharistie, c'est-à-dire consacrons tout notre être et notre vie à Dieu en Marie. Être consacré, c'est appartenir à Dieu en étant mis à part comme un fils, une fille bien-aimé(e). Notre vocation est d'accéder à cette dignité, car le Père *nous a élus en lui, dès avant la fondation du monde, pour être saints et immaculés en sa présence, dans l'amour*[55]. Faisons mémoire de tous les bienfaits de Dieu, dans les événements joyeux comme dans les moments douloureux et, par un acte de volonté, livrons notre être au mouvement de la grâce afin de le lui consacrer entièrement.

On constate dans la pratique de l'accompagnement thérapeutique que ce qui n'est pas obtenu par une psychothérapie ou une anamnèse est rendu possible en renaissant *d'eau et d'Esprit*. De nombreuses blessures trouvent leur résolution et leur apaisement en Marie grâce à cette consécration.

Pour renaître d'en haut, il suffit de consacrer tout notre être à Marie : notre corps, notre sensorialité (les yeux, les oreilles, le toucher), notre parole, notre sensibilité, notre sexualité et notre identité, notre cœur et toutes nos affections, nos épreuves, nos souffrances, notre vie... Que tout sans exception – comme dit Grignion de Montfort – lui appartienne. Nous

54. On pense à cette exclamation de S. JEAN DE LA CROIX : « A moi sont les cieux et à moi est la terre, à moi sont les gens, les justes sont à moi et à moi les pécheurs ; les anges sont à moi, et la Mère de Dieu et toutes les choses sont à moi, et Dieu lui-même est à moi et pour moi, parce que le Christ est à moi et tout pour moi » (in *Dichos de luz y amor*, 30, 31).

55. Ep 1, 4.

apprenons ainsi à prier, à agir, à exister sous le manteau de Marie. Plus nous apprenons à être en Marie, plus nous goûtons, nous respirons, nous ressentons, nous entendons en Marie.

2. Comme un enfant !

Depuis quelques siècles malheureusement, la foi chrétienne s'est intellectualisée à outrance. Nous avons perdu l'expérience d'une vie spirituelle et mystique incarnée qui passe par une sensibilité purifiée. En découvrant notre terre d'origine en Marie, qui comme une mère couvre son enfant de baisers et de tendres caresses, nous connaîtrons une autre manière de vivre spirituellement. Dans cette sorte de « ré-éducation », les facultés psychiques ne sont plus marquées par la peur, la convoitise, la honte et l'agressivité, au contraire les sens sont progressivement spiritualisés jusqu'à pouvoir reprendre la parole de saint Jean : *...Ce que nous avons entendu, ce que nous avons vu de nos yeux, ce que nous avons contemplé, ce que nos mains ont touché du Verbe de vie (...), nous vous l'annonçons*[56].

Le psaume 130 exprime clairement ce que Marie enseigne chaque jour à ses enfants :

Seigneur, je n'ai pas le cœur fier,
ni le regard hautain.
Je n'ai pas pris un chemin de grandeurs
ni de prodiges qui me dépassent.
Non, je tiens mon âme en paix et silence ;
comme un petit enfant contre sa mère,
comme un petit enfant, telle est mon âme en moi[57].

Quand David rédigea ces lignes il y a quelques trente siècles, il décrivait déjà la petite voie d'enfance que Thérèse a vécue et enseignée. La petite sainte de Lisieux est considérée comme la plus grande théologienne de notre temps parce qu'elle a su énoncer des vérités sublimes avec des mots très simples.

Le petit enfant dont il est fait mention dans le psaume est, d'après la sémantique hébraïque, un enfant sevré. C'est le même terme qui, dans l'é-

56. 1 Jn 1, 1-3.
57. Ps 131 (130), 1-2.

vangile, désigne le tout petit enfant que Jésus prend dans ses bras et embrasse[58]. L'enfant est naturellement sevré de lait maternel à l'âge de deux-trois ans, ainsi que l'on peut encore l'observer en Afrique et dans les pays qui gardent un rythme de vie familial traditionnel. Et jusqu'à cet âge il demeure tout contre sa mère, porté dans le dos ou sur la hanche.

L'enfant sevré est très paisible car il est rassasié de tendresse maternelle. Il n'est plus tourné vers sa mère mais il commence à regarder vers le monde extérieur et en particulier vers son père. La psychologie confirme ce fait : un enfant a fondamentalement besoin de sa mère jusque vers trois ans, âge auquel il entre progressivement dans l'univers paternel. Marie reconstruit, dans nos personnalités blessées, ce qui a été déficient de notre conception jusqu'à l'âge de trois ans, afin de nous sevrer et de nous tourner vers le Père.

CONCLUSION

Vivre et renaître en Marie comporte paradoxalement une grande consolation dans l'angoisse, une douceur dans la douleur, une joie et une paix dans l'Esprit en même temps qu'un grand combat. Voilà en quoi consiste le vécu spirituel de la nouvelle naissance. Dans la mesure où nous nous laisserons faire, nous serons consolés et comblés par Marie là où notre cœur a le plus manqué d'amour dans l'enfance.

Cet enfantement s'accomplit pour une bonne part de manière quasiment insensible. Son fruit le plus précieux est la découverte de notre identité de fils, de fille, et la fortification de notre désir du Père. Car la soif de Dieu dans sa paternité se déploie en notre âme. C'est le plus beau travail de la Vierge Marie en nous. Marie nous convie à une vie spirituelle très simple et vraiment incarnée afin de dilater notre cœur par l'Esprit Saint, dans une relation amoureuse au Père. Elle ne peut pas cependant agir sans notre consentement et notre participation. Ainsi qu'elle ne cesse de le répéter à Medjugorge : « J'ai besoin de vous[59]. » De fait, lorsqu'un enfant refuse d'aller dans les bras de sa mère, celle-ci n'a plus la liberté de le consoler.

---

58. Lc 18, 16.
59. C. AUBOYNEAU, op. cit., p. 17.

Vivre en Marie a des implications concrètes, tant spirituelles que psychologiques, sensorielles, et corporelles, qui demandent à être approfondies, expérimentées, enseignées. La liturgie dans la mesure où elle sollicite et rejoint tous nos sens – par l'encens, la lumière, les icônes, les cloches, le Livre de la Parole, les gestes et les attitudes – en est un chemin. Prier avec son corps au cours des prosternations (grandes et petites métanies selon la tradition orthodoxe) ou par la danse (selon la tradition juive hassidique) dispose l'être à incarner cette guérison[60].

Les jeunes sont de moins en moins accessibles à l'accompagnement thérapeutique classique, surtout aux techniques cognitives. Ils ont besoin de toucher, de voir et d'entendre, de goûter à une expérience spirituelle authentique, comme l'apôtre Thomas qui réclama de toucher le Christ. Le témoignage d'une communauté qui vit, qui prie, qui chante, qui danse pour Dieu et en Dieu est une parole de guérison très puissante. Car les jeunes attendent d'être rééduqués dans leur réceptivité au réel. La méthode Vittoz[61] est une technique de thérapie qui s'inscrit parfaitement bien dans cette vision, à condition de l'intégrer dans la vie spirituelle et dans une perspective anthropologique juste. Dieu *s'est fait chair*[62] : c'est donc d'une manière très incarnée que Marie nous donne de renaître, puisqu'elle a accueilli en elle l'Incarnation du Verbe. Grâce à la Vierge Marie, tous ceux qui réclament une guérison peuvent goûter Dieu dans tout leur être[63].

---

60. On lira avec profit le livre de J. CROISSANT, *Le Corps, temple de la beauté,* Ed. des Béatitudes 1997.

61. Pour connaître la méthode, vous pouvez consulter : Dr VITTOZ, *Notes et pensées,* Ed. Tequi 1955. Dr VITTOZ, *Traitement des psychonévroses par la rééducation du contrôle cérébral,* Ed. Téqui 1991. L. BRON-VELAY, *Pratique de la méthode Vittoz,* Ed. du Levain 1970. L. BRON-VELAY, *Le Conscient chez Vittoz,* Ed. Tequi 1980. G. LAURENT-KAEPPELIN, *Qu'est-ce que la Méthode Vittoz ? Un Art de vivre,* Ed. Téqui 1983. J. et P. CHAUCHARD, *Apprendre à vivre et à penser avec le docteur Vittoz,* Ed. du Levain 1989.

62. Jn 1, 14.

63. Dans ce chapitre, nous ne proposons pas de travail personnel autre que la Consécration à Marie. Elle peut quotidiennement être récitée, attentivement et avec son cœur. Elle peut aussi être approfondie par la retraite de trente-trois jours que l'on se procure au siège de la Communion Marie Reine de la Paix B.P. 24, 53170 Saint-Denis du Maine, France.

CONSÉCRATION À MARIE DE LOUIS-MARIE GRIGNION DE MONTFORT

Je te choisis aujourd'hui, Ô Marie,
en présence de toute la cour céleste,
pour ma mère et ma Reine.
Je te livre et consacre,
en toute soumission et amour,
mon corps et mon âme,
mes biens intérieurs et extérieurs
et la valeur même de mes bonnes actions,
passées, présentes et futures,
te laissant un entier et plein droit
de disposer de moi
et de tout ce qui m'appartient,
sans exception, selon ton bon plaisir,
à la plus grande gloire de Dieu,
dans le temps et l'éternité.
Amen.

Chapitre Quatrième

DE LA MÈRE AU PÈRE

INTRODUCTION

En contemplant la Sainte Trinité, nous découvrons que Dieu est famille et qu'il s'est incarné dans une famille.

– Dieu est famille, c'est-à-dire trois Personnes distinctes, avec lesquelles nous pouvons vivre une relation préférentielle et incomparable, comme l'enfant avec son père et sa mère.

Or, dans l'accompagnement thérapeutique ou la direction spirituelle, nous observons fréquemment qu'il est difficile d'entrer dans une relation simple et vraie avec chacune des Personnes de la Sainte Trinité. La relation à Dieu est généralement assez immature : elle privilégie une des Personnes au détriment des deux autres, ou encore elle globalise parfois la relation à Dieu seul. Si le Christ est généralement celui vers qui nous tournons facilement notre regard, le Père est le grand absent (ainsi que le Saint-Esprit bien souvent). Nous avons donc quelque peine à vivre en relation harmonieuse, dans une circulation d'amour, avec chacune des Personnes divines.

– Pour habiter parmi les hommes, Dieu s'est choisi une famille, en prenant la Vierge Marie pour mère naturelle et saint Joseph pour père adoptif. N'est-ce pas pour nous simplifier, et vivre en relation parmi nous comme l'enfant avec son père, avec sa mère ? *En vérité je vous le dis : quiconque n'accueille pas le Royaume de Dieu en petit enfant, n'y entrera pas*[1].

Nous allons tenter d'étudier la pédagogie de Dieu qui nous crée dans le sein d'une mère, et nous permet ensuite d'accéder au père, et de vivre ainsi dans une famille. Le passage de la mère au père est un moment particulièrement délicat, source de nombreuses blessures. Nous analyserons pourquoi nous sommes blessés et comment Dieu vient nous guérir par la sainte Famille.

1. Mc 10, 15.

DE LA MÈRE VERS LE PÈRE

1. Retrouver un sens à sa vie

Nombreuses sont les personnes aujourd'hui, surtout parmi les plus jeunes, qui ont perdu leur identité. Elles ne savent plus qui elles sont, pourquoi elles vivent, ni où elles vont. Elles ont perdu la direction à suivre et le but de leur vie, elles sont en quête de ce que Victor Frankl appelle « le sens existentiel[2] ».

Quand on veut retrouver la finalité de sa vie, en particulier dans l'épreuve de la souffrance, il est nécessaire, nous l'avons vu, de revenir à ses origines et de retrouver ses racines. Une telle sagesse est enseignée dans l'Ecriture[3], mais aussi par la Création : une semence contient, en puissance, l'arbre ou la plante à venir. Tout est maintenu dans le principe, dans le projet initial de Dieu au départ de la Création, tout est déjà présent en puissance dans le commencement[4].

La mère porte la vie : elle est la terre où poussent les racines

L'homme est conçu dans le sein maternel par la volonté de ses parents[5] associée au désir divin[6]. Là se situent ses origines. Saint Irénée évoque une concertation divine[7] avant la conception de l'homme : le Père réunit le Fils et le Saint-Esprit. De fait Dieu ne dit pas : « Que l'homme soit » mais « *faisons-le à notre image*[8] ». Chaque être humain est donc le fruit d'une consultation de la famille divine, il est modelé à l'image de Dieu-Amour,

2. V. Frankl, *Le Dieu inconscient*, Ed. Le Centurion 1975, p. 24. V. Frankl est psychiatre, disciple d'Adler, et fondateur de la logothérapie. Il est mort aux USA en 1997.

3. Le premier livre de la Bible s'appelle « la Genèse », en hébreu *bereshit* בראסית qui signifie « commencement ». Les bases de l'anthropologie y sont déjà présentes (Gn 2-3).

4. J. Eisenberg et A. Abecassis, *A Bible ouverte, Présences du judaïsme,* T. 1, Ed. Albin Michel, Paris 1978, premier et deuxième entretien.

5. Le contexte humain est variable suivant les personnes. Il peut s'agir *d'un vouloir de chair* (répondant uniquement aux impératifs du désir ou du plaisir) ou *d'un vouloir d'homme* (répondant aux exigences de l'amour et de la raison) (Jn 1, 13).

6. Sg 11, 24-25 : *Tu aimes en effet tout ce qui existe… car si tu avais haï quelque chose, tu ne l'aurais pas formée.*

7. S. Irénée de Lyon, *Contre les Hérésies* IV, préface, 4.

8. Gn 1, 26.

c'est-à-dire comme une « réplique » de son Créateur[9]. C'est pourquoi le petit enfant est un être d'amour et de désir, un être en relation, créé pour vivre dans une famille et établir un lien privilégié avec sa mère puis son père.

Son désir est d'abord et avant tout un désir d'être aimé, qui le dispose à tout recevoir de son milieu environnant. Il est dans une réceptivité quasi-totale. Il est « capacité » pour recevoir la plénitude de l'amour, il est « capable de Dieu[10] ». Son aptitude à accueillir passe par la sensorialité (les cinq sens[11]) et par sa sensibilité[12], au travers de la relation maternelle.

L'enfant désire être aimé par sa mère mais sa quête n'a de fin que dans l'infini. Derrière les caresses maternelles, il attend en fait l'amour même de Dieu. C'est pourquoi il « compare » en permanence la programmation ontologique à la plénitude du bonheur qu'il porte en lui dans *l'image* divine, avec ce qu'il reçoit du monde extérieur par le canal sensible et l'expérience de l'amour maternel. Il est capital de bien saisir cela : dès sa conception l'enfant attend un amour sans limites qu'il ne reçoit pas encore. Il le sait confusément non pas avec sa conscience de raison qui n'est pas suffisamment développée à cet âge, mais avec sa conscience d'amour[13] contenue dans *l'image.*

La thérapie des petits enfants (par le jeu ou le dessin) a démontré, de manière empirique, que les petits fœtus sont « conscients » et parfaitement réceptifs à la manière dont ils sont accueillis et aimés[14]. Ils perçoivent les émotions maternelles qui véhiculent soit une paix, soit une agression (l'angoisse de la mère par exemple est ressentie par l'embryon sur le mode de l'agression). C'est le réalisme de l'Incarnation que l'Ecriture traduit par la parole de saint Jean : *Il est venu chez lui, et les siens*

---

9. Comme une réplique du modèle divin : cf RACHI in *Le Pentateuque*, T. I – *La Genèse*, Association Samuel et Odette Levy, Paris 1993, p. 9.

10. S. AUGUSTIN, *Trin.* 14, 11.

11. La sensorialité se développe très tôt dans le sein maternel. On détecte actuellement une activité auditive et kinesthésique dès la 7e-8e semaine de vie intra-utérine (Cf. JP. RELIER, *L'aimer avant qu'il naisse, le lien mère enfant avant la naissance*, Réponses/R. Lafont, Paris 1993, p. 80).

12. La sensibilité psychologique s'élabore un peu plus tard, à partir des informations apportées par les sens qui alimentent l'affectivité (les émotions de l'enfant), l'imagination (la créativité) et la mémoire.

13. Cf. note n°39 chapitre III.

14. P. G. NEY, M. A. PEETERS, *Les survivants d'avortements,* The Institute of Pregnancy Loss and Child Abuse, Research and Recovery, Pioneer Publishing, Victoria, Canada 1993.

ne l'ont pas accueilli[15]. L'enfant goûte au bonheur d'être aimé quand il est désiré et chéri ; il est en détresse quand il ressent l'angoisse ou la souffrance, le rejet ou la tristesse de son entourage immédiat. Il est alors blessé dans son affectivité dès sa vie intra-utérine et réagit en conséquence pour se protéger. C'est pourquoi David proclame : *Vois : mauvais je suis né, pécheur ma mère m'a conçu*[16]. Le nid maternel donne le plus souvent l'amour et la vie, mais il est aussi marqué très tôt par la blessure du péché – du mal – et de la mort.

Le père donne la croissance et la finalité

Saint Irénée différencie nettement l'origine et la finalité[17]. Il les situe dans une croissance linéaire de *l'image* à la *ressemblance de Dieu*, au cours de laquelle l'homme réalise sa vocation de fils. Un vieux dicton dit : « tel père, tel fils[18] », pour témoigner de l'empreinte familiale. Si la terre d'origine de l'homme est la mère, la maturité passe par le père.

La mère porte en son sein un être à l'*image* de Dieu. Il est indispensable qu'elle lui donne la vie, puis qu'elle l'offre au père, pour qu'ensemble ils l'aident à grandir harmonieusement vers la *ressemblance* divine.

Le passage de la mère vers le père

Réalité humaine

Dieu nous dépose d'abord (comme il l'a voulu pour lui-même) dans le sein d'une mère, et nous amène ensuite dans les bras d'un père. Les sciences humaines le confirment, en détaillant les étapes de la croissance psychologique de l'enfant et en insistant sur l'intervention du père comme le tiers qui sépare le petit de sa mère[19].

Si ce passage est une réalité psychologique très importante, c'est aussi une vérité spirituelle fondamentale puisque l'empreinte familiale est aussi

15. Jn 1, 11.
16. Ps 51 (50), 7.
17. S. Irénée de Lyon, *Contre les Hérésies* IV, 38, 3.
18. Ez 16, 44.
19. F. Dodson, *Tout se joue avant six ans* ; et *Le père et son enfant*, Collection Marabout service, Ed. R. Laffont 1972 et 1975.

une marque divine : comme le déclare l'évangéliste Luc, *nous sommes de la race de Dieu*[20].

Exemple de Jésus

Le Christ-Dieu est né du sein de la Vierge. Cependant ceux qui centrent leur vie spirituelle sur le couple Marie-Jésus, tronquent la sainte Famille, rendant impossible l'Incarnation dans leur vie. Car il fallait le « oui » de Marie, certes, mais aussi celui de Joseph pour que se réalise la volonté divine[21]. Le Fils de Dieu désira naître dans une famille humaine, et il mit un soin jaloux à vivre jusqu'au bout la relation filiale avec ses parents. Suite au recouvrement au Temple, pendant dix-huit années[22], il demeura à l'écoute de son père adoptif, dans le silence, parce qu'il voulait être vraiment le *fils de Joseph*[23], le charpentier. Il grandit comme un fils parfaitement obéissant à son père pour expérimenter dans la nature humaine son amoureuse obéissance au Père céleste. Au soir du shabbat, il se laissait bénir par saint Joseph, comme il accueillit au jour de son baptême dans le Jourdain la manifestation aux yeux de tous de l'amour que le Père avait pour lui : Tu es *mon Fils bien-aimé, qui a toute ma faveur*[24].

La découverte de Dieu comme Père des Miséricordes se fait progressivement au long d'une croissance qui est une éducation à la filialité. L'Evangile de saint Jean est l'histoire du Fils de Dieu tourné vers son Père. Il commence par ces mots : *Et le Verbe était tourné vers Dieu*[25]. Jésus va dire les paroles de son Père, accomplir les œuvres de son Père[26]. Il est, de toute éternité, le Fils par excellence, amoureux de son Père. Sa croissance humaine est aussi celle du Fils Eternel, soumis à Marie et tendu vers son père Joseph. Il est aisé pour contempler ce mystère de relire l'apôtre Jean en remplaçant le nom du Père par celui de l'homme Joseph. Parce que Jésus, vrai Dieu et vrai homme, a vécu avec son père adoptif à Nazareth pendant

20. Ac 17, 29.

21. Sans le « oui » de Joseph, Marie risquait d'être lapidée pour infidélité conjugale (cf. Jn 8, 5).

22. La pensée des Pères de l'Eglise s'accorde sur le fait que le Christ aurait commencé son ministère public à l'âge de trente ans, immédiatement après la mort de son père adoptif.

23. Lc 4, 22 ; Jn 1, 45 ; 6, 42.

24. Mt 3, 17 ; Mc 1, 11.

25. Jn 1, 1 (T. O. B).

26. Jn 14, 10 ; 24.

trente années, il peut dire : *Mon Père est à l'œuvre jusqu'à présent et j'œuvre moi aussi*[27]. Il parle avec autorité[28], il utilise des paraboles[29] parce qu'il ne dit rien qu'il n'ait entendu de son père Joseph. Il a incarné humainement vis-à-vis de saint Joseph (et de la Vierge Marie), ce qu'il vivait divinement envers son Père.

L'exemple de la vie du Christ confirme que les réalités spirituelles les plus hautes se vivent dans les évènements quotidiens les plus simples.

Vie spirituelle

A notre tour, nous naissons à la Vie d'en-haut grâce à Marie, dans l'Eglise, pour y grandir spirituellement et faire ce passage jusque dans les bras du Père, grâce au Christ.

Voilà un enseignement puissant du mystère de l'Incarnation. Jésus est le Fils par excellence, qui récapitule toutes choses[30], de l'origine à la finalité, en parcourant le chemin de la mère au Père, tant dans la réalité humaine que dans la vie spirituelle. On ne peut pas dissocier complètement en l'homme le niveau psychologique et le niveau spirituel. Si nous naissons d'une mère qui fait de nous des enfants tournés vers leur père, nous venons à la Vie éternelle dans l'Eglise, en Marie pour devenir des fils et des filles du Très-Haut. Si nous acceptons d'être des fils et des filles, nous deviendrons à notre tour des pères et des mères, car Dieu est fils, Dieu est époux, Dieu est Père. Nous sommes marqués du sceau trinitaire, c'est-à-dire de l'Esprit de la famille divine.

LA BLESSURE ORIGINELLE

1. La rupture de la filialité

En considérant la fresque de l'origine à la finalité, on comprend mieux l'importance de la petite voie d'enfance mise à l'honneur par sainte Thérèse, docteur des petits. Rien n'est plus difficile pour nous que d'accepter de devenir fils et filles du Père, car dès le commencement, la

27. Jn 5, 17.
28. Mc 1, 22. 27.
29. Mt 13, 3 et 13, 10-17.
30. Ep 1, 10 ; Rm 5, 1 ; 1 Co 15.

grande blessure de l'être humain est une RUPTURE DE LA FILIALITÉ qui entraîne une négation de ses origines et une impossibilité de se tourner vers le Père. Quand l'homme n'est plus relié à ses racines, il perd le sens de sa vie et devient incapable de faire mémoire de son passé.

Tout cela commence dès l'enfance par des difficultés relationnelles avec nos propres parents, se continue aujourd'hui avec des équivalents paternels[31] ou maternels[32], et s'exprime spirituellement dans nos rapports avec la sainte Famille et les trois Personnes divines. Prenons deux exemples pour illustrer notre propos : l'amour de la vie et l'obéissance paternelle.

La difficulté à aimer la vie

Rares sont ceux qui se lèvent le matin avec entrain, en pensant : « Quelle joie ! Une nouvelle journée commence ! » Cette nouvelle journée, nous l'accueillons malheureusement en ronchonnant, ou en essayant de nous rendormir pour oublier le labeur qui nous attend. C'est le signe d'une blessure maternelle bien fréquente. Le lever du lit est l'expression symbolique d'un commencement, celui de notre vie dans le sein maternel, celui aussi de notre naissance dont l'élan a pu être brisé par un manque d'amour. Plus cette brisure aura été forte ou répétitive, plus l'élan vers la vie en sera amoindri.

La désobéissance au père

Rares sont ceux qui obéissent facilement tout en restant eux-mêmes, désireux de se soumettre avec joie à l'autorité d'un autre. La difficulté à obéir est extrêmement fréquente, elle reflète la perturbation de la relation au père et le refus de notre identité de fils, de fille. Par exemple aimez-vous écouter les paroles du Pape, ou préférez-vous critiquer (systématiquement)

---

31. Les équivalents paternels sont des personnes qui exercent sur moi une autorité, par exemple un prêtre, le curé de ma paroisse, un évêque, le Pape, un responsable de communauté, un père abbé ou un berger, un père spirituel, mon beau-père, un directeur, un chef de service, un professeur, un inspecteur des impôts, un gendarme, un médecin, mon grand-père…

32. Les équivalents maternels sont des personnes ou des groupes de personnes qui me donnent vie, par exemple l'Église, une communauté, ma famille, ma grand-mère, ma belle-mère, la société, la paroisse, le maître ou la maîtresse des novices, une association, la nation, l'armée, un groupe de prière, mon pays, mon milieu social…

ce qu'il dit ? Au travail, accueillez-vous avec sérénité les demandes de votre supérieur hiérarchique, voire dans un esprit d'analyse ? ou entrez-vous dans la contestation et le murmure ?

Ces deux exemples tirés de la vie quotidienne illustrent simplement notre difficulté à vivre (liée à la relation à la mère) et à obéir (liée à la relation au père), qui manifeste une rupture de filialité. La pédagogie divine tend à nous relever, à nous guérir, à nous remettre sur le chemin qui conduit de la mère au Père en nous configurant au Fils.

2. Mise en place de la blessure

Ainsi que nous l'avons dit, l'enfant découvre un manque d'amour douloureux quand il compare ce qu'il reçoit par le canal sensible avec ce qu'il attend, et cela dès le sein maternel. Parce qu'il est entièrement accueillant, réceptif dans sa sensorialité et sa sensibilité, il perçoit l'affection de sa mère, mais aussi son angoisse, sa culpabilité, ses réactions d'impatience (en particulier envers son entourage) et ses tensions intérieures. Il ressent ces émotions négatives sans pouvoir en comprendre encore le pourquoi et leur donner un sens. Elles se traduisent dans son affectivité par le sentiment qu'il dérange, qu'il n'est pas comme il faut, qu'il n'est pas aimable. Ce manque d'amour dans lequel il se sent abandonné et rejeté, définit la blessure.

Adultes, nous voyons cela resurgir bien souvent, à l'occasion d'un conflit relationnel (dispute, divorce...), d'une humiliation (rejet, chômage...) ou d'une épreuve (accident, maladie...) ; nous avons alors l'impression désagréable d'être isolés et de ne pas être compris, comme si « personne ne faisait attention à moi ». Le sentiment de solitude est tel qu'une interrogation monte parfois, comme un venin mortel : *Où est-il, ton Dieu*[33] *? Mon Dieu, mon Dieu, pourquoi m'as-tu abandonné*[34] *?* Nous sommes tous, dans notre affectivité et notre sensibilité, des orphelins de Père.

La blessure initale ne dépend pas de nous ; elle est indépendante de notre volonté. Ce qui dépend de nous, c'est ce que nous allons en faire. On affirme souvent, avec raison : « Ce n'est pas de ma faute si je suis blessé. » C'est vrai, mais j'engage ma responsabilité dans ce que j'en fais. Dieu lui-même est blessé par le rejet et l'ingratitude des hommes, mais il n'a jamais

33. Ps 42 (41), 4.
34. Ps 22 (21), 2.

répondu à l'offense par l'offense, sa réponse fut de se livrer entre les mains des hommes. De même la Vierge Marie fut brisée par le meurtre de son Fils innocent, mais elle continua au pied de la Croix à nous aimer inlassablement.

3. Réactions primaires

La douleur de la blessure

Le bébé est donc blessé très précocement dans sa conscience d'amour[35] parce qu'il fait la douloureuse expérience du manque d'amour. S'il est vraiment désiré par ses parents et accueilli par sa maman avec beaucoup de tendresse, la blessure sera malgré tout présente, mais de moindre intensité. En effet, la naissance elle-même, circonstance naturelle qui initie la séparation progressive d'avec la mère, est un évènement agressant pour l'enfant qui aspire à la plénitude du bonheur. Suivent les aller-retour répétés entre le berceau et les bras maternels, sans parler des limites de l'éducation et des impatiences parentales, qui sont autant de coups d'épingle dans la même blessure initiale d'abandon. L'amour que le tout-petit reçoit le construit, certes, mais son attente infinie n'est pas comblée. Dans la blessure apparaissent des émotions auxquelles l'enfant n'est absolument pas préparé : la douleur et l'angoisse.

Le Créateur ne voulait pas que l'homme connaisse la souffrance. Mais, depuis la rupture originelle de la filialité, l'homme ressent des émotions contraires à sa nature ontologique, vis-à-vis desquelles il ne sait comment réagir. N'étant plus immergé dans la Présence divine, il souffre de ne pas être aimé infiniment. Comme le poisson tiré hors de l'eau, il aspire douloureusement à retrouver son milieu naturel. Dans sa blessure (et là uni-quement), il a peur d'être abandonné, d'être livré à la mort, parce qu'il pressent qu'il dérange, qu'il n'est pas « comme il faut ».

Le doute

Douleur et angoisse procèdent des conséquences du péché originel, et en particulier du doute par rapport à l'amour. Une fois blessé, le tout-petit

35. Cf. note n°39 chapitre III.

présente une faille dramatique : quand l'amour s'approche de lui, il n'y croit plus totalement. Sa confiance est brisée. Trahi une première fois, il met en doute les paroles ou les gestes de ses parents. A l'extrême, il les repousse en boudant comme s'il pensait : « Je t'ai appelé et tu n'as pas répondu, je t'ai attendu et tu n'es pas venu, ce n'est plus la peine que tu essaies de venir maintenant. »

Lorsque nous sommes adultes, il est aisé, dans le combat spirituel, de reconnaître le territoire de la blessure intérieure : nous le repérons à la tentation du doute par rapport à l'amour ou par rapport à la vérité. Cela nous oblige à choisir de nouveau, soit refaire confiance (ce qui suppose de donner un pardon), soit nous débrouiller tout seul.

L'éclatement du désir

Le tout-petit n'engage pas encore sa responsabilité coupable, ni dans l'apparition de la blessure et de la douleur, ni dans l'émergence du doute. Depuis Adam et Eve, il en est ainsi chez tout homme dès sa conception. L'impact est considérable sur le dynamisme de vie et d'amour qui a été déposé en l'être humain. En effet l'élan de son désir se déchire entre :

– sa capacité à accueillir les premières expériences (sensorielles puis sensibles) de l'amour maternel, qui font grandir en lui la confiance (selon la séquence : « J'ai crié, tu as répondu, je te fais confiance »)

– et une tendance à se replier et à s'enfermer sur lui-même pour ne plus avoir mal dans la relation. (Le docteur Tomatis décrit ainsi des pertes d'audition pendant les premiers mois de vie de l'enfant[36]). Devenue adulte, la personne doute de l'affection qu'on lui porte : cela se vérifie constamment dans l'accompagnement thérapeutique et la conduite de la vie spirituelle. Elle souffre d'une blessure d'abandon qui l'empêche malgré elle de croire à l'amour[37].

La soif d'amour infini se déchire entre un désir de plénitude contenu dans *l'image*, et qui tend inlassablement vers son but, et un désir limité qui dévie vers la satisfaction immédiate des convoitises. Désormais l'homme est destructuré entre son intention profonde – l'amour plénier – et ses actes agres-

---

36. A. A. TOMATIS, *Vers l'écoute humaine* (T. 1 et 2), Coll. Science de l'éducation, Ed. ESF, Paris 1979 ; *De la communication intra-utérine au langage humain*, Ed. ESF, Paris 1972.

37. B. LEMOINE, *Maman, ne me quitte pas ! Accompagner l'enfant dans les séparations de la vie*. Ed. Saint-Paul, Versailles 2000.

sifs. Il a peur de l'amour puisque l'amour peut faire souffrir, il a peur de perdre ses compensations, les avoirs dans lesquels il cherche une consolation, il éprouve de la honte d'être lui-même et ne se sent plus digne d'être aimé.

4. Réactions secondaires

L'agressivité et la jalousie

L'homme repousse ce qui ne lui plaît pas et devient agressif. Alors le manque suscite en lui la frustration et la jalousie : quand il voit d'autres personnes s'aimer, il voudrait leur ressembler, mais voilà : il ne sait plus accueillir, il préfère prendre, ou repousser. Il devient incapable de se laisser aimer et d'aimer sereinement.

Son agressivité devient l'expression de son désir de maîtriser et de dominer, sa jalousie révèle sa volonté de prendre à autrui ce qui lui manque.

Le désespoir

Il désire réellement être aimé en plénitude ; pourtant quand l'amour s'approche de lui, il a peur, et il lui résiste. Alors il hurle de désespoir, parce qu'il ne réussit pas à boire de l'eau vive alors qu'il se trouve au bord du puits.

Relation fusionnelle et esprit d'indépendance

La déchirure de l'être provoque deux types de comportements dans la relation de l'enfant vis-à-vis de sa mère : le retour en arrière dans une quête fusionnelle ou au contraire la rupture de la relation dans un esprit d'indépendance.

Le retour en arrière

De la conception jusqu'à l'âge de deux ans environ, l'enfant demeure dans une relation symbiotique avec sa mère. Si l'on demandait à un nouveau-né : « Qui es-tu ? » il répondrait probablement : « maman », car il ne fait pas encore la différence entre lui et sa mère. Il n'a pas pris assez de distance pour découvrir son identité personnelle. C'est une nécessité de la croissance humaine et une volonté du Créateur : jusqu'à cet âge, l'enfant s'identifie à sa mère sans que l'on parle pour autant de relation fusionnelle.

Mais, en raison de la précocité des blessures, il a déjà fait l'expérience de la peur, de la honte, de l'agressivité et même de la jalousie !... La déviation du désir engendre en lui la convoitise et la culpabilité. Tout en découvrant la joie d'être aimé, d'être consolé et caressé par maman, il s'accroche à elle, jusqu'à essayer de la posséder pour lui seul. Il ne veut plus la quitter quand il part pour l'école, il manifeste une jalousie farouche à la naissance du petit frère. Ce sont les premiers symptômes d'une relation fusionnelle, ils manifestent un trouble de la croissance de l'enfant qui refuse de quitter sa mère pour aller vers son père. Si l'équilibre ne se rétablit pas, les conséquences ultérieures seront graves : perte d'identité, perte de liberté, immaturité psychoaffective.

Le mouvement d'indépendance

L'esprit d'indépendance est la deuxième perturbation de la relation. L'enfant décide intérieurement de quitter sa mère avant l'heure, c'est-à-dire sans accéder au père, il veut « se débrouiller tout seul » : il devient orphelin.

La parabole du fils prodigue[38] illustre bien notre propos. Le frère aîné reste fidèlement à la maison mais il est incapable de devenir lui-même en face de son père. Il n'ose pas lui demander un chevreau pour festoyer avec ses amis, parce qu'il n'exprime pas personnellement ses désirs, enfermé dans sa crainte de décevoir son père et de ne plus être aimé. Il reste dans une relation fusionnelle puisqu'il n'est pas dans un face à face avec son père. En revanche son frère cadet préfère rassembler tout son avoir et partir pour un pays lointain. Il s'éloigne du milieu maternel avant d'avoir accédé au père et il va goûter aux conséquences de l'indépendance.

Ces deux mouvements relationnels ont un versant positif et un versant négatif : de fait ils permettent à l'enfant d'assumer une trop grande souffrance (grâce à la relation fusionnelle) et de grandir en autonomie (quand il y a esprit d'indépendance), mais par ailleurs ils font éclater aussi la relation filiale et le véritable esprit de famille.

L'Evangile signifie clairement que pour découvrir le Père, il est préférable de vivre l'indépendance à la fusion. Les sciences humaines confirment effectivement la nécessité d'une étape d'indépendance dans la croissance psychologique[39], pour sortir de la symbiose (et/ou de la fusion) et atteindre une meilleure identité dans une relation de communion.

38. Lc 15, 11-32.

39. Y. TOESCA, *L'enfant de deux à dix ans*, le nouveau guide pratique des parents, ESF 1975, p. 65.

5. Conséquences humaines et spirituelles

L'incroyance

Une telle blessure psychologique a en même temps un impact spirituel considérable : en refusant d'être entièrement fils de ses parents, l'homme devient incapable d'accéder à la paternité de Dieu. Il se comporte envers lui comme un orphelin. On l'observe volontiers aujourd'hui dans l'incroyance des sans-Dieu[40].

Le perfectionnisme du croyant

Un travers semblable se manifeste dans l'attitude perfectionniste du croyant qui cherche Dieu avec ardeur comme si ce dernier se cachait, alors que la Révélation judéo-chrétienne montre le contraire : ce n'est pas d'abord l'homme qui cherche Dieu mais bien Dieu qui le cherche. Le Seigneur est celui qui *nous a aimés le premier*[41], le bon berger qui laisse toutes ses brebis pour retrouver celle qui est perdue[42]. Il va jusqu'à vivre avec l'homme et mourir pour lui afin de le sauver de la haine, de la convoitise et de la mort par sa Résurrection. Dieu est un Père de Miséricorde : *A ceci nous avons connu l'Amour : celui-là a donné sa vie pour nous*[43].

Les troubles d'identité

Le tableau ci-après résume les principaux troubles psychologiques d'un enfant qui ne réussit pas à garder une relation équilibrée avec sa mère et son père. Il bascule soit vers l'un soit vers l'autre, et les conséquences varient en fonction du sexe. Dans certaines situations où l'enfant ne réussit pas à vivre une relation affective constructrice avec au moins l'un des deux parents, il se retrouve sans famille : c'est la porte ouverte à la marginalisation dans la société et à la délinquance.

---

40. La perte de la foi, l'attitude sceptique ou soupçonneuse sont caractéristiques de l'esprit d'indépendance.
41. 1 Jn 4, 19.
42. Lc 15, 4.
43. 1 Jn 3, 16.

I – Relation fusionnelle avec la mère, père inaccessible

Chez le garçon

– Trouble de l'identification au père : féminisation, masturbation, homophilie
– Immaturité psycho-affective, retards de croissance
– Fuite dans l'imaginaire ou les dépendances (alcool, drogue...)
– Difficultés à s'engager, instabilité, refus des responsabilités

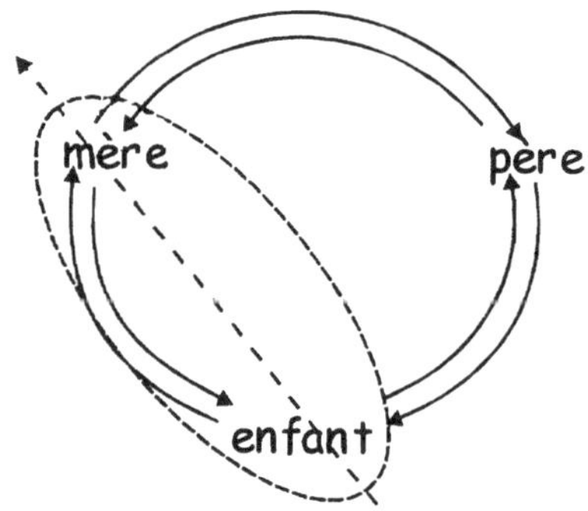

Chez la fille

– Homophilie plus rare mais possible
– Immaturité psycho-affective
– Peur de l'homme (d'où célibat)
– Maternité fusionnelle

II – Relation fusionnelle avec le père, rejet de la mère

Chez le garçon

– Domination de la femme (attitude « macho », « Don Juan »)
– Paternalisme, autoritarisme
– Fuite dans le travail et les responsabilités
– Tendance dépressive possible

Chez la fille

– Trouble de l'identification à la mère : masculinisation, masturbation, homophilie
– Soumission excessive à l'homme ou attitude séductrice
– Anorexie mentale – Boulimie
– Tendance dépressive possible

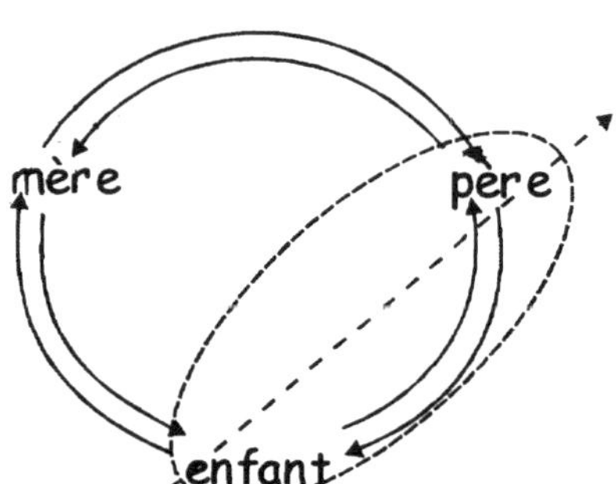

LA GUÉRISON

1. Un travail d'alliance avec Dieu

Le Seigneur veut faire alliance avec nous. Il part à notre recherche pour faire de nous des fils et des filles et nous inviter à collaborer à la création. Plus nous resterons tournés vers le Père, plus nous deviendrons à notre tour des mères qui donnent la vie et des pères qui la font grandir.

Ce que la psychologie appelle « travail de deuil » correspond pour le chrétien au travail d'alliance. Il a une portée spirituelle qui nous dépasse. Ainsi le Seigneur Dieu invite Abraham à tout quitter, *son pays, sa parenté et la maison de son père*[44] avant de le mener vers une nouvelle terre et sceller avec lui une alliance éternelle. Dieu déclare : *J'établirai mon alliance avec toi*[45]. *Je serai pour toi un père et tu seras pour moi un fils*[46]. *Entre dans la joie de ton Seigneur*[47], c'est-à-dire entre dans la Famille divine. Dieu nous a créés pour vivre au centre même de la sainte Famille et de la Divine Trinité. Là se trouvent le repos, la guérison et le bonheur. A notre tour, devenons des signes visibles de l'amour de Dieu en demeurant à son école[48]. Dieu a des entrailles de miséricorde[49] et un cœur de mère, il est vraiment pour moi un Père et il m'apprend à devenir son enfant en me donnant son Fils bien-aimé.

2. Le chemin de guérison

Il nous est très pénible de découvrir nos résistances à l'amour. Depuis des années, nous clamons à qui veut l'entendre que nous souffrons, nous affirmons avec force : « Je ne peux pas, c'est trop difficile pour moi, je n'y arriverai pas !... » Et voilà que nous comprenons maintenant qu'il ne nous est pas demandé de « pouvoir », mais de vouloir nous laisser faire. Car l'agir

---

44. Gn 12, 1.
45. Gn 6, 18.
46. 2 Sm 7, 14.
47. Mt 25, 21.
48. Mt 11, 29.
49. Miséricorde se dit en hébreu *rahamim*, רצמימ c'est-à-dire littéralement entrailles, matrice. Voir aussi Is 49, 15.

est donné par le Christ qui demande simplement : « Est-ce que tu veux ? » Nous réalisons que derrière notre « mais oui, bien sûr, je veux, mais je ne peux pas ! », il y a en fait un « non, je ne veux pas… faire confiance à un Autre ». Je ne veux pas me laisser aimer là où j'ai mal, je ne veux pas passer de la justice à la miséricorde et pardonner dans la blessure.

La vérité

Le cheminement de guérison fait la vérité sur la sensibilité blessée en découvrant l'évènement ou le climat familial qui a meurtri la personne dès sa petite enfance. Il fait leur place aux émotions qui n'ont pu se dire, et donne à l'intelligence de comprendre comment s'est élaboré le système de défense. Enfin il mobilise les facultés spirituelles, situées dans des zones plus profondes de l'être humain, pour donner accès à un nouveau choix, la prière permettant de rester tendu vers Dieu et de lui exprimer notre confiance.

Dans le sein maternel, l'enfant a évidemment goûté à la consolation même s'il a aussi souffert des manques d'amour. Et il ne voudrait plus rencontrer Dieu que dans ce visage consolant pour sa sensibilité psychologique. Or il nous faudra du temps pour nous rendre compte que Dieu est consolation sur la Croix, c'est-à-dire à l'intérieur même de la blessure. Le Christ a connu pendant sa Passion la plus grande joie et en même temps la plus grande douleur.

Chaque fois que le Seigneur visite notre blessure, plusieurs émotions remontent devant la souffrance et l'angoisse : la peur, la tristesse, l'agressivité, le refus… Pour guérir, il est indispensable que j'accueille la vérité pour oser voir ce qui m'habite. Et la vérité, c'est que je ressemble au fils qui répond à son père : *Je ne veux pas* aller travailler à ta vigne[50]. Car si la vigne est le lieu de la fête et de la joie, elle est aussi le lieu du pressoir et de la croix. Le fils refuse parce qu'il sait qu'il va souffrir ; or il ne veut que la consolation.

Se laisser visiter là où nous n'avons pas été aimés, c'est accepter que s'ouvre de nouveau le désir d'être aimé, dans un double ressenti de douleur et de douceur, d'angoisse et de paix, de souffrance et de joie.

Réalisons-nous combien grande est la souffrance d'un fœtus qui n'est pas désiré ? Il fait l'expérience d'une nuit totale, d'un enfer. Incapable

50. Mt 21, 28-31.

d'assumer une telle douleur, il se protège en fermant son cœur dans la blessure, alors qu'il était créé pour l'amour. Devenu plus grand, quand le Seigneur viendra frapper à sa porte, soit directement dans l'oraison, soit indirectement à travers une personne, il sentira remonter progressivement à sa conscience les souvenirs de cette terrible agression. Et il s'insurgera, car là, il ne VEUT PAS que l'on entre dans son tombeau.

Le choix confiant

En comprenant ce qui se passe et en s'abandonnant à l'œuvre de Dieu, il est possible de retrouver le chemin de la filialité vers notre Père. La sensibilité s'affole certes, parce qu'elle craint de souffrir de nouveau l'insupportable, mais les facultés spirituelles suscitent un acte de confiance et une attitude d'abandon. La raison ne comprend pas, mais plus profondes encore, l'intelligence spirituelle et la volonté d'amour disent : « *Seigneur, tu as les paroles de la Vie éternelle*[51]. Je ne comprends pas mais j'ai confiance en toi. Vas-y. »

Souvent, au début d'une conversion, nous ne voulons être en relation qu'avec Jésus. Mais lui a une passion dans son Cœur : son Père. Il nous apprend à regarder vers son Père, qui est aussi notre Père. Et la rencontre avec le Père s'appuie sur des bases très concrètes : l'expérience de la relation avec notre papa. C'est pourquoi les peurs de l'enfance devant la grosse voix de papa, la violence de ses corrections ou son indélicatesse... ou au contraire son absence... réapparaissent plus ou moins consciemment en nous et entravent ce mouvement. Nous voyons se dresser devant nous le père qui nous faisait peur. De même les blessures maternelles remontent à la surface et deviennent peu à peu plus conscientes, appelant à une réconciliation avec la mère.

Cependant il n'est plus question de revenir en arrière, comme pour demeurer dans le sein très doux de maman, mais plutôt de faire l'expérience de la consolation à l'intérieur de la détresse. L'enfant quitte sa maman pour marcher vers un inconnu : son papa. Spirituellement, il s'agit de passer du sein de Marie dans les bras de notre Père, ayant à côté de soi notre ami et notre frère, le Christ Jésus.

---

51. Jn 6, 68.

3. L'Incarnation du Verbe de Dieu

C'est par Jésus que le Père répond à la détresse de l'homme en venant sauver[52] ce qui était perdu, c'est-à-dire en restaurant la filialité. C'est pourquoi le Fils se fait chair dans une famille, entre un homme et une femme, Joseph et Marie. Soumis à Marie qui lui donne la vie et désigne Joseph[53], Jésus écoute son père et se laisse enseigner par lui durant trente ans.

Ecartelé sur la croix, il pousse deux grands cris :

– Un cri d'abandon : *Mon Dieu, mon Dieu, pourquoi m'as-tu abandonné*[54] *?* parce qu'il souffre dans son corps et son cœur de toutes nos blessures du sein maternel et de la petite enfance. Il se sent même abandonné de son Père[55] parce qu'il porte la douleur du tout-petit qui n'est pas accueilli chez les siens et qui pleure de ne pas être aimé comme il l'attend. Comment ne pas penser à ces millions d'enfants qui n'ont même pas eu la possibilité de naître !

– Un cri de confiance dans la plus profonde détresse : *Père, en tes mains je remets mon esprit*[56]. Immergé dans la blessure de rejet de chaque homme, Jésus témoigne de sa volonté de faire confiance au Père. Il nous montre ainsi que l'essentiel est d'être son enfant, en acceptant de visiter, avec lui, notre sensorialité et notre sensibilité blessées, pour qu'il les purifie, les console et les guérisse.

De la mère au Père…

Jésus assume donc toutes nos ruptures intérieures, dans notre sensibilité marquée par le doute, l'oubli, la peur, la convoitise, la honte, l'agressivité, la jalousie. Et il fallait que le Christ, *l'Alpha et l'Oméga*[57], récapitule cette vocation de l'homme de son origine à sa finalité, c'est-à-dire de *l'image* à la *ressemblance*[58]. Il fallait que, par ses bras étendus sur la Croix, il unisse ce

---

52. Lc 19, 10.
53. On remarquera qu'elle ne dit pas lors du recouvrement au Temple de Jérusalem : « Je te cherche » ou « nous te cherchons », mais bien ***ton père*** *et moi, nous te cherchons, angoissés.*
54. Mt 27, 46.
55. Mc 15, 34.
56. Lc 23, 46.
57. Ap 1, 8.
58. 1 Col 1, 15 (*Il est l'Image du Dieu invisible*) ; He 1, 3 (*Resplendissement de sa gloire, effigie de sa substance*) ; 2 Co 4, 4.

qui est de la terre et ce qui est du ciel. Il réunit ainsi Marie, fille d'Israël et figure de l'Eglise, au Père Eternel.

4. L'EXPÉRIENCE DE LA VIE DANS L'ESPRIT

Si nous laissons l'Esprit Saint agir en nous, il est possible de passer de l'indépendance à la communion, de la fusion et du retour en arrière à la remise en marche. Qui est l'Esprit ? C'est l'Esprit du Père. Après de nombreuses querelles autour du « filioque[59] », les églises d'Orient et d'Occident, parviennent maintenant à un consensus. L'Esprit Saint procède « principaliter » du Père, qui est la source de toutes choses, et il repose sur le Fils qui à son tour, nous l'envoie[60].

Dans les deux théophanies (le baptême et la transfiguration du Christ), nous voyons le Fils parfait accueillir l'amour du Père. Il entend : Tu es *mon Fils bien-aimé*[61] et l'Esprit du Père descend sur lui. Dans son Cœur, Jésus a certainement exulté : « Abba ! Père ! » Voilà le bonheur de la vie dans l'Esprit. Plus nous le laissons vivre en nous, plus nous apprenons à nous laisser aimer. Se laisser aimer, c'est accepter d'être fils, d'être fille, en dépendant d'un Autre.

L'Esprit nous tourne vers le Père et travaille notre cœur pour une réconciliation très concrète avec notre papa (la finalité) et notre maman (notre terre d'origine). Nous ressentons un poids, une peine liée à la guérison progressive de la sensibilité, mais nous goûtons en même temps à une paix, une joie de plus en plus fortes : le bonheur d'être des fils et des filles passionnément aimés, choyés, préférés.

Comment Dieu nous façonne

Dieu nous façonne, comme l'écrit saint Irénée, entre ses mains[62] : le Fils et l'Esprit. L'image pédagogique est très belle car il faut deux mains pour bercer un tout-petit, sans prendre le risque de le faire tomber à terre.

---

59. Voir le Catéchisme de l'Église Catholique, §247 et 248.

60. Cf. O. CLEMENT, théologien de confession orthodoxe, *Sources vives* 38, Communion de Jérusalem 1991, p. 91.

61. Mt 3, 17.

62. S. IRÉNÉE DE LYON, *Contre les Hérésies* IV, préface, 4. Cf. aussi V, 36, 2 : « Par l'Esprit, on monte au Fils, et par le Fils au Père et le Fils ensuite remet son œuvre au Père. »

Les deux mains du Père

La main du Fils donne le modèle dans lequel nous sommes configurés, rendus semblables au Christ. Nous devenons progressivement « ressemblants au Fils », tournés vers le Père, et parfaitement réconciliés avec nos racines.

Quant à l'Esprit Saint, il repose sur le Fils : il nous donne le souffle, la croissance et nous fait entendre la voix du Père disant : *Tu es mon fils, ma fille bien-aimé(e).* Nous sommes incapables de l'entendre par nous-mêmes. Mais du fond de notre cœur, monte en gémissant le cri de l'Esprit[63] : « Père ! Mon Père ! » Nous apprenons que nous sommes passionnément aimés par un Dieu de miséricorde qui ne nous laisse pas orphelins, mais qui sans se lasser, veut nous prendre entre ses mains pour nous bercer et nous consoler. Quand nous sommes angoissés, comme le furent les apôtres lors de la Sainte Cène, en apprenant le départ de Jésus, le Père vient nous manifester son amour en nous donnant ses deux paraclets[64] : le Fils, qui apprit de ce qu'il souffrit[65] à être intercesseur auprès du Père ; et l'Esprit[66] qui nous fortifie.

Les deux mains du Fils

Quand le Père demande au Verbe de s'incarner pour sauver les hommes, il lui offre aussi à travers ses parents Marie et Joseph, deux mains humaines pour mener à bien son œuvre. L'Enfant-Jésus aimait être bercé par sa mère, puis par son père. Si nous acceptons d'entrer dans la sainte Famille, nous goûterons à la douceur de leur amour et nous expérimenterons le « balancement parental » de Marie à Joseph, de Joseph à Marie. C'est un mouvement incontournable pour la guérison. Car la mère nous désigne le père qui nous fait aller vers notre devenir, et le père fait mémoire des origines, pour rappeler à l'enfant d'où il vient en lui disant : « Regarde comme ta mère est belle ! »

Voilà comment se parcourt le chemin de *l'image* à la *ressemblance de Dieu*, de l'origine à la finalité, entre ces deux mains qui nous configurent au Fils. Ayant vécu chacune des étapes, nous serons tendus vers le Père et réconciliés avec nos origines, amoureux de la vie et fils ou filles

63. Rm 8, 15 et Rm 8, 22.
64. Jn 14, 16.
65. He 5, 8.
66. Jn 14, 26-27.

paisiblement obéissants : en un mot, nous serons heureux ! Thérèse de Lisieux protestait : « La vie n'est pas triste ! Elle est au contraire très gaie. Si vous disiez "l'exil est triste", je vous comprendrais. On fait erreur en donnant le nom de vie à ce qui doit finir. Ce n'est qu'aux choses du ciel, à ce qui ne doit jamais finir, qu'on doit donner ce vrai nom ; à ce titre, la vie n'est pas triste, mais gaie, très gaie[67] !... » Si la solitude de l'abandon et tout ce que nous vivons dans notre blessure est triste, la vie pour laquelle nous sommes faits éternellement, elle, est magnifique !

Ce parcours demande de revisiter les nombreuses catastrophes qui ont pu jalonner notre vie : l'enfant que nous étions aura parfois refusé de venir à la vie, d'être fils (fille), d'accepter sa mère telle qu'elle est, son père tel qu'il est. Il aura refusé d'appartenir totalement à sa famille, s'éloignant ainsi de la volonté de son Père. Pourtant, plus nous entrerons intimement dans cette pédagogie[68], plus le Seigneur nous façonnera dans un esprit de famille. Créés comme une « réplique de Dieu », nous deviendrons ressemblants, c'est-à-dire comme *des dieux*[69], comme le Fils, comme le Père, en recevant à notre tour cette paternité (maternité) du Père des Miséricordes.

---

67. Sr. Marie de la Trinité, DE, Carnet rouge, NEC, Cerf/DDB 1992, p. 781. 2.

68. Vous ne trouverez pas de travail personnel à la fin de ce chapitre car les perturbations du passage de la mère vers le père relèvent de la guérison intérieure. Il est préférable de ne pas s'y aventurer seul, même avec le soutien d'un livre, mais de l'entreprendre uniquement avec un accompagnateur qualifié.

69. Ps 82, 6 dans certaines traductions : *J'ai dit : vous êtes des dieux.*

Chapitre Cinquième

LA PATERNITÉ DE SAINT JOSEPH

INTRODUCTION

1. DÉCOUVRIR SAINT JOSEPH

Bossuet écrit : « Jésus est enfanté en Marie pour qu'elle nous le donne, est révélé aux apôtres pour qu'ils l'annoncent et à saint Joseph pour le taire et le cacher[1]. » Donner, annoncer et cacher sont trois missions différentes mais complémentaires : en quelques mots, Bossuet indique les rôles spécifiques de la mère (la Vierge Marie), qui met son enfant au monde pour le donner, et du père (saint Joseph), qui le cache et le protège.

Dans ce chapitre, nous nous attardons sur saint Joseph, modèle pour aujourd'hui de l'homme, de l'époux et du père. Nous le découvrirons dans la sainte Famille, vivant une complémentarité passionnante avec Marie, femme, épouse et mère. Trois raisons principales nous poussent actuellement à mieux connaître le mystère de saint Joseph :

- découvrir Jésus,
- affronter la crise de la paternité
- et accueillir saint Joseph comme père adoptif.

D'abord, pour connaître Jésus

Car aimer son père Joseph revient à le connaître Lui-même. Autant Jésus revendique une ressemblance à son Père comme le souligne sa parole : *Qui m'a vu a vu le Père*[2], autant on peut penser qu'il ressemblait à son père adoptif. Le Fils parfaitement ressemblant au Père, devait beaucoup

1. BOSSUET, *Premier panégyrique de saint Joseph*, 1656, 3e point.
2. Cf. Jn 14, 9.

ressembler à saint Joseph. Tout le monde le désignait ainsi : *Celui-là n'est-il pas Jésus, le fils de Joseph, dont nous connaissons le père et la mère*[3] ?

Ensuite, pour affronter la crise de la paternité

Cette crise de la paternité affecte très profondément le monde occidental : elle est source de désarroi chez les jeunes, de dislocation des familles, de perte du sens de la vie, du sens des responsabilités et du sens de l'engagement. En fait, la crise de la paternité vient en second sur une perturbation plus profonde de la maternité. A cela, le Seigneur répond par son Eglise en nous donnant Marie pour mère et en dévoilant progressivement saint Joseph, modèle de la paternité.

Enfin, pour prendre Joseph comme père adoptif

Saint Joseph est, avec la Vierge Marie, le trésor que le Seigneur nous donne. Jésus a deux mains pour nous bercer : la tendresse consolante d'une mère et la bienveillante protection d'un père, Marie et Joseph. Les saints ont marché dans la même voie. Ainsi la petite Bernadette n'a-t-elle pas hésité à prendre saint Joseph comme père adoptif à la mort de François Soubirous, lors de son admission chez les sœurs de Nevers[4]. Qui lui a enseigné cette attitude spirituelle ? Qui lui a donné un tel père ? La Vierge Marie ! De fait, c'est guidé par Marie que nous entrons dans l'intimité de saint Joseph.

On ne rencontre pas saint Joseph en écoutant de belles homélies : on entre dans son mystère par l'expérience. Quand les apôtres commencent à découvrir le Christ, ils se passent le mot en disant : *Nous l'avons trouvé, le Messie*[5]. C'est *Jésus, le fils de Joseph, de Nazareth. (...) De Nazareth, peut-il sortir quelque chose de bon ?* demande Nathanaël. – *Viens et vois*[6]. On ne peut connaître saint Joseph qu'en Jésus. Point n'est besoin de longs discours. Il suffit de venir auprès de lui et de le regarder comme Jésus le fait.

Car il est facile de rester dans une connaissance très superficielle de saint Joseph tant qu'on n'a pas goûté à son intimité. N'est-il pas représenté

---

3. Jn 6, 42 ; cf. Lc 4, 22.
4. G. François, *Sainte Bernardette de Lourdes et de Nevers*, Apostolat des Editions, Ed. Paulines, Montréal 1979, p. 118.
5. Jn 1, 41.
6. Jn 1, 45-46.

comme un vieillard aux cheveux blancs, chargé de veiller sur sa jeune épouse après avoir eu lui-même de nombreux enfants[7]... ou encore comme cet homme morfondu dans un coin de l'icône de la Nativité, qui se demande ce qui lui arrive[8] ! Non, le mystère de saint Joseph est bien autre ! *Viens et vois !* Si tu viens, tu verras et tu expérimenteras qui est Joseph. Depuis quelques siècles, l'Eglise dévoile lentement le rôle et la personne de saint Joseph : sa mise en lumière est mystérieusement liée au dévoilement du Père éternel.

Pour nous donner envie de goûter au bonheur d'avoir saint Joseph pour père adoptif, nous méditerons ensemble quelques aspects particuliers de l'intimité avec lui.

2. Les deux Joseph

Saint Joseph est un patriarche « tel qu'on n'en trouve de pareil chez aucun père de l'Ancien Testament[9] ». Il n'y a pas d'exemple de paternité plus grand dans toute l'histoire de l'humanité que celui du père adoptif de Jésus. Pour qu'il accueille une telle paternité et devienne ce père unique, il a fallu d'abord que saint Joseph expérimente la dignité de fils. L'homme en effet ne peut pas grandir en dehors d'une relation d'amour filial. Il a besoin de vivre dans une circulation d'amour dont l'origine est l'amour trinitaire, et dont le terrain expérimental au quotidien est le milieu familial entre mère et père. Saint Joseph, avant d'être le père adoptif de Jésus, est *Yosseph ben Yaacov*, fils de *Jacob*, fils de *Matthan*[10].

L'Ecriture semble livrer peu de choses sur sa vie. En fait, elle nous les dit de manière voilée. Sans doute aura-t-il eu une vie très proche de celle de son illustre prédécesseur Joseph le patriarche, qui est comme lui, fils de Jacob-Israël. Nous voyons là une analogie entre les deux hommes[11]. Joseph

---

7. A. Buttet, *Saint Joseph l'ami des mauvais quarts d'heure*, Imprimerie Schoechli, Sierre, Suisse 1990, p. 2.

8. Cf. le commentaire de l'icône de la Nativité par P. Evdokimov, *L'art de l'icône, théologie de la beauté*, DDB, Paris 1972, pp. 225-238.

9. Isidore Isolani, *Summa de donis sanctii Joseph*, 1522.

10. Cf. Mt 1, 15-16.

11. Il est traditionnel de faire un parallèle entre le patriarche Joseph et le Christ, mais pas entre les deux Joseph. Pourtant deux arguments semblent éclairer notre hypothèse. Le premier est scripturaire : Ils sont tous deux fils de Jacob, affirmation unique dans toute

le patriarche est fils d'Israël, et sa vie est une préfiguration impressionnante de celui qui viendra après lui, saint Joseph. L'un sauvera son peuple de la famine[12], – et au-delà de son peuple, l'Egypte et d'autres pays du monde antique –, l'autre sauvera son Fils de la persécution d'Hérode[13] – protégeant celui par qui le Salut s'étendra à toutes les nations. Le premier partira en exil en Egypte, comme le fera le second avec Marie et Jésus[14]. A l'un comme à l'autre seront donnés des songes et leur interprétation[15]. L'un respectera la chasteté en ne touchant pas à la femme de Putiphar l'Egyptien malgré ses avances[16], l'autre vivra la virginité auprès de sa très chaste épouse[17].

Saint Joseph n'a cessé de grandir durant les trente années de vie commune à Nazareth pour devenir pleinement apte à remplir sa double mission d'époux de la Vierge et de père de l'Enfant-Jésus. Nous osons croire qu'il a été complètement sanctifié au contact de l'Enfant-Dieu et de sa mère. Comme tout homme, il est né marqué par la brisure du péché originel, mais il a été progressivement virginisé par son épouse qui lui donnait Jésus, l'Immaculé. Ainsi est-il devenu un père à nul autre semblable, véritable icône du Père éternel pour le Christ Jésus son enfant comme pour chacun de ceux qui l'accueillent à leur tour comme père adoptif.

---

l'Ecriture Sainte (Gn 30, 24 et Mt 1, 16). Le deuxième argument est issu de la tradition juive : « Le Christ-Messie est fils de David, fils de Joseph » proclame le Talmud (A. COHEN, *Le Talmud,* Ed. Payot, Paris 1982). Pour les juifs, il s'agit du patriarche Joseph mais pour les chrétiens, c'est de saint Joseph dont il est question ici.

12. Gn 47, 4 et 12.

13. Mt 2, 13.

14. Gn 37, 36 ; Mt 2, 14-15 ; 2, 20.

15. Pour le patriarche Joseph, cf. Gn 37, 5 ; 9 ; pour saint Joseph, cf. Mt 1, 20 ; 2, 13 ; 2, 19 ; 2, 22.

16. Gn 39, 7-12.

17. Cette analogie nous permet d'avancer quelques suppositions : tous les deux auraient vécu la préférence paternelle, le rejet et la persécution par leurs frères, pour déboucher sur l'expérience du pardon et de la miséricorde. L'un comme l'autre, ils auraient appris, de cela même qu'ils souffrirent, à combattre dans la nuit et à devenir père. Sans doute fallait-il que saint Joseph expérimente à la fois la lutte contre la haine et la douceur de la miséricorde pour vivre pleinement le passage de la mère au père, et laisser s'inscrire dans sa chair, à l'intime de son cœur, cette réconciliation profonde : accepter d'être pleinement fils de sa mère, et fils de son père Jacob.

JOSEPH, ICÔNE DE LA PATERNITÉ DIVINE

Quelles sont les qualités propres à l'expression de la paternité ? Nous les trouverons en contemplant saint Joseph, car c'est à travers lui que Jésus a découvert la paternité humaine[18]. Nous sommes invités à le suivre dans cette découverte puisque Jésus nous dit : *Moi, je suis le Chemin, la Vérité et la Vie*[19]. Si la sainteté de Joseph vient de Jésus et de Marie, celle de Jésus passe par Joseph, car il est le fils très obéissant de son père. C'est l'obéissance de Jésus envers son Père qui nous a sauvés. Il exprime médiatement envers saint Joseph l'amour filial qu'il porte immédiatement à son Père du Ciel.

Monsieur Olier a perçu le lien mystérieux qui existe entre Joseph et le Père éternel : « L'admirable saint Joseph fut donné à la terre pour exprimer sensiblement les perfections adorables de Dieu le Père. Dans sa seule personne, il portait ses beautés, sa pureté, son amour, sa sagesse et sa prudence, sa miséricorde et sa compassion. Un seul saint est destiné pour représenter Dieu le Père tandis qu'il faut une infinité de créatures, une multitude de saints pour représenter Jésus-Christ, car toute l'Eglise ne travaille qu'à manifester au-dehors les vertus et les perfections de son chef adorable et le seul saint Joseph représente le Père éternel… Aussi faut-il considérer l'auguste saint Joseph comme la chose du monde la plus grande, la plus célèbre et la plus incompréhensible… (Le Père) s'étant choisi ce saint pour en faire sur la terre son image, il lui donne avec lui une ressemblance de sa nature invisible et cachée et, à mon sens, ce saint est hors d'état d'être compris des esprits des hommes[20]… »

La paternité se reçoit d'en-haut : *Je fléchis les genoux en présence du Père de qui toute paternité, au ciel et sur la terre, tire son nom*[21]. Il y a entre Notre

18. On consultera avec un très grand profit les deux livres du père A. DOZE (*Joseph, ombre du Père* et *Joseph, gardien du shabbat*, Ed. des Béatitudes), d'où nous avons puisé de nombreuses citations et références. Autres livres sur saint Joseph : JEAN-PAUL II, *La figure et la mission de saint Joseph dans la vie du Christ et de l'Eglise*, Exhortation apostolique, Ed. Téqui 1989 ; B. MARTELET, *Joseph de Nazareth l'homme de confiance*, Ed. Saint-Paul, Paris 1984 ; EPHRAÏM, *Joseph, un père pour le nouveau millénaire*, Ed. des Béatitudes, Nouan-le-Fuzelier 1996. M. D. PHILIPPE, *Le mystère de Joseph*, Ed. Saint-Paul, Versailles 1997.

19. Jn 14, 6.

20. J. J. OLIER, *La journée chrétienne*, Roger et Chernoviz, 1906.

21. Ep 3, 14.

Père et saint Joseph une connivence particulière qui est celle de la paternité : Dieu lui donne une paternité unique. « Le Fils de Dieu s'étant rendu visible en prenant une chair humaine, il conversait et traitait visiblement avec Dieu son Père, voilé sous la personne de saint Joseph, par lequel le Père se rendait visible à lui[22]. » Notre Père s'est rendu visible au Verbe de Dieu fait chair à travers l'humanité de l'homme Joseph ! « Jésus regardait en Joseph le Père éternel comme son Père et la Très Sainte Vierge considérait en sa personne le même Père éternel comme son époux[23]. » Ces paroles sont saisissantes : Marie est épouse du Père éternel en saint Joseph. Jésus est fils du Père éternel en Joseph. Quand Marie demande à l'ange comment cela se fera-t-il, celui-ci répond : *L'Esprit Saint viendra sur toi, et la puissance du Très-Haut te prendra sous son ombre*[24]. Le Saint-Esprit repose sur Marie qui devient ainsi le Temple de l'Esprit et la vertu du Père descend sur saint Joseph qui devient l'ombre du Père. Il y a une communion personnelle aussi forte entre l'Esprit et Marie qu'entre le Père et Joseph.

« Sur le déclin du monde, on fera magnifiquement paraître les gloires de saint Joseph… Dieu même tirera le rideau et déchirera le voile qui nous a empêchés jusqu'à maintenant de voir à découvert les merveilles du sanctuaire de l'âme de saint Joseph ; le Saint-Esprit agira incessamment dans le cœur des fidèles pour les émouvoir à exalter la gloire de ce divin personnage[25]. » Bossuet écrit : « Ce que l'Eglise a de plus illustre, c'est ce qu'elle a de plus caché[26]. » C'est une constante de la pédagogie de Dieu : plus un trésor est précieux à ses yeux, et plus il est caché. Saint Joseph est caché, comme un excellent trésor gardé pour la fin des temps par Celui qui est sage et avisé en toutes ses voies !

Quelles sont les qualités propres au père selon le cœur de Dieu ? Nous allons les mettre à jour en contemplant saint Joseph, modèle des pères et chemin de guérison de la paternité. Nous verrons que le père est protecteur, il fait grandir, il initie au combat, il est le gardien du temps, il est silencieux, il donne l'identité, il fait mémoire, il donne le pain, il rassemble dans l'unité, il livre sa vie.

---

22. J. J. OLIER, ibid.
23. J. J. OLIER, ibid.
24. Lc 1, 35.
25. Cf. P. JACQUINOT, *Les Gloires de Joseph*, Mgr Villepelet, Dijon 1645. *Les plus beaux textes sur saint Joseph*, p. 100.
26. BOSSUET, ibid.

1. Le père est protecteur

La force et la tendresse

Quand vous pensez aux qualités que vous aimeriez trouver en une mère, quels sont les premiers mots qui surgissent dans votre pensée ? Douceur, tendresse, consolation… Ces qualités se retrouvent toutes en Marie.

Quand vous évoquez les qualités que vous aimeriez trouver en un père, quelles sont celles que vous placeriez en tête de liste ? Généralement force, autorité, protection…

Une grande qualité de saint Joseph est effectivement la protection. Comme la mère est consolatrice et tendre, le père est protecteur et rempli de force[27]. Le patriarche Joseph, intendant de Pharaon, sauva son peuple de la famine. Saint Joseph, intendant de Dieu et chef de la sainte Famille, mena celle-ci en Egypte pour protéger l'Enfant-Jésus de la main d'Hérode. Désormais il est chargé de « réjouir et d'alimenter l'Eglise en dons célestes, de veiller sur elle et de la défendre[28] ». Le père est celui qui ôte la pierre du chemin pour que le fils ne risque pas de tomber en la heurtant[29].

Quand il est question de force, cela évoque aussi la sécurité. Nous avons besoin d'un père fort et sécurisant. Or, saint Joseph est l'expression de la force de Dieu qui est sécurité. Nous l'affirmons dans le Credo : « Je crois en Dieu le Père Tout-Puissant », mais bien souvent nous n'en vivons pas. Nous avons grandement besoin de retrouver notre sécurité en Dieu par Joseph : de nombreuses angoisses quotidiennes sont, en nous, l'expression du manque de père.

En général, la force a une connotation négative dans notre expérience de la paternité ; elle peut être écrasante, brutale, par exemple quand la mère promet une correction violente : « Tu vas voir ce que te fera ton père quand il rentrera ! » Nous avons souvent connu la peur devant la force paternelle. C'est pourquoi aujourd'hui nous avons peur de Dieu, peur du Père, peur de la correction. Nous avons été marqués par des parodies de la véritable paternité. Il nous reste à découvrir que ni le Père, ni saint Joseph ne sont ainsi.

---

27. La tendresse de Marie n'est jamais molle ou étouffante : elle est forte au contraire, en même temps que très délicate et respectueuse.

28. Concile de Bordeaux, *Acta conciliorum*, T. VI, col 847, collectio Lacensis, 1868.

29. Cf. Ps 91 (90), 12.

« Joseph est l'homme tendre, expression de la force de Dieu » dit la bienheureuse Marie de l'Incarnation[30]. La force paternelle doit nous protéger tendrement au lieu de nous agresser et de nous faire peur. Allons à saint Joseph, nous n'aurons jamais peur. La force de Dieu en saint Joseph est tendresse. Les apparitions de Cotignac en Provence confirment cela : Joseph y apparaît avec une stature impressionnante d'où émane une grande force[31]. Mais cette force est tendresse : elle n'est pas là pour écraser ou punir, mais pour entourer son enfant telles les murailles de Jérusalem qui forment une forteresse imprenable : *Je t'aime Seigneur, ma force : Seigneur, mon roc, ma forteresse, Dieu mon libérateur, le rocher qui m'abrite, mon bouclier, mon fort, mon arme de victoire*[32] *!* Nous avons tant besoin de redécouvrir une paternité qui soit force et tendresse, d'apprendre à nous blottir dans les bras d'un Père Tout-Puissant, refuge dans toutes nos angoisses, afin de goûter à cette protection dans la sécurité paternelle.

Car si le Père protège souvent, toujours il délivre par sa puissance. Il peut certes ôter la pierre du chemin, mais parfois il la laisse ! C'est alors l'heure de l'épreuve, de l'accident, de la maladie. Nous verrons comment Joseph nous apprend à lutter dans le combat spirituel pour entrer dans la délivrance. Il a protégé son Fils de l'assassinat et l'a arraché aux mains du renard Hérode. S'il est absent au pied de la Croix, le Père est pourtant là[33]. André Doze évoque même la figure du juste Joseph d'Arimathie, comme signifiant par analogie que saint Joseph serait là aussi, mystérieusement et invisiblement présent, auprès de son Fils mort sur le bois de la Croix. En prenant soin, avec Nicodème, du Corps du Seigneur, il manifeste encore l'amour du Père veillant sur son Fils pour le mener jusqu'à la Résurrection.

Cacher, couvrir, retrancher

Un autre aspect du rôle du père consiste à couvrir, à cacher et à retrancher. Le rôle de la mère à l'inverse est de dévoiler, de montrer et de donner. Le père cache précisément parce qu'il a mission de protéger. Le nom de « Joseph » est en hébreu le participe présent du verbe qui signifie

30. Cf. Marie de l'Incarnation, op. cit.
31. Cf. A. Doze, op. cit.
32. Ps 18 (17), 2-3 (version œcuménique, texte liturgique).
33. Jn 16, 32.

« retrancher[34]». Il est celui qui retranche. Retrancher signifie « mettre à part », « séparer ». Joseph est caché et il cache, il est effacé et en même temps il efface. Joseph, « terreur des démons » nous protège de tout ce qui atteint l'unité de l'homme. Ainsi il couvre, il protège la virginité de Marie (aux yeux de tous Marie est l'épouse de Joseph, qui lui a donné son fils Jésus, aussi sa virginité « passe-t-elle inaperçue »). De même il cache au monde la divinité de Jésus (que tous connaissent comme le fils du charpentier). Joseph fait entrer dans l'ombre d'une manière toute particulière : il introduit dans la ténèbre lumineuse, dans la nuée du Père. C'est pourquoi il est l'ombre du Père.

Voilà encore une fonction du père que nous détaillerons dans les pages qui suivent. Il protège en mettant à part. Il enseigne particulièrement le combat spirituel contre l'illusion. Il intervient dans la croissance humaine et spirituelle, et nous aide dans la quête de l'identité personnelle et dans tous les événements de séparation. Pendant trente ans, il met à part l'Enfant-Jésus et le protège en l'arrachant à un monde hostile ou immature qui, en moins de trois ans, s'opposera à lui et le tuera.

Si Joseph cache, c'est parce que lui-même est caché. Il faut user d'une persévérance obstinée pour le découvrir et entrer dans son intimité. L'Eglise a dévoilé le rôle de Marie, femme, épouse et mère, mais Joseph reste encore dans l'ombre. On ne peut pas le saisir car il est toujours, comme Notre Père, au-delà de l'endroit où nous le cherchons. Il faut un désir filial brûlant pour le découvrir.

Le dévoilement de saint Joseph est réservé pour la fin des temps et il sera progressif. Comme le prophétise le Saint-Père, deux saints marqueront en effet le XXIe siècle et le troisième millénaire : sainte Thérèse de l'Enfant-Jésus et saint Joseph[35]. Le monde actuel manque d'un père : la paternité de saint Joseph lui est donnée pour être cette icône du Père Eternel dont nous avons tant besoin.

La paternité de Dieu s'exprime magnifiquement à travers le couple Marie-Joseph : on y découvre la Miséricorde divine, tendre et exigeante, qui tout à la fois console et protège, couvre et relève.

---

34. On peut l'interpréter ainsi d'une manière implicite, grâce au texte des Nombres : Nb 36, 3-5. Avant d'ajouter, il est nécessaire de retrancher ce qui est inutile. Mais on le trouve de manière explicite dans la racine *safa* qui signifie : « enlever, ôter, perdre, détruire » (Ps 40, 15 ou Is 7, 20). Avec un *yod* placé devant, *yassaf* signifie « ajouter », « augmenter » (Pr 11, 24).

35. Cf. JEAN-PAUL II, *Exhortation apostolique « Redemptoris Custos »*, 15/08/89.

2. Le père fait grandir

La deuxième grâce fondamentale du père est de faire grandir. La mère accueille et donne la vie mais c'est le père qui donne la croissance. Le nom de « Joseph » signifie également « augmenter ». Il est littéralement « l'augmentant[36] », ou selon certaines traductions « celui qui ajoute et fait croître ». Jésus va « augmenter » entre ses mains d'une manière impressionnante : *Il croissait en sagesse, en taille et en grâce devant Dieu et devant les hommes*[37]. Au père est dévolu le rôle irremplaçable de faire grandir son enfant. C'est ainsi que saint Paul clame : *Moi, j'ai planté, Apollos a arrosé ; mais c'est Dieu qui donnait la croissance*[38]. Ou que le psalmiste chante : *Si le Seigneur ne bâtit la maison, en vain peinent les bâtisseurs*[39].

Le père a autorité sur son fils

En latin le mot « autorité » vient du verbe *augere*, « faire grandir ». Avoir autorité sur quelqu'un signifie exactement : le faire grandir. Joseph est responsable de la croissance dans l'amour. Il a donc un rôle de premier plan dans l'éducation, et en particulier auprès des jeunes qui n'ont pas de père. Ceux-ci manquent tellement de structure intérieure, de capacité de décision et d'autonomie, du sens de la vérité et du bien, de l'effort ; ils manquent d'identité sexuelle, de soutien et de sécurité paternelle. Auprès de Joseph, ils pourront découvrir tout cela : le père donne le sens des valeurs, du prix des choses. Pour grandir, les jeunes ont besoin de repères, de limites, d'exigences et d'interdits, comme aussi de confiance, d'appui, d'expérience. Ils ont besoin de la paix véritable qui calme les révoltes, ils ont besoin d'autorité et de sécurité.

Nous sommes actuellement dans un système éducatif qui tend à bannir tout repère. L'enfant grandit trop souvent comme une herbe folle, – d'où ce cortège d'insécurité, de perte du sens, d'impossibilité à s'engager –, alors que ce qui le structure profondément c'est une certaine exigence paternelle qui sécurise et protège tout à la fois.

---

36. Le verbe « augmenter » se dit *hossif* en hébreu. Le mot *yossef* employé dans Pr 11, 24 signifie littéralement une action au futur : « qui est en train d'augmenter ». On la traduit plus commodément en français par un participe présent.

37. Lc 2, 52.

38. Cf. 1 Co 3, 6-7.

39. Ps 127 (126), 1.

L'autorité que le père exerce sur son fils est ordonnée à sa croissance, il ne s'agit pas de le commander, il est capital de comprendre cela. Le fondement de l'autorité n'est pas dans le pouvoir mais bien dans le don de soi. S'il est vrai que le père a autorité sur son fils, que le mari a autorité sur sa femme, ce n'est pas pour exercer un pouvoir ou une domination, mais pour se livrer entièrement. L'époux se livre à son épouse : moyennant cela, il a autorité sur elle. De même le père se donne à son enfant : ce don seul lui confère une autorité sur son fils. Et c'est ainsi que saint Joseph est le berger de sa famille.

Jésus est l'exemple admirable du berger : *Je suis le bon pasteur ; je connais mes brebis et mes brebis me connaissent (...), je donne ma vie pour mes brebis*[40]. Comme tout homme, même s'il est également Fils de Dieu, il a appris cette science de son père de la terre. Il ne *retint pas jalousement le rang qui l'égalait à Dieu*[41], mais il se fit homme. C'est en étant fils de Joseph qu'il a appris la science du berger.

Car Joseph est aussi le bon berger qui livre sa vie, comme le meilleur des époux. Il l'a probablement appris à Bethléem en contemplant son Fils et son Dieu, vidé de lui-même[42] jusqu'à devenir ce nouveau-né, couché dans une mangeoire. Le Fils du Père, Dieu des dieux, Seigneur des seigneurs, accepte d'être un tout petit enfant qui s'abandonne entre les mains des hommes ! Joseph a compris devant ce mystère que le véritable berger est un agneau, un enfant. Le berger comme le père asseoit son autorité non pas en commandant mais en se donnant. Isaïe a prophétisé que le berger de la fin des temps serait un enfant, un petit agneau : *Le loup habitera avec l'agneau, la panthère se couchera avec le chevreau. Le veau, le lionceau et la bête grasse iront ensemble, conduits par un petit garçon*[43]. En hébreu les termes qui signifient « agneau » ou « petit enfant » ont la même racine. Le vrai berger est donc un enfant. *Un enfant nous est né, un fils nous a été donné*[44]. *C'est lui qui sauvera son peuple de ses péchés*[45]. Voilà le signe donné aux bergers : *un nouveau-né (...) couché dans une crèche*[46]. Joseph a saisi dans un grand ébranlement intérieur quelle devait être sa paternité : mener cet Enfant-Agneau jusqu'à la stature de berger de l'humanité entière. Il était appelé à devenir pour son Fils un modèle, une icône de l'autorité du Père sur son Fils.

---

40. Jn 10, 14-15.
41. Cf. Ph 2, 6-7.
42. Même référence : *Il s'anéantit lui-même,* littéralement : *se vida de lui-même.*
43. Is 11, 6.
44. Is 9, 5.
45. Mt 1, 21.
46. Lc 2, 12.

Berger de la sainte Famille, Joseph est également patron de l'Eglise universelle, ainsi que Pie IX l'a proclamé le 8 décembre 1870.

Le père donne la loi

Nous l'avons évoqué, les limites sont indispensables dans la croissance de l'enfant. Le père, avec une force pleine de tendresse, présente à son fils des limites fermes et cependant douces. L'enfant peut ainsi s'y heurter mais, s'il ne veut pas les respecter, il doit pouvoir les franchir. Il n'est jamais bon d'imposer une loi qui brise, pas plus que de laisser une loi trop molle qui n'offre aucune résistance à la pression de l'enfant. Si le père garde la juste mesure des limites qu'il pose, l'enfant peut ainsi faire l'expérience de la transgression.

Joseph possède cet art consommé de l'équilibre dans la loi. Il propose à son fils des limites mais il lui laisse faire ses expériences. N'est-ce pas l'attitude de Notre Père qui nous donne sa loi sans cependant nous contraindre ? Si je veux faire le mal et désobéir, je le peux.

Prenons un exemple. Le père dit à son enfant : « Ne mets pas ton doigt dans la bougie car si tu le fais, tu te brûleras. » En entendant la parole de son père, l'enfant est libre d'adhérer ou non à la vérité de la parole qui lui est dite. S'il veut croire, malgré l'avertissement reçu, que la flamme, belle et chaude, ne brûle pas, il donne tort à son père. Par là, il refuse d'être fils puisqu'il n'écoute pas la parole de son père. Il met son doigt dans la bougie, et il se brûle. Alors il constate, par l'expérience de la transgression et de la douleur qui s'ensuit, que la parole de son père est vérité, et qu'il s'agit bien d'une loi d'amour. Son père a prononcé une parole qu'il accueillait comme une limite insupportable ou une brimade. Mais il découvre, à travers la douleur, que cette parole voulait le protéger, afin qu'il ne se fasse pas mal. Il lui a fallu vivre la transgression et ses conséquences pour découvrir enfin l'amour du père.

Pour que cette expérience porte le maximum de fruits, surtout n'y ajoutons pas les commentaires classiques : « Je te l'avais bien dit ! Si tu m'avais écouté, cela ne serait pas arrivé ! Tant pis pour toi ! » Ce faisant nous manquerions à notre mission, car le père possède normalement une autre qualité très importante : il sait se taire. Il garde le silence afin de laisser un espace à son fils pour qu'il vive son expérience tout seul. Celui-ci se brûle en désobéissant ; cela suffit comme correction : il saura comprendre de lui-même et en tirer les conséquences. Il n'y a rien à rajouter.

Saint Joseph (Monastère de la Visitation - Tarascon)

3. Le père initie son fils au combat

Troisième qualité qui caractérise la paternité : initier au combat spirituel. Nous avons rappelé que la femme est consolation : elle est toute proche de son enfant, le prend dans ses bras, le couvre de baisers et de caresses. Elle le serre tout contre son cœur, elle le lave, elle lui donne les petits soins que sa tendresse maternelle lui suggère.

Le père sépare de la mère

Le père a une place très différente. Il n'est pas dans la même proximité avec son enfant. Aussi peut-il lui apprendre quelque chose de tout-à-fait nouveau : il l'initie à la séparation, qui sera pour l'enfant la source d'un douloureux combat. Le père est le tiers qui s'introduit dans la relation mère-enfant pour l'ouvrir. Il les arrache à la relation fusionnelle qui mène à la mort et provoque une prise de distance entre eux deux. L'expérience de la séparation n'est pas consolante. Au contraire, elle entraîne inévitablement une certaine souffrance et un combat assez pénible mais vivifiant pour l'enfant. C'est le rôle du père d'apprendre à son enfant comment affronter les difficultés, comment quitter la douceur et la consolation d'une mère pour affronter la vie avec ses règles indispensables de croissance et d'autonomie. Si l'enfant ne vit pas cette séparation, s'il ne passe pas de la mère au père, il développera à long terme des symptômes de mort : des troubles d'identité, des difficultés à s'engager, des angoisses paralysantes et une immaturité psycho-affective...

La séparation (à ne pas confondre avec la division) est une nécessité de la vie, une pédagogie du Père Eternel. Relisons le début du Livre de la Genèse[47] : chaque fois que Dieu prononce une parole, il crée puis sépare *la lumière des ténèbres*, les eaux du ciel et les eaux de la terre. Le sixième jour, il crée l'humain *Adamah*[48] puis il sépare *ish* et *ishah*[49], l'homme et la femme[50].

Le père provoque donc, par cette prise de distance et cette séparation maternelle, un travail de deuil : il faut pour l'enfant quitter son pays et sa

47. Cf. Gn 1, 3 et ss.
48. Gn 2, 7.
49. Gn 2, 22-25.
50. M. Balmary, *La divine Origine ou « Dieu n'a pas créé l'homme »*, Grasset 1993.

parenté. Abraham est devenu le père de tous les croyants parce qu'il a accepté d'obéir à cet ordre de Dieu qui lui enjoignait de quitter son pays et sa famille pour se rendre sur la terre que le Seigneur lui montrerait[51].

Le père est le maître de la séparation et du travail de deuil. Nous en avons une illustration remarquable dans la vie de la petite Thérèse. Qui l'invite à quitter son enfance, à rompre avec l'état d'immaturité psycho-affective dans lequel elle était plongée depuis quelques années ? Qui provoque un changement radical chez cette jeune adolescente le jour de Noël ? Son père, Louis Martin ! Il soupire de voir qu'elle veut encore fêter Noël comme une enfant[52]. Sa réaction – « Enfin, heureusement que c'est la dernière année !... » – percute le cœur de Thérèse et la pousse en avant. Ce sera le début de sa « course de géant[53] ». Monsieur Martin a accompli son rôle paternel : il l'a provoquée à la séparation.

Le père est gardien de l'Incarnation

Le père, à la suite de Joseph, est le gardien de l'Incarnation. Cela devrait être le rôle de tous les pères. Saint Joseph est le gardien du sens du réel, du sens du détail concret associé à une grande union à Dieu. Il est frappant de voir comme le sens du détail est présent dans les familles religieuses qui ont pris saint Joseph pour protecteur, comme par exemple les Petites Sœurs des Pauvres. On note une grande précision dans l'acte de charité, dans la manière d'accompagner les personnes âgées, et en même temps une délicate attention à la Présence de Dieu.

Saint Joseph nous enseigne à moins penser[54] et à plus agir, à moins sentir et à plus aimer. Trop souvent, on croit qu'aimer consiste à sentir. On limite alors l'amour à une sensation bien superficielle. Le père apprend à son fils à aller beaucoup plus loin : il le mène jusqu'à l'offrande d'amour.

Aimer n'est pas sentir, mais vouloir aimer. On peut sentir la désolation et continuer à aimer. On peut ressentir de l'agressivité vis-à-vis d'une personne et lui pardonner. Aimer son ennemi ne signifie pas ressentir

---

51. Cf. Gn 1, 3 et ss.

52. S. Thérèse de l'Enfant-Jésus, MsA, 45r°, 16, NEC, Cerf/DDB 1992, p. 141.

53. S. Thérèse de l'Enfant-Jésus, MsA, 44v°, 27, NEC, Le Cerf/DDB 1992, p. 140.

54. Par « moins penser », nous évoquons non pas la réflexion indispensable avant d'agir, mais les enlisements de l'imagination dans les rêveries ou dans une quête idéalisée déconnectée du réel.

envers lui des transports de tendresse. Aimer son ennemi, c'est vouloir lui donner le meilleur de soi-même alors même qu'il nous cause ce mal que nous ressentons.

Saint Joseph nous apprend à moins nous justifier, à moins discourir pour grandir dans le silence qui est présence amoureuse à l'Hôte intérieur. Il enseigne l'art de moins penser pour être plus intelligent, l'art de moins imaginer pour être plus attentif. Il nous aide à chasser les distractions pour nous rendre présents au présent. N'est-ce pas la grande blessure actuelle ? Notre imagination est atteinte au point que nous sommes dans l'incapacité d'être présents au réel, nous préférons fuir dans l'imaginaire et les rêveries. C'est une blessure caractéristique, entre autres, du manque de paternité. Celui qui entre dans le monde de saint Joseph redoute la distraction de l'esprit et le vagabondage mental. Il n'écoute plus de la même façon sa sensibilité car saint Joseph fait office de filtre. Il laisse entrer ce qui convient et il écarte, il retranche ce qui ne convient pas.

De qui la petite Thérèse a-t-elle appris qu'il ne fallait pas affronter la tentation de face mais passer en dessous de l'obstacle ? Certainement, de son père Louis Martin. C'est bien une ruse paternelle qui consiste à descendre et à retrancher. Saint Jean écrit : *Ce que nous avons entendu, ce que nous avons vu de nos yeux, ce que nous avons contemplé, ce que nos mains ont touché du Verbe de vie, (...) nous en rendons témoignage*[55]. Qui lui a enseigné un tel langage ? Cette manière si simple et incarnée de parler, il l'a entendue de la bouche du Christ, qui la tient lui-même de son père. Saint Joseph nous fait découvrir l'humanité du Christ. C'est lui qui apprit à Jésus à parler en paraboles pour s'adapter ainsi à son auditoire.

Joseph nous aide à vivre le réel en éliminant les pensées inutiles, sans pour autant les combattre de face. Le principe consiste à remplacer notre logique mentale par une sensation vraie : ce que je touche, ce que j'entends. Joseph est le patron de l'art d'expirer, d'éliminer, de mourir... pour garder ce qui est bon. Il élimine pour assimiler. Marie est la femme inspirée, toute accueillante au don de Dieu et habitée par l'Esprit. Elle est la source de toute « inspiration ». Saint Joseph écarte la distraction pour mettre en route l'attention. Marie nous fait entrer dans l'inspiration et Joseph dans l'expiration. Marie est la femme totalement attentive, parfaitement centrée sur le Père. Jamais elle n'a été distraite du regard du Père. Saint Joseph nous aide à retrouver ce chemin en nous menant de la distraction à l'attention.

55. 1 Jn 1, 1.

Voilà les bases du dialogue de Joseph et de Marie où l'époux prépare le chemin de l'épouse, où les murailles de Jérusalem protègent et donnent accès à ses palais[56], où la nuit prépare l'aurore.

Nous touchons là l'apport irremplaçable de saint Joseph. Plus nous le prierons, plus nous le prendrons pour père, plus nous entrerons dans son intimité, et moins nous serons étourdis : nous serons présents dans l'instant et attentifs au réel. Il nous introduira dans le silence intérieur.

La technique du Dr Vittoz est très proche de la manière d'agir de saint Joseph. Elle est basée sur l'incarnation et la conscience du réel, de la sensation, de la réceptivité et de l'élimination. Tout père devrait apprendre cette science à ses enfants : passer par une sensation vraie avant d'intellectualiser. Laisser de côté la logique et le cérébral pour demeurer dans la réceptivité et la sensorialité vraie. Nous comprenons mieux alors comment saint Joseph est le gardien de l'Incarnation, le gardien de la Parole de Dieu qui se fait chair.

Le père donne le sens du corps

Dans le prolongement de ce que nous venons d'aborder, saint Joseph développe également le sens du corps. On rencontre tant de jeunes qui sont mal dans leur corps, « mal dans leur peau ». Cela transparaît dans leur manière de marcher, de danser. Ils manquent de poids, d'assise, ils n'ont pas de base solide ni de bonne adhérence au sol. Ils restent dans leur tête et dans leur imaginaire, ils dansent souvent en sautillant.

Or le père nous fait descendre vers notre centre de gravité en nous donnant conscience de notre poids, dans une meilleure adhésion au réel. Là encore Joseph est le maître de la descente.

Pourquoi le père développe-t-il le sens du corps ? Pourquoi aide-t-il son fils à accepter son corps tel qu'il est ? Parce que le corps est le lieu du don (par exemple dans l'amour conjugal). Mais le corps est aussi le lieu de la douleur. Quand on souffre, on s'efforce de fuir l'instant présent, lieu de la sensation douloureuse, et on risque finalement de quitter le réel. Cela s'observe actuellement dans ces philosophies de la désincarnation ou de la réincarnation qui acceptent tout… sauf justement le mystère de l'Incarnation de Dieu. Le Nouvel-Age affirme que toutes les religions sont bonnes, pourtant il bute sur la pierre angulaire de l'Eglise : il proclame la

56. Cf. Ps 122 (121), 7.

fin du christianisme et annonce la naissance d'une religion universelle. Il ne reconnaît ni la venue du Verbe de Dieu dans la chair du Christ Jésus, Fils de Joseph, ni sa mort sur la Croix et sa Résurrection[57].

Il est difficile de demeurer dans son corps, surtout quand on souffre. Il est écrit : *Tu m'as façonné un corps. (...) Alors j'ai dit : Voici, je viens (...) pour faire, ô Dieu, ta volonté*[58]. Cette parole est celle du Fils de Joseph à son Père : elle prophétise l'offrande de Jésus sur la Croix. Or comment le Christ a-t-il appris la science de l'abandon ? C'est son père saint Joseph qui l'en a instruit. Effectivement, pour être capable de rester dans son corps malgré une intense douleur, il faut demeurer dans les bras d'un père qui entoure, qui protège, qui sécurise : *Père, entre tes mains je remets mon esprit*[59]. Jésus se presse dans les bras de son Père comme il le faisait, petit, dans les bras de saint Joseph. Seule la confiance en l'amour du Père nous permet de rester dans notre corps et de demeurer debout malgré la souffrance. Où Marie trouve-t-elle la force de rester au pied de la Croix, dans sa souffrance ? Dans cette intimité du Père, toute blottie dans ses bras comme sa petite fille.

Notre corps, lié au mystère de la souffrance, devient si insupportable quand il est douloureux qu'on désire le quitter et mourir d'une façon ou d'une autre. Car il est impossible de traverser une souffrance sans lui donner un sens. Le sens le plus lumineux est offert par la foi, c'est-à-dire la confiance renouvelée en un Père qui prend soin de moi parce qu'il n'est qu'amour. La confiance m'apprend à aimer et à compter sur un Autre au creux même de ma souffrance.

Quelle est notre foi en face de la souffrance ? Notre Père est Tout-Puissant et nous le croyons si peu ! Pourtant, *rien n'est impossible à Dieu*[60]. Si j'avais foi en mon Père, je donnerais un sens à ce que je vis et j'accepterais de traverser la douleur affective en restant dans mon corps. Le meilleur refuge consiste à demeurer tout près de Marie, dans les bras de saint Joseph : là, nous recevons un regard nouveau sur la vie. Nous ne jugeons plus Notre Père quand nous souffrons, mais nous apprenons à lui faire confiance. La réponse à l'angoisse et à la peur est unique : se blottir dans les bras de son Père. C'est pourquoi on affirme habituellement que

57. R. BASTIAN, *Le New-Age : d'où vient-il ? Que dit-il ?* Ed. Œil, Paris 1991.
58. He 10, 5.
59. Ps 31 (30), 6 et Lc 23, 46.
60. Lc 1, 37.

saint Joseph est le gardien de la foi en l'amour du Père et le gardien de l'Incarnation[61]. La perte de la foi mène à la désincarnation (ou à la croyance en la réincarnation, ce qui finalement revient au même).

Les Anciens du désert de Scété en Egypte, disciples de saint Antoine le Grand, définissaient le père spirituel comme celui qui assume ses propres angoisses[62]. Capable de consoler et de protéger, de prendre sur lui les angoisses de son fils, de le sécuriser même si lui ne l'est pas. Un tel père peut absorber les angoisses de son fils parce qu'il est lui-même fils d'un Père, tant il est vrai qu'on ne peut pas être père si l'on n'est pas soi-même fils.

L'homme du combat dans la nuit

Saint Joseph est encore l'homme de la nuit puisqu'il cache et est caché. L'Eglise lui a traditionnellement consacré le Mercredi, quatrième jour de la semaine, jour de la création des luminaires, du soleil, de la lune et des étoiles[63]. Dieu marque ainsi le temps[64] et il établit la lune et les étoiles pour servir de guide dans la nuit. Le père est donc celui qui initie au combat spirituel dans la nuit.

Dans la tradition juive, c'est la mère qui apprend au petit enfant les rudiments des premières prières, jusqu'à l'âge de quatre ou cinq ans. Ensuite le père assure l'éducation religieuse de son enfant. Il enseigne à son fils les rudiments de la Torah[65]. Quand il l'emmène pour la première fois à la Yeshiva, il lui met ses habits de fête et lui offre une plaquette de pain d'épices avec des lettres sculptées en creux et remplies de miel. L'enfant lèche les lettres et découvre – de façon très incarnée ! – que les commandements de Dieu sont meilleurs que le miel[66]. Le père de famille enseigne la Parole à son fils : à cinq ans les rudiments de la Torah, à huit ans la *Michnah*, à douze ans les commandements et à partir de treize ans, le *Talmud*[67].

---

61. A. Doze, ibid.

62. M. Laroche, *Seconde naissance : de l'homme de l'angoisse à l'homme de la Résurrection*, Nouvelle Cité, 1986.

63. Gn 1, 14-19.

64. Ps 103, 19.

65. Cf. Dt 6, 7 : La prière du Shema Israël (*L'arme de la Parole*, livre de prières traduit et commenté par le rabbin C. Brahami, Ed. Sine-Chine, 93220 Gagny, 1994, p. 225).

66. Cf. Ps 19 (18), 11 ; 119 (118), 103.

67. Pour faire simple, nous dirons que la *Michnah* correspond à la mise par écrit de la loi orale qui s'était transmise de génération en génération à partir des prescriptions

En Occident, le père la plupart du temps ne fait plus le catéchisme. C'est une lacune importante pour l'enfant, surtout à partir de l'âge de quatre ou cinq ans : au fur et à mesure qu'il grandit, il a besoin de la parole du père pour combattre. La Parole de Dieu est une excellente arme du combat, comme aussi l'apprentissage de l'obéissance aux parents. D'où vient la paix de la sainte Famille ? De l'obéissance à saint Joseph. L'obéissance est attachée à la protection et à l'autorité. Un père qui ne protège pas et qui n'a pas d'autorité, n'aura pas une parole assez forte : on ne lui obéira pas.

C'est pourquoi, à l'inverse, saint Joseph est le père spirituel de nos vies : il a un rôle éminent pour « calmer les haines et les révoltes, nous rendre la véritable paix[68] ». Il est chargé de procurer à l'âme le premier et le plus indispensable des biens : la paix du cœur.

Le père est le spécialiste de la bonne mort

Nous avons vu que saint Joseph est le berger qui livre sa vie : cela explique qu'il soit le patron de la bonne mort. Il nous apprend la mort à nous-mêmes comme il l'a enseignée à son enfant, c'est une autre facette de Joseph homme de la nuit.

Notre Père enseigna à saint Joseph la ruse extraordinaire de sa divine Sagesse pour qu'il la communique au Christ dans son humanité : cette science consiste à se livrer volontairement entre les mains du mal pour le vaincre définitivement là où il semble le plus fort. Regardons comment Jésus va affronter pendant trois ans les puissances des ténèbres. Il ne choisit ni un combat de face, ni une manifestation extérieure de sa toute-puissance divine. Il préfère inviter l'homme à la conversion, au point qu'il semble ne pas s'opposer directement au mal. Rencontrant une résistance croissante, il se livre finalement à son ennemi par la main des hommes. Et somme toute le démon, en écrasant Jésus sur la Croix, espérait lui arracher un cri de haine, comme il l'avait suscité en l'homme jusqu'alors. Mais c'est l'inverse qui se produit : ce fut un cri d'amour et de confiance au sein de la plus

---

données par Dieu à Moïse. La loi orale risquant de se perdre à travers les années et les régions, une codification écrite s'est imposée : la *Michnah* se présente donc comme un recueil de débats et de discussions législatives (*halakhah*). La *Guemara* est venue compléter et enrichir ce premier document déjà volumineux, y insérant en outre des récits (*aggadah*), de grandes sections de *midrash* (commentaires de textes bibliques) ainsi que des récits sur des personnages ou événements bibliques, et d'autres choses encore. L'ensemble de la *Michnah* et de la *Guemara* représente le *Talmud*.

68. CONCILE DE BORDEAUX, *Acta conciliorum*, T. VI, col 847, collectio Lacensis, 1868.

terrible déréliction. *Père, entre tes mains je remets mon esprit*[69]. La ruse de la descente dans l'humilité est la science sublime que le Seigneur a appris dans sa divinité auprès de son Père et dans son humanité par la médiation de saint Joseph[70].

Jésus adulte enseignera : *Lorsque quelqu'un t'invite à un repas de noces, ne va pas t'étendre sur le premier divan (...). Au contraire, (...) va te mettre à la dernière place*[71]. Nous pouvons l'imaginer enfant, lorsque Joseph lui communiquait cette science de l'humilité, l'expérience de la descente. Joseph est le passeur de l'immaturité psycho-affective à l'état d'enfance spirituelle. La petite Thérèse a expérimenté dans sa chair ce passage, ce qui fait d'elle un modèle pour chacun de nous aujourd'hui, et un signe des temps pour notre époque. Et cette fois encore, c'est de Louis Martin, véritable icône de saint Joseph, qu'elle l'a appris. Il lui montra par toute sa vie comment mourir d'amour. Par amour pour sa femme Zélie il accepta de perdre son métier, de vendre son magasin pour s'occuper des broderies d'Alençon. Il perdit son épouse et donna ses cinq filles au Seigneur. Il accepta en fin de compte d'offrir son intelligence et sa vie au travers d'une grande épreuve, d'une défiguration très humiliante[72]. Quelle descente, quel dépouillement nous donne à contempler celui qui était appelé le « saint Joseph du Carmel ».

4. Le père, gardien du temps

Nous abordons à présent un aspect particulier de la vocation du père, très complémentaire de celle de la femme. La femme est intérieure, elle est naturellement spirituelle. C'est pourquoi elle est prophétique : sur elle repose l'Esprit de Dieu. Elle reçoit les intuitions du Saint-Esprit mais seule elle ne sait pas en user dans le temps. Pour cela elle a besoin de l'avis de l'homme, son époux, qui jugera du moment favorable. Une des caractéristiques du père, et par conséquent de saint Joseph, est de nous enseigner l'art de durer et l'art d'attendre le moment favorable.

---

69. Lc 23, 46.
70. *Il redescendit alors avec eux et revint à Nazareth ; et il leur était soumis* (Lc 2, 51).
71. Cf. Lc 14, 8.
72. Dr R. Cadéot, *Louis Martin, « Père incomparable » de sainte Thérèse de l'Enfant-Jésus, Témoin pour notre temps (1823-1894)*, V. A. L 1985.

L'art de durer

L'art de patienter et de durer est un des charismes propres à l'homme et saint Joseph l'enseigne magnifiquement. Il nous apprend l'effort, l'art de se donner sans s'épuiser, à mener les choses jusqu'au bout, dans la persévérance et la constance. A l'école de Joseph, nous pouvons être éprouvés mais non anéantis, comme le rappelle saint Paul[73]. Livrer sa vie ne consiste pas à se brûler. Tout l'art de la paternité consiste à apprendre à son enfant à se donner tout en ménageant sa monture, car il doit pouvoir aller loin en usant correctement de ses forces : *C'est par votre constance que vous sauverez vos vies*[74] *!* Ces paroles reviennent souvent dans la bouche de Jésus. Il a appris de saint Joseph à faire l'expérience du salut. Accomplir les choses jusqu'au bout, en prenant le temps nécessaire, en s'y adonnant d'une manière ajustée.

Vivre le temps avec Joseph, ce n'est pas vieillir, se durcir, mais au contraire rajeunir, s'assouplir, se désencombrer, se simplifier. Voilà une science très précieuse pour l'homme spirituel et en particulier pour le moine : l'art de durer, doublé de l'art d'attendre le moment favorable. « C'est une des merveilles du rapport avec Dieu que la maturité et l'esprit d'enfance grandissent dans la même mesure[75] », écrit Urs Von Balthazar.

Attendre le moment favorable

Quelle science merveilleuse que celle-là ! C'est la spécialité de saint Joseph. Sa tactique consiste à attendre, comme le chasseur aux aguets, le moment favorable. Au moment venu, il bondit sur sa proie et la maîtrise. *Mon temps n'est pas encore venu, tandis que le vôtre est toujours prêt*[76], dira Jésus. Son père Joseph lui a enseigné l'extraordinaire richesse spirituelle qui consiste à vivre dans l'instant présent toujours nouveau, inédit, exigeant, qui est le temps du Père.

Rappelons au passage que ce temps est rigoureux, qu'il laisse de côté toute rêverie ou distraction, toute imagination débridée, tout souvenir inutile. Il refuse l'auto-dialogue qui consiste à se parler à soi-même sur le

---

73. Cf. 2 Co 4, 8-9.

74. Lc 21, 19.

75. H. URS VON BALTHASAR, *De l'Intégration, aspect d'une théologie de l'histoire*, Ed. DDB 1970, p. 108.

76. Jn 7, 6.

mode du « Tu » ou du « Je », comme par exemple : « Alors je me suis dit : 'Tu deviens un gros paresseux aujourd'hui… Tu devrais pouvoir y arriver en te donnant un peu de peine. » En se parlant ainsi dans un mouvement de retour sur soi, on quitte la dynamique paternelle et l'esprit de saint Joseph. Le père de Jésus apprend au contraire à rejeter cela : parlons plutôt à Dieu directement sans jamais nous adresser à nous-mêmes, si ce n'est pour nous encourager à regarder vers Dieu, comme fait le psalmiste : *Qu'as-tu, mon âme, à défaillir et à gémir sur moi*[77] *? Espère en Dieu, prends cœur et prends courage, espère en Dieu*[78]. Si nous nous parlons à nous-mêmes, nous nous coupons de la vie du Saint-Esprit. L'Esprit du Père a horreur de l'auto-dialogue qui traduit un repli sur soi et un égocentrisme. Pensons à Dieu, adressons-nous sans cesse à lui et quittons une fois pour toutes l'auto-dialogue. Sinon le Saint-Esprit ne sera pas présent dans nos actes et nous verrons apparaître l'ennemi de l'homme qui s'infiltrera dans ce mode de pensée, pour alimenter en nous une auto-accusation, une critique et un jugement, une condamnation de nous-mêmes qui nous maintiennent dans une fausse culpabilité, c'est-à-dire dans un sentiment de honte de nous-mêmes.

Les intuitions sont souvent féminines mais c'est l'homme qui connaît le moment de leur accomplissement. Les anges obéissent à Marie mais ils parlent en songe à Joseph. Seul Joseph dispose de l'heure : *C'est aujourd'hui le temps favorable, c'est aujourd'hui le jour du Salut*[79]. Lors du miracle de Cana, Marie a l'intuition prophétique que l'heure est venue, mais elle ne peut pas en disposer. Jésus lui répond : *Que me veux-tu, femme ? Mon heure n'est pas encore arrivée*[80]. Pourtant ce sera bien le moment du premier miracle.

Saint Jean montre dans son Evangile combien le Christ est attentif à l'Heure du Père[81]. Comme son heure n'est pas encore venue, il échappe aux Nazaréens qui veulent le précipiter du haut de la falaise[82], ainsi qu'aux Pharisiens qui tentent de s'emparer de lui pour le tuer[83]. L'heure du Père

77. Ps 42 (41), 6.
78. Ps 27 (26), 14.
79. 2 Co 6, 2.
80. Jn 2, 4.
81. Jn 2, 4 ; 4, 21 et 23 ; 5, 25 et 28 ; 7, 30 ; 8, 20 ; 12, 23 et 27 ; 13, 1 ; 16, 2. 4. 21. 25. 32 ; 17, 1.
82. Lc 4, 29.
83. Cf. Jn 8, 59 et Jn 10, 31 ; 12, 36.

viendra bientôt qui coïncidera avec le moment du Prince des ténèbres. Alors, sur la Croix, Jésus dira : *C'est achevé*[84].

Nous avons tendance, du fait même du péché, à vouloir « tout, tout de suite ». Le désir d'immédiateté nous coupe de la filialité et de la dépendance d'amour. Le père enseigne à son enfant comment entrer progressivement dans un lien filial en acceptant de ne pas tout avoir tout de suite : « Tu n'es pas capable aujourd'hui de recevoir ce que tu me demandes. Tu ne le supporterais pas. Attends encore un peu. » La pédagogie éducative qui consiste à répondre à chaque caprice de l'enfant et à lui octroyer systématiquement ce qu'il désire est contraire à la pédagogie du Père. Combien d'enfants aujourd'hui obtiennent aussitôt ce qu'ils ont réclamé à leur maman dans un magasin, au besoin en criant.

Le Père en revanche nous promet tout, et nous le donne progressivement. Il développe sa Promesse et réalise sa Parole dans la mesure où nous sommes capables de l'accueillir. La sainteté, le Royaume, la communion éternelle avec Dieu, l'immortalité et l'incorruptibilité, tout est pour nous, mais nous ne sommes pas capables de les recevoir maintenant. Il faudra prendre le temps de grandir dans les mains du Père, confiants et abandonnés à la Sagesse de son Amour. Cette pédagogie du Père qui fait croître en son temps et accomplit sa promesse à son heure jalonne l'ensemble de la vie spirituelle.

Voilà ce que Joseph a appris à Jésus. Vivre avec Joseph nous fait goûter à un climat très particulier de patience, de souplesse, de confiance et d'humilité.

5. Le père est silencieux

La tradition juive postule que Dieu a créé le monde en dix paroles et qu'il en a donné neuf à la femme et une à l'homme[85]. Cela fait partie de la nature de l'homme et du père de ne dire qu'une seule parole quand la femme en dit neuf. D'une certaine façon, Marie parle abondamment dans l'Evangile : on l'entend à l'Annonciation, lors du Magnificat, mais aussi à

84. Jn 19, 30.

85. Ovadiah Camhy, *Paroles du Talmud*, Kidouchin 49, Ed. Stock, Judaïsme. Israël, 1980, p. 150. « Dix mesures de bavardage sont tombées dans le monde, neuf pour les femmes, une pour les hommes. »

Cana… Saint Joseph quant à lui, ne dit qu'un seul mot dans l'Ecriture : il prononce le nom de son Fils Jésus, comme l'ange l'y invite : « *Tu l'appelleras du nom de Jésus*[86]. » Lors de la nativité à Bethléem, Joseph dut être le premier à appeler son Fils *Yeshoua*, « Dieu sauve ».

Joseph est silencieux à l'image de notre Père du Ciel. La maman communique avec son enfant par le toucher et la parole. Le père, lui, se manifeste à son fils ou sa fille non par le toucher mais par sa présence sécurisante et pleine d'autorité, par son regard qui encourage, et enfin par sa parole qui corrige, enseigne et exhorte.

Pourquoi le père est-il silencieux tandis que la mère parle davantage ? Parce que la mère a mission d'éveiller son tout-petit par sa parole : elle lui chante des comptines, lui cause sans cesse et l'aide ainsi à se développer, tandis que le père se tait pour laisser la parole à son enfant. S'il parle trop, l'enfant ne pourra pas s'exprimer à son tour et exister vraiment tel qu'il est. Le père parle peu pour laisser un espace de parole à son fils, sa fille. Car le silence est la plus grande séparation. Ainsi l'enfant osera-t-il être, penser, exprimer ce qu'il désire en face de son père, sans que celui-ci ne l'opprime par son verbe ou ne l'empêche de dire ce qu'il aime, ce qu'il n'aime pas… Le fils quittera la relation fusionnelle à la mère pour prendre sa place, se situant en adulte en face de ses parents.

Notre Père du Ciel ne parle pas lui-même, si ce n'est par son Fils. Tout père digne de saint Joseph doit être conscient de cela : il importe de laisser un espace pour que son enfant puisse se dire, éventuellement en opposition avec lui. Si l'enfant découvre qu'il peut s'opposer sans être pour autant condamné par son père, il deviendra pleinement adulte, rendu capable de faire ses propres expériences sans craindre de perdre l'amour de ses parents. Il pourra être pleinement lui-même et trouver un juste équilibre dans la relation avec ses parents.

Le silence du père donne aussi son importance au regard. C'est encore une chose que Jésus aura apprise de son père adoptif. Il *fixa sur lui son regard et l'aima*[87]. Le regard de Joseph sur la femme est très chaste : il offre une véritable libération à la petite fille qui grandit sous son regard. Il nous fait goûter au regard du Père qui se pose sur la Vierge Marie.

---

86. Mt 1, 21.
87. Mc 10, 21.

Le maître de l'oraison du cœur

Autre trait essentiel à souligner : parce qu'il est l'homme de la nuit, saint Joseph est aussi le maître de l'oraison, qui nous fait passer de la distraction à l'attention. La plupart des grands maîtres de l'oraison dans l'Eglise sont des fils et des filles de saint Joseph : qu'on pense par exemple à Jean de la Croix, Thérèse d'Avila, François de Sales... « Que celui qui n'a pas de maître dans l'oraison prenne ce glorieux saint pour guide, il ne risquera pas de s'égarer » assurait sainte Thérèse d'Avila[88]. Il est le maître de la vigilance, de l'instant présent, de la lutte contre les ténèbres. « Quand on ne sait pas prier, on s'adresse à saint Joseph » affirme de même sainte Bernadette[89]. Joseph a été le maître à prier de la Reine des anges et du Fils de l'homme. Il a été mystérieusement établi par Dieu pour être envers Marie et Jésus lui-même un passage vers le Père.

Il nous enseigne comment descendre de notre tête dans notre cœur. « Pour venir au saint recueillement, on n'y vient pas en acceptant mais en écartant » écrit saint Jean de la Croix[90]. Pour entrer dans le silence intérieur de la Présence divine, il n'est pas nécessaire d'ajouter des pensées mais au contraire d'en retirer en discernant : et c'est bien la spécificité de saint Joseph le silencieux que d'éliminer, de retrancher tout ce qui est inutile.

6. Le père donne l'identité

Si nous affirmons que le père joue un rôle très particulier dans la découverte de l'identité personnelle, cela ne signifie aucunement que la femme n'intervienne pas. Elle y contribue en donnant la vie et l'être. L'identité est dépendante de l'être, elle en est comme la fine pointe. Mais on peut « être » sans pour autant avoir une identité. Un petit fœtus dans le sein maternel est bien vivant, mais il ne sait pas qui il est. Les jeunes générations d'aujourd'hui sont intimement blessées à ce niveau. Elles sont en quête d'identité parce qu'elles sont en manque de paternité.

---

88. S. Thérèse d'Avila, Vie 6, 8.
89. A. Doze, op. cit.
90. S. Jean de la Croix, Opuscules et maximes 6070.

Le père donne le nom

Dans la Tradition juive, donner le nom revient au père[91]. Il en est ainsi pour Joseph, il en est ainsi pour Zacharie : lorsque l'ange Gabriel lui apparaît pour lui annoncer la conception de son fils, il lui déclare : *Tu l'appelleras du nom de Jean*[92]. Nous-mêmes portons généralement le nom de famille de notre papa. C'est une tradition sociale qui exprime bien cette réalité profonde.

Comme nous l'avons déjà dit, le père de Jésus s'appelle *Yosseph ben Yaacov*, fils de *Matthan*, fils de *David*. En nommant son fils *Yeshoua*, il le rattache à une lignée humaine, au clan de David et au peuple d'Israël, à la religion juive et à toute son histoire... Il assure son insertion dans la famille des Rois de Juda : c'est par lui que Jésus descend de David.

Le nom a une importance considérable dans la Tradition biblique car il confère l'identité : c'est pourquoi le Nom de Dieu (le tétragramme sacré *YHVH*) n'était prononcé qu'une seule fois par an, par le seul Grand-Prêtre, lorsqu'il pénétrait dans le Saint des Saints, en la fête du Yom Kippour[93]. Lors de la Parousie, ainsi que l'annonce le Livre de l'Apocalypse, nous recevrons *un nom nouveau* inscrit sur *un caillou blanc (...) que nul ne connaît, hormis celui qui le reçoit*[94]. Et qui donnera ce nom à chacun de nous ? Notre Père du Ciel.

Le père dévoile le don propre

Une autre grâce remarquable du père est d'aider son fils à découvrir le don qui lui est propre. Selon Jean Vanier[95], chaque homme possède un don particulier, une grâce unique qui appartient à son identité personnelle. Dans une famille, chaque enfant a une particularité. Le père sait trouver et faire grandir ce don propre. Il accompagne son enfant afin qu'il en prenne conscience et fasse fructifier ses talents.

La vie de Thérèse de l'Enfant-Jésus nous le révèle de façon sublime. Thérèse est meurtrie par une profonde blessure d'identité. Les raisons en sont nombreuses : d'une part elle porte le prénom d'une grande sœur,

91. P. HIDIROGLON, *Les rites de naissance dans le judaïsme*, Ed. Les Belles Lettres, p. 91-93.
92. Lc 1, 13.
93. Lv 16 ; cf. *Mishna* traité Yoma, mischna 1.
94. Ap 2, 17.
95. J. VANIER, *La Communauté, lieu du pardon et de la fête*, Ed. Fleurus-Bellarmin.

morte à l'âge de deux mois, quelques trois ans plus tôt[96]. Elle subit d'autre part une blessure d'abandon maternelle précoce, prolongée et répétée[97] : cette blessure se refermera progressivement à partir de l'âge de quinze mois, grâce au climat familial à Alençon[98], mais pour se rouvrir de façon dramatique à quatre ans et demi lorsque sa maman sera emportée par un cancer[99]. Dans la nuit de sa souffrance, Thérèse cherche une mère : elle s'identifie d'abord à sa sœur Pauline, « Eh bien ! moi, c'est Pauline qui sera Maman[100] ! », puis à son autre sœur Marie.

Quand Pauline quitte les Buissonnets pour le Carmel, c'est une nouvelle blessure d'abandon maternel, d'autant plus que Pauline avait promis de l'attendre pour rejoindre le Carmel. La vie de la petite Thérèse s'écrit dans les mots de souffrance et d'exil[101]. Trois ans plus tard, vient le tour de sa sœur Marie, celle à qui elle racontait toutes ses peines d'âme et ses scrupules[102]. Ce troisième arrachement fortifiera sa relation avec Céline, en

---

96. Marie-Mélanie-Thérèse, née le 16 août et décédée le 8 octobre 1870. Elle était appelée « la petite Thérèse », « ma petite Thérèse » dans la correspondance de Zélie Martin. Cf. *Correspondance familiale*, Office Central de Lisieux 1958, pp. 99-103.

97. Dès les premiers mois de sa conception, sa mère est angoissée, craignant de manquer de lait pour la nourrir. Elle vient de perdre précisément pour cette raison, trois enfants en bas âge. La correspondance familiale confirme la véracité de ces faits (Cf. CG, T. II., Lettre de Mme Guérin du 21/07/1872, NEC, Cerf/DDB 1992, p. 1102). Effectivement, à l'âge d'un mois, Thérèse, sous-alimentée, est à la mort (Ibid, le 16/03/1873, pp. 1105-1106). En catastrophe, ses parents dénichent une excellente nourrice, Rose Taillé. Thérèse boit goulûment pendant plus d'une heure, puis elle rejette la tête en arrière, devient toute pâle et s'arrête de respirer. Zélie se précipite devant la statue de saint Joseph et le supplie de lui laisser sa petite fille si telle est la volonté du Bon Dieu. Quand elle redescend de sa chambre, Thérèse respire doucement et lui sourit. Elle sera sauvée, au prix d'une longue séparation de douze mois et demi à Sémallé chez les Taillé.

98. S. THÉRÈSE DE L'ENFANT-JÉSUS, MsA, 4v°, 8, NEC, Cerf/DDB 1992, p. 41.

99. On perçoit la gravité de l'événement, car Thérèse ne se souvient pas d'avoir beaucoup pleuré (Ibid., 12v°, 5, p. 58) : elle ne peut pas extérioriser la violence de ses émotions et la douleur des séparations vécues à l'origine de sa vie. Elle les contient, les refoulant au fond de son être. Son caractère change et elle perd la maîtrise d'elle-même. Elle s'inquiète et pleure pour la moindre chose malgré l'amour qu'on lui porte. Elle disait à Pauline : « Est-ce que j'ai été bien mignonne aujourd'hui ?... Est-ce que les petits anges vont voler autour de moi ? » et imperturbablement sa sœur répondait « oui », sans quoi Thérèse pleurait toute la nuit (Ibid., 18v°, 4, p. 71). Que d'angoisses derrière cette blessure d'abandon !

100. Ibid., 13r°, p. 59.

101. Ibid., 25v°, 20, p. 86.

102. Ibid, 41v°, 10-18, p. 131.

qui elle recherche une âme sœur dans laquelle elle puisse être et se lire[103]. Aussi jusqu'à la fin de sa vie, nous verrons Thérèse en quête de sa vocation profonde, s'identifiant successivement à sainte Cécile[104], à Jeanne d'Arc[105]... Heureusement l'amour de son papa, qu'elle appelle « mon roi chéri », puis son intimité avec le Père lui tracent progressivement un chemin de confiance filiale. C'est seulement deux ans avant sa mort qu'elle pousse ce grand cri de victoire : « Ma vocation, ENFIN je l'ai trouvée (...) dans le cœur de l'Eglise, ma Mère, je serai l'Amour[106]. » Cette fois son identité unique lui est révèlée : Thérèse a l'intuition de son nom nouveau. Elle saisit, dans l'Esprit Saint, quelle sera sa mission au Ciel : conduire à Dieu une multitude de petites âmes dont elle sera la mère, en leur enseignant la confiance et l'abandon du tout-petit dans les bras de son Père.

Plus nous désirerons, de tout notre être, devenir fils et filles du Père, fils et filles adoptifs de saint Joseph, plus nous découvrirons que nous sommes uniques. Car l'identité personnelle se reçoit d'un Autre, dans une disposition de filiale confiance. La blessure de la jeunesse actuelle est une brisure d'identité qui découle du manque de père : les jeunes ont tellement soif, de découvrir qui ils sont dans le cœur de Dieu. Ce manque suscite en eux de grandes angoisses existentielles qui se traduisent aussi par des sentiments de jalousie les uns envers les autres. Saint Joseph peut nous aider à découvrir qui nous sommes en Dieu, à accueillir cette place royale que le Père prépare pour chacun de nous, et à nous réjouir du bonheur des autres.

Toujours dans cette perspective de dévoiler le don qui nous est propre, le père joue bien sûr un rôle important dans l'écoute d'un appel, l'accueil d'une vocation – et dans l'engagement qui suit la réponse à l'appel. La décision de se marier ou de s'engager dans le célibat consacré peut se trouver paralysée par l'absence de père. Les jeunes qui ont souffert du divorce de leurs parents ou qui ont été élevés par une mère célibataire ont communément de grandes difficultés à s'engager. Ils ne savent pas qu'ils sont irremplaçables, comme Jésus, le « fils unique du Père ». Si nous désirons goûter à une telle relation avec Dieu, jusqu'à devenir le préféré de

---

103. Ibid., 25r°, 15, p. 85.

104. S. THÉRÈSE DE L'ENFANT-JÉSUS, MsB, 3r°, 24, NEC, cerf/DDB 1992, p. 296 ; PN 3, 75, p. 48.

105. S. THÉRÈSE DE L'ENFANT-JÉSUS, DE 20. 7. 6, p. 273 ; 27. 7. 6, p. 283 ; MsA 32r°, 5, pp. 102-103 ; MsB 3r°, 24, p. 296.

106. Ibid., MsB/NEC, 3v°, 24-28, pp. 299-300.

notre Père, laissons-nous aimer par lui, devenons son fils, sa fille, en suivant le Christ, en prenant la main de la petite Thérèse.

7. Le père donne le pain

Pain des hommes et Parole de Dieu

Nous limitons malheureusement trop souvent saint Joseph au rôle de père nourricier, pour ne recourir à lui que dans nos difficultés matérielles. C'est déjà une belle fonction paternelle certes, mais la bienveillance qu'il exerce envers nous est beaucoup plus large. Saint Joseph a offert à Jésus une double nourriture pour grandir : le pain des hommes et le pain de la Parole de Dieu[107] que le père est chargé de transmettre dans la famille juive.

Le pain des événements

Joseph a veillé sur le Christ, il a manifesté l'amour du Tout-Puissant pour son Fils en l'arrachant à la mort qui le menaçait. La Providence est l'expression de la Paternité de Dieu sur nous, à travers ce que nous pourrions appeler le pain des événements. Elle intervient par le biais des rencontres, des joies et des épreuves de la vie, soit sous le mode de la protection (en écartant la pierre du chemin), soit sous le mode de la délivrance (en faisant concourir toutes choses à notre bien, et par la victoire sur le mal dans notre cœur). La Tradition a toujours reconnu en Joseph un puissant intercesseur pour les affaires tant matérielles que spirituelles[108].

Le travail

C'est lui qui initia l'Enfant-Jésus au travail manuel, au choc du concret, au réalisme qui imprégnait la vie à Nazareth. Le Christ devint charpentier comme son père. Une qualité que le père devrait soigneusement développer, c'est d'apprendre à son fils à bricoler, afin de développer en lui le sens du réel, lui enseigner comment manier des outils et modeler la matière. Ainsi l'apprentissage intellectuel (par l'étude de la Torah) tout

107. Cf. Dt 8, 3 et Lc 4, 4.

108. B. Martelet, *Joseph de Nazareth, l'homme de confiance*, Ed. Saint-Paul, Paris 1984, p. 177.

comme l'initiation au réalisme de la vie (par le travail manuel) appartiennent à la mission du père envers son fils.

Saint Joseph montra à Jésus comment se donner dans son travail. Ainsi pourra-t-il dire : *Mon père est à l'œuvre jusqu'à présent et j'œuvre moi aussi*[109]. Il lui apprit à faire eucharistie, à offrir en action de grâces, à utiliser la ruse divine qui consiste à se livrer en toute chose jusqu'à mourir d'amour. N'est-ce pas bouleversant ! Celui qui est le vrai Pain descendu du ciel s'offrit entre les mains des hommes par Joseph. Cela nous amène à deux autres grandes qualités de Joseph : il fait mémoire et il est le « spécialiste » de la mort à soi-même.

8. Le père fait mémoire

La mère est comme la bonne terre qui reçoit la vie, elle donne des racines à son enfant. Pour que la croissance se fasse dans la bonne direction, il est nécessaire que le père fasse mémoire des origines. Il aidera ainsi son fils à grandir bien planté dans le sol maternel. A son enfant, le père désigne la mère comme source de la vie, et la femme comme lieu d'émerveillement de l'homme. « Regarde donc comme ta mère est belle, je t'ai choisi la plus belle des mamans ! » Ces remarques sont essentielles en particulier pour la petite fille : en entendant ces paroles paternelles, elle est rejointe dans sa féminité et désirera s'identifier pour devenir « comme maman ».

Lors de la liturgie de l'entrée en shabbat, dans les familles juives, après l'hymne de la femme parfaite, *Eshet Hayil*[110], l'époux se tourne vers son épouse pour la remercier d'être elle aussi une « femme parfaite ». Rabbi Isaac Louria, au XVIe siècle, recommandait à ses disciples de baiser la main de leur mère à ce moment-là pour la remercier de tout ce qu'elle leur avait apporté. Pour les chrétiens, à travers la mère, c'est aussi la Vierge Marie que nous pouvons honorer, elle par qui le Salut est entré dans le monde. Joseph aimait son épouse : et l'Enfant-Jésus percevait certainement, dans ses gestes, le ton de sa voix, le respect et l'admiration qu'il lui portait.

Saint Joseph enseigne comment aimer sa femme, comment honorer sa mère et accueillir ses origines. En devenant son fils adoptif, sa fille adoptive, nous nous réconcilierons avec nos racines, nous découvrirons le

109. Jn 5, 17.
110. Pr 31, 10.

bonheur de vivre et d'appartenir à une famille. Il nous apprend à aimer notre petite enfance, il nous guérit d'attitudes dépressives et de pulsions de mort. Car le regard du père permet à l'enfant de se découvrir meilleur. L'enfant qui disait : « Je suis nul » tant il était blessé par ses origines, ou qui prétendait se défendre tout seul en clamant au contraire : « Je suis le meilleur, je n'ai besoin de personne », va pouvoir découvrir sa juste place grâce à cette réconciliation avec la vie. Là encore nous voyons ce qui fait de Joseph le soutien des familles : il construit l'unité familiale.

9. Le père rassemble dans l'unité

La troisième signification du nom de Joseph en hébreu pourrait se traduire ainsi : « le rassembleur[111] ». Joseph est celui qui rassemble ses enfants dans l'unité. La mère a un rôle différent : elle a plutôt vocation d'être l'âme, la flamme, la lumière de la maison. Sa présence éclaire et réchauffe ceux qui y habitent.

Dans la Sainte Trinité, chaque Personne a une place irremplaçable, en même temps qu'il règne une indivisible unité. Or nous avons été créés à l'image de cette ineffable Trinité, et notre pèlerinage sur la terre a pour but de nous faire retrouver la *ressemblance* atteinte par le péché. Si le père est celui qui révèle l'identité, cela ne se fait donc pas au détriment de la communion. Bien au contraire, le père est appelé à être le signe visible de l'unité familiale, il crée le lien d'unité dans les familles, les communautés. Les saints patriarches Abraham, Isaac et Jacob sont le signe visible de l'unité d'Israël[112]. L'Eglise se réunit autour de son chef, le Pape[113]. Une communauté se rassemble autour de son berger. C'est pourquoi le démon s'attaque d'abord au berger quand il veut disperser les brebis d'une communauté. Il sème le doute et le manque de confiance envers le responsable, puis il entretient le murmure et la critique qui mènent à la

---

111. La racine du mot *Yossef* comporte le S et le F : *safat* qui signifie *réunir, rassembler* (cf. Dn 4, 33 et Lv 5, 16).

112. Ps 47, 10 ; Jn 8, 33-39 ; Ac 13, 26.

113. Dès le IIe siècle, on définissait l'Eglise comme le peuple chrétien réuni autour de son évêque pour célébrer l'Eucharistie (cf. C. Bihlmeyer, H. Tuchle, *Histoire de l'Eglise*, T. I, Ed. Salvator Mulhouse 1962, p. 146). L'autorité de l'Eglise de Rome était une situation de fait existant déjà aux premiers siècles. A partir du IIIe siècle commence à se développer une doctrine de la primauté (cf. op. cit. p. 156-158).

division afin d'écarter les brebis de celui qui est le signe et le garant de l'unité.

Dans le chapitre dix-sept de saint Jean, Jésus s'adresse à son Père et lui demande la grâce *que tous soient un*, comme lui et son Père sont un[114]. Jésus, en Fils parfaitement obéissant, sait que seul son Père est source d'unité. C'est encore une grâce qu'il a expérimentée, dans son humanité, auprès de saint Joseph, au long des années vécues à Nazareth. Le Pape Jean-Paul II est une figure éminente de grand rassembleur : nous pressentons que c'est son intimité avec la sainte Famille qui l'a instruit dans sa tâche de berger de l'Eglise universelle.

L'unité d'Israël

Joseph remplit une mission particulière qui nous est dévoilée progressivement. Il est responsable de l'unité entre la souche de l'olivier riche de sève[115] et l'olivier sauvage qui y a été greffé : il œuvre pour l'unité entre Israël et l'Eglise. Celui qui est « patron de l'Eglise universelle » prépare le chemin pour que l'Eglise fasse mémoire et revienne vers la Synagogue comme vers sa mère[116]. Plus l'Eglise découvrira la figure et la stature du père adoptif de Jésus, plus elle l'aimera et le priera, et plus elle retrouvera ses origines et reviendra vers Israël. La plénitude de la sève coulera alors dans la souche de l'olivier et dans toutes ses branches. L'Eglise sera la consolation d'Israël et Israël sera la guérison de l'Eglise. Mais cette réconciliation ne pourra pas se faire en dehors de la sainte Famille, car Marie est la figure de l'Eglise et Joseph le visage d'Israël.

10. Le père enfin livre sa vie

En véritable époux, en véritable père, saint Joseph donne sa vie pour Marie et il enseigne à son Fils à faire de même. Il est le berger de la sainte Famille dans la mesure où il se livre. Tel un petit agneau, il ne s'arroge, ne convoite aucun pouvoir, au contraire il exerce une autorité de service et

114. Cf. Jn 17, 21-22.

115. Rm 11, 17.

116. Là encore nous pouvons reconnaître dans les pas posés par Jean-Paul II vers la réconciliation entre l'Église et Israël – surtout depuis 1986 – un fruit de sa fréquentation intime de la sainte Famille…

montre l'exemple à son Fils qui pourra dire : *Le Fils de l'homme n'est pas venu pour être servi, mais pour servir et donner sa vie en rançon pour une multitude*[117]. Il expose sa propre vie pour protéger sa brebis. Il s'efface devant son Fils, il meurt d'amour pour Marie, il est vraiment l'ombre du Père.

CONCLUSION

On a beaucoup insisté, à juste titre, sur le *fiat* de Marie, mais on a malheureusement oublié trop souvent que le « oui » de saint Joseph était lui aussi indispensable pour l'accomplissement de l'Incarnation. Saint Joseph offre à Jésus une famille. En prenant Marie chez lui[118], à Nazareth, il soustrait son épouse à la mort. Car sans cela, Marie aurait été probablement lapidée, ou serait restée « mère célibataire ». D'une certaine manière, la paternité de Joseph est comme la condition de la maternité de Marie.

1. JOSEPH, L'OMBRE DU PÈRE

Pour Jésus en tant qu'homme, saint Joseph représente le passage vers le Père. A notre tour suivons l'invitation de Monsieur Olier, et « aimons avec tendresse Dieu le Père en saint Joseph[119] ». La nuée, parce qu'elle est ténébreuse d'un côté et lumineuse de l'autre[120] caractérise la présence paternelle de Dieu auprès de son Fils, auprès de tous ses enfants : saint Joseph réalise à la perfection, pendant trente ans de vie cachée, cette ombre amoureuse, d'une puissance invincible dans une apparente faiblesse, et d'une tendresse inégalée.

Marie est celle en qui l'Esprit fait advenir le Corps du Christ – qui englobe toute l'Eglise – au cœur de notre humanité. Joseph est celui en qui le Père se cache pour accueillir son enfant, et le cacher à son tour, l'entourer de tendresse, le protéger, l'aider à grandir de toutes les manières. L'ange avait annoncé à Marie : *La puissance du Très-Haut te prendra sous son*

117. Mt 20, 28.
118. Mt 1, 24.
119. J. J. OLIER, ibid.
120. Ex 14, 20.

ombre[121]. Joseph mérite bien d'être appelé l'ombre du Père. A douze ans, Jésus comprendra au moment du recouvrement au Temple qu'« être avec son Père », c'est précisément « être avec Joseph ». L'ombre divine est vivante, et exigeante. Elle ne dispense pas de l'effort, de l'épreuve, de la privation, de la correction paternelle souvent dure[122]. Elle a les exigences d'un amour qui s'avère vrai, humble, d'une parfaite douceur par moments, et à d'autres d'une parfaite rigueur. *Trouverons-nous un homme comme celui-ci, en qui soit l'Esprit de Dieu*[123] *?* Ce don de l'Esprit, les deux Joseph l'ont payé très cher.

2. Prends Joseph pour père

Suivons l'exemple des saints : ils ont découvert l'intimité de saint Joseph et l'ont accueilli comme leur père adoptif. Thérèse d'Avila témoigne dans le livre de sa Vie : « J'ai vu clairement que c'est lui, mon père et mon protecteur, qui m'a guérie de cette infirmité, comme il m'a tirée également de dangers très grands où il s'agissait de mon honneur et du salut de mon âme. Son assistance m'a procuré plus de bien que je ne savais lui en demander[124]... » De même saint Alphonse de Liguori lui déclarait : « Puisqu'un Dieu voulut vous obéir, moi je veux me mettre à votre service, vous honorer et vous aimer comme mon Seigneur et Maître[125]. »

3. Vivre dans la sainte Famille

Nous l'avons souligné, Marie ne pouvait pas être mère de Jésus sans la présence de saint Joseph. Puisque l'ombre de saint Joseph est la condition de l'engendrement de Jésus, elle est aussi la condition de notre engendrement spirituel. La sainte Famille est le lieu privilégié de la descente de l'Esprit sur les hommes. Le Saint-Esprit aime venir entre Joseph et Marie, comme le Fils de Dieu fait homme en a fait lui-même

121. Lc 1, 35.
122. Pr 3, 11 ; He 12, 7-8 et 11.
123. Gn 41, 37.
124. S. Thérèse d'Avila, *Vie écrite par elle-même*, Œuvres complètes, Seuil 1949, chap. VI, p. 57.
125. S. Alphonse de Liguori, *Une Année de méditations*, Avon, 1887, p. 581.

l'expérience. Joseph et Marie sont comme l'oratoire où Jésus retrouve le Père dans l'Esprit.

Marie et Joseph sont les deux mains de Jésus entre lesquelles le Père Eternel désire nous bercer, nous consoler, nous guérir et nous donner son Esprit. Il nous introduit dans son Royaume entre Marie et Joseph. « Nazareth, c'est là où l'on travaille, où l'on est soumis... c'est une maison qu'on bâtit en son cœur, ou plutôt qu'on laisse bâtir en soi des mains de Jésus[126]. »

Vivre dans la sainte Famille, c'est apprendre progressivement qui est le Père[127] et, par le même mouvement, lutter contre le mal, c'est-à-dire contre ce qui empêche de voir le Père, ce qui déforme ou même pervertit son image. La parole du Christ : *Mettez-vous à mon école (...) et vous trouverez soulagement pour vos âmes*[128] prend un sens concret, comme si Jésus nous disait : « Prenez mes parents pour les vôtres, faites les expériences que j'ai faites avec eux, puisque tout ce qui est à moi est à vous, maintenant. »

TROPAIRE DE SAINT JOSEPH

Joseph de Nazareth,
Toi le juste et le saint dans la foi d'Abraham,
Tu portas dans tes bras l'époux de l'alliance.
Père silencieux à l'image du Père qui est aux cieux,
Tu nourris du pain de la terre celui qui est Pain du ciel.
Joseph qui protégeas la Vierge immaculée,
Protège en notre temps l'Eglise immaculée,
Intercède aujourd'hui pour ton peuple Israël,
Demeure le gardien de nos communautés et de leurs bergers,
Toi qui fus berger de l'Agneau.

---

126. Ch. DE FOUCAULD, lettre du 02/08/96.
127. Jn 17, 3.
128. Mt 11, 29.

TRAVAIL PRATIQUE

– *Pour un homme*

- Je prends une feuille de papier, je la sépare en trois colonnes, puis je trace successivement quatre étages auxquels je donne les noms suivants dans la colonne de gauche, en partant du bas : (1) fils, (2) homme, (3) époux et (4) père. Ma vocation est d'accomplir chacun de ces niveaux quel que soit mon état de vie (marié, consacré ou célibataire). Dans la colonne du milieu, je relève mes manques à être fils, homme, époux et père. Ce sont pour moi autant d'appels au changement. Pourquoi sont-ils présents ? Comment puis-je progresser ? A droite, j'inscris quelles sont mes qualités de fils, d'homme, d'époux et de père, c'est-à-dire ce qui en moi est épanoui et me rend heureux. Comment puis-je le faire fructifier davantage encore ?
- Quel lien ai-je actuellement avec mon père ? Suis-je libre de l'aimer avec tendresse et de lui exprimer mes désirs, mes refus, mes souffrances ? Ai-je découvert le regard du Père qui transforme toute ma vie ?

– *La relation au père pour l'homme et pour la femme*

- Quel regard ai-je sur la paternité ? Qu'est-ce qui dans le passé m'a fait peur, m'a agressé(e), m'a manqué ?
- Quelles sont les plus belles qualités d'un père ? Y en a-t-il une ou plusieurs que je retrouve chez mon père ? Sont-elles présentes en saint Joseph ? Je recherche autour de moi la personne qui incarne le mieux ce visage du bon père ; comment puis-je approfondir ma relation avec lui ?
- Quelle relation ai-je avec saint Joseph ? Vais-je chercher auprès de lui ce qui manque à mon expérience de l'amour paternel ? Pourquoi ? Est-ce que je désire changer cette relation ? Comment vais-je m'y prendre ?
- Comment est-ce que je me situe par rapport à l'autorité ? Suis-je rebelle (c'est-à-dire souvent révolté(e), contestataire...) ? Suis-je passivement soumis(e) (c'est-à-dire culpabilisé(e), inhibé(e), n'osant pas dire mon avis et mes désaccords) ? Suis-je au contraire libre et obéissant(e), c'est-à-dire dans une attitude filiale juste et équilibrée ?
- Comment est-ce que je vis l'instant présent ? Comment est-ce que j'adhère au réel ? Comment est-ce que je vis mes engagements, mes responsabilités ?

Chapitre Sixième

À L'ÉCOLE DE L'ENFANT-JÉSUS

INTRODUCTION

1. A L'ÉCOLE DE JÉSUS ENFANT

Dans ce chapitre, nous allons concentrer notre attention, notre cœur et notre élan intérieur sur l'enfance de Jésus. Monsieur Olier, amoureux de l'Enfant-Jésus et de la sainte Famille, grand spirituel du XVIIe siècle, contemporain d'Agnès de Langeac, de saint Vincent de Paul et de saint François de Sales disait : « Prenez l'Enfant-Jésus comme directeur. » Un directeur est celui qui dirige son protégé : or l'Enfant-Jésus désire régner dans notre cœur. Quelle richesse il y a à le découvrir ! N'est-ce pas la condition pour entrer dans le Royaume de Dieu ? Redevenir auprès de Dieu comme un tout-petit[1], se laisser mener par un enfant[2]. La meilleure manière d'entrer dans l'esprit d'enfance spirituelle consiste à contempler l'Enfant-Jésus et à se mettre à son école. Il n'y a rien de plus simple, et pourtant cela nous est bien difficile à mettre en application parce que *le cœur de l'homme est compliqué et malade*[3]. Si nous acceptons, nous en verrons aussitôt les fruits spirituels et nous découvrirons concrètement ce que signifie la « circulation d'amour ».

2. LA CIRCULATION D'AMOUR

Un choix courageux

Pour vivre dans la sainte Famille et dans la Trinité, il suffit de se laisser emporter par une circulation d'amour. Nous centrons généralement nos

1. Mt 18, 3.
2. Is 11, 6.
3. Cf. Jr 17, 9 (traduction de la liturgie des Heures 1er août 1980).

activités intérieures et notre pensée sur des futilités qui par définition ne servent à rien. Nous remplissons notre tête d'images télévisées, de films agressants, de romans ou de rêveries stériles, de pensées inutiles et d'un auto-dialogue continuel. Nous perdons notre temps et nous nous étonnons de continuer à souffrir d'un lancinant mal-être intérieur. Si nous voulons changer et goûter enfin au vrai bonheur du Royaume de Dieu, posons un choix courageux qui commencera par un travail de deuil : quittons ces futilités qui remplissent notre tête et fatiguent notre âme, laissons de côté l'esprit du monde et son tourbillon médiatique, abandonnons tout désir de consommation insatiable (tous ces « avoirs » qui nous causent bien des soucis !), et combattons résolument notre volonté propre.

Toutes ces vanités, comme *la bale qu'emporte le vent*[4], sont un obstacle majeur à l'intimité de la sainte Famille : car en elle, il n'existe aucun esprit du monde – ni cinéma intérieur, ni activité publicitaire polluante... Saint Joseph, le protecteur de l'Enfant-Jésus et de sa mère, est le « champion » du combat contre les ténèbres. Il nous accompagne dans notre choix et nous enseigne comment retrancher et mettre à part ce qui est inutile voire opposé à l'union à Dieu. Si nous voulons entrer dans la sainte Famille, soyons prêts à choisir l'essentiel en centrant notre activité intérieure sur une seule chose importante. Le Seigneur l'enseigne à Marthe : *Marthe, Marthe, tu te soucies et t'agites pour beaucoup de choses ; pourtant il en faut peu, une seule même. C'est Marie qui a choisi la meilleure part ; elle ne lui sera pas enlevée*[5].

La meilleure place consiste donc à concentrer notre pensée et l'élan de notre cœur sur ce qui passionne Jésus. Saint Paul nous exhorte à cela dans son épître aux Philippiens : *Ayez entre vous les mêmes sentiments qui sont dans le Christ Jésus*[6]. Vers qui et vers quoi oriente-t-il toutes ses activités intérieures et extérieures ? Quelle est donc cette pensée d'humilité qui le pousse sans cesse à descendre vers ce qui est petit ?

Dans les bras du Père

L'Enfant-Jésus va nous l'apprendre si nous acceptons de nous laisser enseigner par lui, comme il nous y invite. *Mettez-vous à mon école, car je*

4. Ps 1, 4.
5. Lc 10, 41.
6. Ph 2, 5.

suis doux et humble de cœur[7]. Il nous dira la passion qui habite son cœur de Fils. C'est un murmure, un élan du cœur qui jaillit sans cesse du fond de son être : « Père », « mon Père ». *Lorsque vous priez, dites : "Abba ! Père*[8]*"*. Voilà le but de notre vie ! Notre bonheur se trouve dans les bras de notre Père. Voilà où Jésus veut nous conduire, voilà sa passion. Dans les évangiles, surtout celui de saint Jean, *Père* est un des mots qui revient le plus souvent dans la bouche de Jésus[9]. Citons par exemple :

Je te bénis, Père, Seigneur du ciel et de la terre… (Mt 11, 25)
Oui, Père, car tel a été ton bon plaisir… (Mt 11, 26)
Venez, les bénis de mon Père… (Mt 25, 34)
Mon Père, s'il est possible… (Mt 26, 39)
Père, que ton Nom soit sanctifié… (Lc 11, 2)
Père, pardonne-leur… (Lc 23, 34)
Moi et le Père, nous sommes un. (Jn 10, 30)
Mon Père est à l'œuvre jusqu'à présent… (Jn 5, 17)
Vous ne connaissez ni moi ni mon Père… (Jn 8, 19)
Père, je te rends grâces de m'avoir écouté… (Jn 11, 41)
Père, sauve-moi de cette heure ! (Jn 12, 27)
Père, glorifie ton nom ! (Jn 12, 28)
Je suis dans le Père et le Père est en moi… (Jn 14, 11)
Père, l'heure est venue… (Jn 17, 1)
Et maintenant, Père, glorifie-moi auprès de toi… (Jn 17, 5)
Père saint, garde-les dans ton nom que tu m'as donné… (Jn 17, 11)
Comme toi, Père, tu es en moi et moi en toi… (Jn 17, 21)
Père, ceux que tu m'as donnés… (Jn 17, 24)

Le Fils de Dieu est passionné par son Père dans sa divinité ainsi qu'il est écrit : *Le Verbe était tourné vers Dieu*[10], et dans son humanité comme il est dit aussi : *Je dois être dans la maison de mon Père*[11].

---

7. Mt 11, 29.
8. Cf. Lc 11, 2 et Mc 14, 36.
9. Jésus prononce le nom de son Père soixante-six fois dans les synoptiques et cent huit fois dans le seul évangile de saint Jean (c'est-à-dire environ cinq fois plus que dans l'un des trois évangiles synoptiques).
10. Jn 1, 1 (T. O. B) et cf. Jn 1, 18.
11. Lc 2, 49.

Nous n'avons qu'une chose importante à apprendre en cette vie pour nous préparer à l'éternité : entrer dans la passion d'amour du Cœur de Jésus. Certains considèrent parfois hâtivement que les contemplatifs sont à l'écart du monde. Certes, ils ne sont pas du monde mais ils n'en sont pas moins au centre du combat spirituel. D'aucuns ont du mal à concevoir qu'il n'est pas nécessaire de regarder la télévision ou de lire les journaux tous les jours pour être au courant de ce qui se passe dans le monde ! C'est pourtant ce qu'affirmait saint Silouane de l'Athos[12]. Dans la prière, on reste au cœur du combat qui se joue entre l'amour et la haine, entre le désir du Père et le refus de toute dépendance filiale. Et Jésus est le seul à pouvoir nous réintroduire dans la filialité.

LA CROISSANCE DANS LA SAINTE FAMILLE

Nous sommes venus au monde dans une famille, par l'amour d'un père et d'une mère. Nous les avons appelés : « Maman », « Papa ». Or durant les premières années de notre vie, ils ont été pour chacun d'entre nous, malgré leur faiblesse, le visage du Père Eternel.

Puisque Jésus est vraiment un homme, il appelle sa mère Marie « Maman » et son père adoptif Joseph « *Abba*, Papa ». Pour Jésus dans son humanité, ses deux parents ont été visages du Père Eternel. Voilà donc le chemin que nous propose l'Enfant-Jésus. Il nous fait découvrir son Père en nous invitant à demeurer dans la sainte Famille : il nous apprend à vivre en Marie, chez Joseph[13]. Il nous invite à recevoir Marie pour mère, Joseph pour père. Grâce à eux, nous pourrons expérimenter une profonde réconciliation avec nos origines, c'est-à-dire avec nos propres parents.

Nous allons contempler ce que Jésus Enfant a vécu auprès de la Vierge et de saint Joseph durant sa vie cachée, au cours des différentes étapes de sa croissance humaine, afin d'en recevoir un riche enseignement pour notre intégration progressive dans la sainte Famille.

---

12. S. SILOUANE, in Archimandrite SOPHRONY, *Starets Silouane, moine du Mont Athos (1866-1938). Vie – Doctrine – Ecrits,* Ed. Présence, n°5, 1978 Sisteron.

13. Nous reprenons l'expression « chez Joseph » à cause de la demande de l'ange en Mt 1, 20 : *Joseph, fils de David, ne crains pas de prendre CHEZ TOI Marie, ta femme...*

1. De la conception à l'âge de trois ans

Dès sa venue parmi les hommes, le Christ est habité de la plénitude de l'Esprit qui gémit en lui un chant d'amour : « *Abba* ! Mon Père ». Dans le sein de la Vierge, il goûte combien son Père Eternel est vie, tendresse, douceur... Tout cela lui est donné par Marie qui possède ces qualités en plénitude[14]. A sa naissance, elle le caresse, le berce, le couvre de baisers, lui transmettant ainsi la bonne odeur du Saint-Esprit qui habite en elle.

Lorsque tout petit encore, Jésus commence à appeler Marie : « Maman », derrière ce nom, c'est son Père qu'il cherche. Cette première étape très importante, où le Christ est tourné vers Marie, s'étend sur environ quatre années, de la conception (moment de l'Incarnation) jusqu'à l'âge de trois ans. En contemplant sa maman, Jésus est tendu vers le Père ; car la Vierge Marie est pour lui visage du Père Eternel et lui communique sa vie, sa tendresse, sa douceur...

Suivons encore le Christ. Quelques trente années plus tard, sur la Croix, lors d'un autre enfantement uniquement spirituel cette fois, Jésus juste avant sa mort pose son regard sur Marie pour dire au disciple bien-aimé : *Voici ta mère*[15]. Il l'invite à la prendre pour mère parce qu'il sait d'expérience qu'elle ne fait pas obstacle à la rencontre vers le Père, bien au contraire. Elle est là, mère de douleurs qui offre son Fils au Père. Elle nous permet de découvrir Notre Père, elle facilite le passage vers lui (en donnant son Fils). N'ayons donc aucune crainte et accueillons Marie dans notre cœur.

L'Enfant-Jésus nous apprend à vivre à l'ombre de Marie, à murmurer son nom. Nous n'appelons pas notre mère par son prénom. Pourquoi alors appeler la Vierge par son prénom alors qu'elle est notre mère ? Certaines obligations liturgiques sont incompatibles avec des expressions plus affectives, certes ! Mais dans notre cœur, comment appelons-nous Marie ? « Marie-Maman », « Myriam », « Maman »... Donnons-lui un nom qui parle à notre âme, et qui ne soit pas forcément celui de « maman ». De fait il peut être difficile de donner un nom si porteur de signification à une autre personne que notre mère selon la chair. Mais il est important de découvrir au fond de notre cœur que Marie est vraiment notre mère, que nous pouvons l'appeler et la considérer comme telle puisque telle elle demeure continuellement dans la pensée de Jésus.

14. Car elle est, selon l'expression de l'Archange Gabriel, *comblée de grâce* (Lc 1, 28).
15. Jn 19, 27.

Vivre en communion avec Marie

Vivre en présence de Marie, c'est respirer, manger, dormir, marcher, agir avec et auprès d'elle ; c'est tout lui consacrer, c'est-à-dire tout lui donner pour qu'elle l'offre au Seigneur et en fasse du sacré. Le moindre geste, l'événement le plus insignifiant peuvent susciter un élan du cœur vers Notre-Dame, à la manière dont Jésus enfant le vivait. Tout petit, alors qu'il s'éloignait un peu d'elle pour jouer, il savait qu'elle gardait son regard posé sur lui. Que notre vie spirituelle trouve ici son modèle : restons près de Marie, ne nous éloignons pas trop afin de renaître en elle.

Il ne s'agit pas tant de tourner notre pensée vers elle pour réciter une prière ou de lui rendre visite de temps en temps dans une sorte de dévotion sentimentale malheureusement trop courante. Ce n'est pas le nombre de chapelets ou de pèlerinages qui changera notre cœur mais la qualité de notre amour pour la Vierge. Thérèse de l'Enfant-Jésus n'avait pas de dévotion à Marie à proprement parler, mais elle vivait une union mystique avec elle. Elle nous avoue qu'elle avait bien du mal à réciter le chapelet au point que, parfois, elle ne terminait pas un « Ave Maria »[16]. Il s'agit donc plutôt d'un élan du cœur dans une tendresse toute filiale, d'un mouvement de l'âme qui murmure affectueusement son nom. Renouvelés des milliers de fois dans la journée, ils nous gardent en sa présence et sous son regard.

Laissons-nous donc faire par l'Enfant-Jésus et apprenons de lui à vivre sous le manteau de Marie. De la sorte, nous découvrirons en outre la fidélité au Saint-Esprit. Car plus nous demeurerons en elle et plus nous serons sensibles et attentifs, à l'écoute du murmure de l'Esprit. Nous deviendrons semblables, comme l'explique le père Liberman, à une plume emportée par le souffle du vent[17]. Elle ne résiste pas, elle se laisse entraîner là où le vent la conduit. En Marie, nous deviendrons très réceptifs et abandonnés au souffle du Saint-Esprit qui nous entraîne là où il veut, sans que nous sachions ce qui se passera dans l'instant qui vient.

---

16. S. THÉRÈSE DE L'ENFANT-JÉSUS, DE, CJ 20. 8. 16, NEC, Cerf/DDB 1992, p. 333. Cf. MsC, 25v°.

17. P. LIBERMANN, *Commentaire de l'Evangile selon saint Jean* (C. S. J 89) 1840 : « O Divin Esprit, je veux être devant vous comme une plume légère, afin que votre souffle m'emporte où il veut et que je n'y apporte jamais la moindre résistance. » in A. GILBERT, *Tu as mis sur moi ta main,* Ed. Province spiritaine de France, 30 rue Lhomond 75005 Paris, p. 125.

L'Enfant-Jésus tout contre la joue de sa mère

L'Enfant-Jésus tourné vers sa mère

L'Enfant-Jésus regarde vers celui qui est en face de Marie : saint Joseph

En nous laissant guider ainsi, nous rencontrerons une part de subjectivité, c'est vrai. Néanmoins il est essentiel de se laisser emporter dans ce mouvement d'abandon filial. L'Enfant-Jésus nous l'enseignera dans l'instant présent si nous conservons cette disposition intérieure vis-à-vis de la Vierge Marie. Il nous montrera comment nous laisser faire, nous laisser aimer et consoler par elle.

Un tel langage peut paraître enfantin. Nous sommes prompts, à la manière des apôtres, à mettre un barrage intellectuel pour empêcher les petits enfants de s'approcher de Jésus[18]. L'exhortation du Seigneur est pourtant sans ambiguïté : *Quiconque n'accueille pas le Royaume de Dieu en petit enfant, n'y entrera pas*[19]. Il n'est pas question de régresser, mais d'entrer dans la maturité psycho-affective de l'esprit d'enfance spirituelle.

Se réconcilier avec sa propre maman

Si le Cœur de Jésus, dès les premiers mois de sa vie humaine, est habité du très doux nom de Maman, de Marie, il faut bien saisir cependant que le Verbe Éternel cherche le Père en Marie et qu'il ne saurait s'arrêter à une créature, aussi sainte soit-elle. De même, nous ne nous arrêterons pas à Marie car elle n'est pas le but de notre vie. Elle-même nous donne son Fils parce qu'elle désire que nous continuions notre course vers le Père. C'est une vérité spirituelle qu'il importe de bien saisir. Certaines personnes refusent la place unique de Marie et ne goûtent pas à l'union mystique avec elle, tandis que d'autres restent enfermées pendant des années durant dans une dévotion exclusivement mariale. Une telle attitude ne vient pas de Marie mais de notre raideur à nous laisser entraîner plus loin dans une réconciliation intérieure avec notre passé.

Avec Marie, nous ne sommes pas auprès d'une mère célibataire, mais nous entrons dans une véritable famille : nous découvrons Jésus, son enfant, nous rencontrons un père, Joseph. Or chaque membre d'une famille intervient dans la relation avec les autres. De la même manière que Marie nous introduit auprès du Père grâce à Jésus, Jésus-Enfant nous éduque à regarder la Vierge d'une façon toute nouvelle. Il transforme notre regard sur notre propre maman. Nous apprenons ainsi à la regarder en

18. Mc 10, 13.
19. Mc 10, 15.

Marie. Nous la découvrons en vérité, comme elle est aux yeux de Dieu, et non comme nous la voyons dans nos blessures et nos attentes affectives meurtries par nos expériences d'enfant.

Beaucoup de personnes méconnaissent en effet leur maman. Soit elles l'idéalisent, – c'est fréquent pour les hommes –, soit elles la méprisent. En Marie, on entre dans la vérité de ce qui est. On trouve alors à sa mère des qualités qu'on ne lui connaissait pas, des richesses qui, appartenant à la femme, à l'épouse et à la mère, sont présentes en Marie. On réalise aussi d'une manière beaucoup plus lucide quels sont les manques dont on a souffert, et les protections que cela a occasionné dans notre cœur. Car souvent au départ nous ne sommes guère conscients des défenses qui nous ont empêchés de ressentir des émotions négatives dirigées contre notre maman (comme la culpabilité, la honte, la violence, la peur...). Des blessures profondes peuvent remonter, parfois avec de l'angoisse voire de la haine, mais nous pouvons à présent les reconnaître comme telles, les faire nôtres sans avoir besoin de nous disculper ni de nous éloigner de notre mère, puisqu'en Marie, nous entrons justement dans une démarche de réconciliation. Ce que ma maman n'a pas pu me donner, Marie me l'offre. Je ne pourrai donc plus lui en vouloir ni lui faire des reproches. Désormais je possède tout en Marie car, comme le rappelle la petite Thérèse, « le trésor de la mère appartient à l'enfant[20] ».

Marie nous nourrit de son lait spirituel, nous sevrant progressivement de tout ce qui nous a manqué dans l'enfance. Voilà la première étape de la vie spirituelle dans la sainte Famille. Elle passe par Marie et se vit en elle, de la conception de Jésus en nous (c'est-à-dire de notre naissance spirituelle[21]) jusqu'au moment du sevrage, vers l'âge de trois ans.

2. Le sevrage et la rencontre avec le Père

Le langage des icônes illustre bien le passage de la mère vers le père. Certaines icônes comme la Vierge de tendresse de Vladimir présentent l'Enfant-Jésus tourné vers Marie et l'entourant tendrement de ses bras, joue

20. S. Thérèse de l'Enfant-Jésus, PN 54, 5, 4, NEC, Cerf/DDB 1992, p. 243.
21. Jn 3, 5.

contre joue. D'autres au contraire exposent l'Enfant au regard de tous, dos à sa mère[22]. Que traduit ce changement ?

Les icônes montrent Jésus tendu vers sa mère quand il n'est pas encore sevré, ou au contraire tourné vers nous quand il a dépassé l'âge du sevrage (environ trois ans). Peu de temps avant cet âge, l'enfant a connu une crise d'opposition au cours de laquelle il a prononcé péremptoirement ses premiers « non » et découvert son existence personnelle en disant « je ». Un ou deux ans plus tard, il entrera volontairement dans l'univers paternel, en abordant le délicat passage de la mère au père. Voilà la trajectoire normale de la croissance psychologique du petit enfant[23], au cours de laquelle on observe en pratique de nombreuses blessures.

Avec l'Enfant-Jésus, nous apprendrons progressivement à ne plus entourer le cou de notre maman pour y rechercher ses câlins, mais à nous retourner pour regarder en face de nous, et vers notre papa. Tout en demeurant dans les bras de Marie, Jésus contemple celui qui est en vis-à-vis de la Vierge : son père Joseph. Déjà monte de son Cœur, au fur et à mesure que sa présence s'impose à lui, le murmure du Saint-Esprit : *Abba*, « Papa », « mon père ! » Ce chant ne cesse de s'amplifier en lui. Il soulève le Cœur de Jésus et l'habite d'une passion nouvelle : son amour pour son Père s'incarne davantage. Son papa, c'est Joseph. Il cherche son Père Eternel en Joseph. Il expérimente dans sa chair ce que la psychologie enseigne aujourd'hui. Le petit garçon a besoin de s'identifier à son père en étant rempli de fierté envers lui : « Quand je serai grand, je ressemblerai à mon papa. Comme mon père Joseph, je serai charpentier ! » Dans le Cœur du tout petit Jésus, demeure ainsi le nom de « maman » et de « papa » : cependant derrière la quête bien réelle et toute humaine de l'Enfant-Dieu, le Verbe prie en silence : « Père ! »

On rencontre des personnes qui, choquées par ce langage qu'elles jugent terre à terre, refusent de considérer Joseph comme le père de Jésus et encore plus de s'engager sur ce chemin en l'accueillant comme père adoptif. Elles s'appuyent volontiers sur la parole du Christ : *N'appelez personne votre*

22. Voir planche photographique entre les pages 160 et 161, de gauche à droite et de haut en bas : *Mère de Dieu de Korssun* (icône russe, XVIIIe siècle) ; *Mère de Dieu avec l'Enfant* (icône italo-byzantine, XVIe siècle) ; *Mère de Dieu avec l'Enfant* (icône italienne à la manière grecque, XVIe siècle) ; *Vierge de la grande Panagia*, (icône russe du monastère Spaski à Jaroslav, XIIe siècle).

23. Cf. Dr F. Dodson, *Le père et son enfant*, Coll. Marabout service, Ed. R. Laffont, Paris 1974.

"Père" sur la terre : car vous n'en avez qu'un, le Père céleste[24]. Alors comment Jésus a-t-il appelé son père adoptif? Par son prénom « Joseph » ? Certainement pas, car la Vierge Marie lui dit bien lors du recouvrement au Temple de Jérusalem : *Ton père et moi, nous te cherchons*[25]. Il est certain que le Christ nommait son père adoptif du petit mot d'*Abba* (papa chéri) utilisé en araméen et encore actuellement en arabe.

Voilà donc ce que nous enseigne l'Enfant-Jésus. Saint Joseph peut vraiment être mon père adoptif. Il est difficile de l'appeler « papa » car ce nom est chargé d'un passé affectif très dense. Nous avons un père selon la chair, et donner le même nom à saint Joseph est parfois troublant. Alors trouvons un nom affectueux pour lui exprimer notre tendresse filiale (par exemple « père », « mon père ») et accueillons-le comme le père adoptif que Jésus nous offre.

Deux noms très doux habitent sans relâche le Cœur du Christ et reviennent à sa pensée comme le ressac des vagues qui frappent inlassablement le rivage : « Maman ! Papa ! » Installé entre les bras de Marie, Jésus est tourné vers saint Joseph, c'est-à-dire vers son père, vers le Père. A notre tour, nous pouvons chercher le Père Eternel en Joseph, tout en demeurant en Marie. Marie dit à chacun de nous : *Ton père et moi, nous te cherchons,* c'est-à-dire « ton père adoptif Joseph et moi, nous te cherchons ». Si nous désirons vivre à l'école de l'Enfant-Jésus, entrons dans cette circulation d'amour et nous goûterons dès ici-bas au bonheur du ciel.

Entre trois et douze ans

Entre trois et douze ans, Jésus s'oriente délibérément et de plus en plus vers son père Joseph. Il commence à travailler avec lui. A quatre ou cinq ans, il reçoit la Torah de sa bouche et se laisse guider par lui dans la compréhension des textes sacrés. Il travaille à l'atelier où il découvre avec lui le maniement des outils... Ne sous-estimons pas la paternité de saint Joseph envers Jésus. Un père adoptif sait bien qu'il n'a pas une paternité au rabais. La sagesse juive l'a toujours reconnu : « Le père d'un enfant est celui qui l'élève, non celui qui l'a engendré[26]. » Si la Vierge a donné au Verbe de Dieu un corps, saint Joseph est le véritable éducateur de son âme.

24. Mt 23, 9.
25. Lc 2, 48.
26. OVADIAH CAMHY, *Paroles du Talmud,* SH. R. 46, Ed. Stock, Judaïsme. Israël, 1980, p. 152.

Jésus travaille avec son papa et intensifie ainsi la relation à son Père. Alors grandit en lui le feu du Saint-Esprit qui gémit : *Père !* Plus cette relation se fortifie, plus il grandit dans son amour pour son Père du Ciel, près de sa maman Marie et chez Joseph[27], et plus il s'ouvre à sa vocation divine et à sa mission. Il découvre dans son humanité qu'il est Fils de Dieu tandis que sa divinité apprivoise sa condition de Fils de l'homme[28]. Il entend la voix de Dieu et se prépare à œuvrer aux affaires de son Père. Lors de sa Barmitzva[29], comme tous les fils d'Israël, il devient à douze ans un homme et entre dans le monde des adultes.

Jésus à douze ans

Au Temple de Jérusalem, au milieu des docteurs de la loi, Jésus œuvre déjà pour son Père[30], avec tout l'élan passionné d'un adolescent amoureux de Dieu, qui désire passer sa vie à accomplir la volonté du Père et à en faire constamment sa nourriture[31]. Mais un événement capital va changer brutalement son orientation. C'est le choc silencieux de deux paroles très puissantes qui se heurtent et se pénètrent d'une manière fascinante pour le regard qui contemple la scène. Jésus sait que son Père l'appelle à accomplir sa volonté, c'est pourquoi il demeure dans le Temple afin de travailler avec lui. Mais sa mère Marie, remplie de l'Esprit Saint, lui dit : *Ton père et moi, nous te cherchons*[32]. Jésus répond aussitôt : *Ne saviez-vous pas que je dois être dans la maison de mon Père*[33] *?*

Pour ses parents qui l'écoutent, ces mots ne sont pas compréhensibles. Mais pour Jésus, la parole de sa mère résonne en lui et l'enflamme : *Ton père… mon Père.* Après l'annonce de l'archange Gabriel, l'Incarnation s'est

---

27. Cf. Mt 13, 55 ; Lc 4, 22 ; Jn 1, 45 ; 6, 42.

28. S. Irénée de Lyon, *Contre les Hérésies,* III 20, 2, Ed. du Cerf 1985 (2e édition), p. 373 : « … lui, le Verbe de Dieu qui a habité dans l'homme et s'est fait Fils de l'homme pour accoutumer l'homme à saisir Dieu et accoutumer Dieu à habiter dans l'homme, selon le bon plaisir du Père. »

29. Liturgie qui concerne tous les garçons juifs pour célébrer leur accès à la maturité religieuse (à treize ans). Notons qu'à partir de là le jeune garçon devient responsable de ses propres actes, ainsi que le signifie une prière prononcée par son père qui rend grâce de ne plus être responsable de lui.

30. Lc 2, 41-47.

31. Jn 4, 34.

32. Lc 2, 48.

33. Lc 2, 49.

accomplie avec puissance dans le sein de la Vierge, grâce à l'œuvre de l'Esprit et grâce au don du Verbe entre les mains du Père. Mais Jésus n'avait pas encore pu exprimer son *fiat* au Père dans son humanité. Douze ans plus tard, c'est en entendant sa mère dans le Temple lui désigner Joseph comme visage du Père qu'il accomplit volontairement et amoureusement dans son humanité le mystère de l'Incarnation (et c'est précisément lorsqu'il entre dans sa maturité religieuse). Il reçoit précieusement cette brûlante lumière qui va radicalement changer sa vie. Sur la montagne de Sion, alors qu'il se donnait totalement aux affaires de son Père, il comprend soudainement grâce à sa mère ce que le Seigneur lui demande : « Cherche-moi et aime-moi dans *ton père* Joseph et ta mère Marie. Laisse-moi te guider par eux. »

La réaction de Jésus est immédiate. Après être monté à Jérusalem, non seulement il redescend, mais il rejoint Nazareth dont il est connu qu'il ne peut guère sortir grand-chose de bon[34]. Et pour achever cet enfouissement, l'Ecriture prend soin de spécifier un troisième point important : il est soumis à ses parents[35]. Descendre, chez Joseph à Nazareth, dans l'obéissance filiale la plus radicale, produit un fruit impressionnant. Car l'Evangile nous dit aussitôt que Jésus avance *en sagesse, en taille et en grâce devant Dieu et devant les hommes*[36]. Jésus va croître à l'ombre de son père adoptif[37], dans le silence. Dix-huit années pendant lesquelles la passion de son âme pour son Père va grandir en se posant d'une manière encore plus profonde sur ses parents (*ton père et moi*) et en particulier sur Joseph. Il faudra tout ce temps pour que Jésus apprenne de saint Joseph l'art d'être aux affaires de son Père, l'art de tout quitter et de se donner jusqu'au bout, l'art de mourir d'amour pour l'Eglise.

Il nous faut donc beaucoup de temps pour entrer et grandir dans la sainte Famille. Jésus, tout Fils de Dieu qu'il est, a employé trente ans pour en recueillir tous les fruits. Il n'y a rien de plus simple, mais notre pauvre nature humaine blessée dès l'enfance et abîmée par le péché a quelques difficultés à s'y accoutumer. Nous nous heurtons à de nombreuses résistances intérieures, nous traversons des angoisses, des lassitudes, parfois un poids inexplicable et quelques souffrances amères.

Si nous cherchons le visage de saint Joseph, nous nous heurterons aussi au silence du père et à ce mystère du voilement. Découvrir saint Joseph

34. Jn 1, 46.
35. Lc 2, 51.
36. Lc 2, 52.
37. Joseph en hébreu signifie « l'augmentant ».

exige constance et persévérance, mais alors quel trésor ! Sachons entrer dans cette patience. Jésus a mis trente ans pour connaître son père et nous aimerions le faire en quelques semaines ! Non, c'est toute une vie qui nous sera nécessaire. Mais il importe surtout d'entrer dans le mouvement du Cœur de Jésus : là nous trouverons le Salut.

Le dialogue d'amour

Une meilleure connaissance de Jésus nous permet d'entrer dans cette circulation d'amour. Laissons monter de notre cœur un chant d'amour afin que Jésus puisse murmurer en nous ces doux noms : Maman ! Abba ! Nous pouvons aussi utiliser un petit moyen très simple mais vraiment efficace : nous rendre auprès de l'un des membres de la sainte Famille et lui parler des deux autres. Restons ainsi auprès de Marie pour lui dire tout ce qui nous émerveille chez saint Joseph. « Vierge Marie, j'aime ton époux. J'aime surtout sa douceur, son obéissance, sa force, son humilité... » Après avoir nommé les qualités que nous apprécions en lui, demandons à Marie de nous parler de saint Joseph, de nous révéler ce qu'elle aime en lui ; puis faisons silence pour l'écouter. Ensuite rendons-nous auprès de l'Enfant-Jésus et demandons-lui de nous enseigner sur ses parents. « Jésus, qu'est-ce que tu aimes le plus chez ta maman ? Seigneur, parle-moi de ton papa. »

Auprès de saint Joseph, nous goûterons à une présence forte dans le silence : « Mon père, parle-moi de la Vierge, ton épouse. Qu'est-ce qui t'a le plus bouleversé en Jésus pendant les trente années que tu as vécues avec lui ? » Ecoutons-le et il se passera dans notre cœur des choses extraordinaires de la manière la plus ordinaire. Nous avons là un moyen très sûr pour grandir rapidement dans l'intimité de la sainte Famille. Nous n'entendrons pas de voix, mais nous serons introduits dans une circulation d'amour et dans un bonheur auquel nous n'avons jamais goûté. Ce bonheur s'expérimente déjà en priant devant le Saint-Sacrement exposé entre les icônes (ou les statues) de Marie et Joseph. Entrons dans ce dialogue d'amour pour chercher le visage de notre Père Eternel. Ce n'est jamais statique : là se trouvent la guérison et la joie d'aimer.

Nous pouvons aussi venir dans la sainte Famille les bras chargés de tous nos soucis familiaux, nos problèmes de couple, nos inquiétudes à propos de nos enfants, nos difficultés rencontrées dans la paroisse, le groupe de prière, notre intercession pour les malades, pour l'Eglise et le monde... Déposons tout cela dans la sainte Famille, parlons-en puis faisons taire notre cœur pour écouter dans le silence.

Un regard d'amour

Plus profonde encore que la parole, une autre manière d'entrer en relation passe par le regard. Deux personnes qui s'aiment se disent tant de choses dans un simple regard ! Contemplons Jésus et demandons-lui : « Seigneur, aide-moi à entrer dans ton regard pour que je voie ta mère Marie comme toi tu la regardes. » Pénétrons dans ce regard du Seigneur en y mettant tout l'élan de notre cœur. Contemplons Jésus enfant posant son regard sur Marie... puis sur saint Joseph, son père... Contemplons Joseph regardant Marie son épouse... ou encore Marie regardant Joseph..., Joseph regardant son fils Jésus... Plus nous contemplerons ces regards de la sainte Famille et plus nous en serons nourris. Joseph, en regardant Jésus, murmure dans son cœur : « Jésus, mon fils, ma joie. » Et dans le Cœur du Seigneur, il y a ce cri : « Abba, mon père ! » Contemplons-les quand ils s'aiment ainsi dans le silence et supplions-les de nous associer à leur amour. Alors saint Joseph posera son regard sur nous en disant : « Mon fils, ma fille. » Et ce sera à notre tour de répondre : « Mon père. »

Souvenons-nous du regard de Jésus tel que le décrit saint Marc : *Jésus fixa sur lui son regard et l'aima*[38]. C'est ainsi qu'on se regarde dans la sainte Famille. Et nous avons tellement soif d'un regard pur et innocent qui nous aime en nous disant : Tu es *mon fils bien-aimé*, ma fille préférée, *qui a toute ma faveur*[39]. Un tel amour est présent dans le cœur de la Vierge Marie quand elle nous regarde puisque ce même amour est vivant dans le Cœur du Père. Jésus demeure à Nazareth dans le mouvement trinitaire qui se manifestera aux hommes le jour de son baptême sur les bords du Jourdain ou lors de la transfiguration, au sommet du Thabor, en présence des apôtres Pierre, Jacques et Jean.

Vivons dans la sainte Famille, en cette théophanie permanente mais sans grands éclats. C'est une expérience profonde, infiniment délicate, souverainement discrète. A la limite, il ne se passe rien de spectaculaire et pourtant nous sommes là dans les sommets de la vie spirituelle. Dans la sainte Famille, il nous est donné d'expérimenter un extraordinaire parfaitement ordinaire. Il n'y a pas de visions, pas d'extases, pas de miracles. C'est la vie quotidienne faite de choses toutes simples mais vécues d'une manière peu ordinaire. C'est dérangeant, voire mortifiant, pour notre attirance bien humaine vers le sensationnel : il nous semble que rien ne se

38. Mc 10, 21.
39. Mc 1, 11.

passe. Pourtant nous sommes emportés presqu'imperceptiblement par une lame de fond d'une ampleur insoupçonnée qui nous emmène jusque dans les bras du Père.

Voilà l'essentiel de notre vie. Voilà ce qui donne à nos journées joie et bonheur. Voilà pourquoi nous sommes venus au monde, voilà pourquoi nous traversons des épreuves qui nous poussent à lâcher bien des avoirs, des pouvoirs, des paraître plus surfaits les uns que les autres, toutes ces attaches stériles à un monde de ténèbres : parce que nous sommes appelés à communier à l'univers radicalement nouveau de la vivifiante Trinité. On n'y entre jamais par la force : car le Royaume n'appartient qu'aux enfants, – et s'il est dit que les violents s'en emparent[40], c'est de la violence de cette confiance filiale. Si nous ne gardons pas les dispositions intérieures d'un enfant, nous souffrirons beaucoup et nous n'avancerons pas. Il ne s'agit pas de maîtriser, mais de faire confiance pour s'abandonner doucement à l'œuvre du Père. En vivant dans la sainte Famille, on ressent souvent une certaine lassitude, une pénible incapacité. On est sans force, on a même l'impression de perdre ses forces. Il suffit de se laisser faire comme un tout-petit car entre « maman » et « papa », dans les bras du Père, il n'y a plus rien à craindre[41].

Communier en Marie chez Joseph

Et si nous recevions la communion dans la sainte Famille ? Nous n'y pensons généralement pas, malheureusement, et c'est uniquement vers Jésus que nous nous tournons. Pourtant la pauvre étable de notre cœur est bien laide : elle est sale et tout en désordre. Jésus est prêt, tant il est bon, à venir dans cette misérable demeure et à coucher dans la paille de notre âme, dans la mangeoire de nos blessures. Mais ne serait-il pas davantage chez lui s'il était accueilli en Marie par Joseph ? Il se retrouverait ainsi dans la crèche de Bethléem. Notre demeure intérieure peut devenir la « maison du pain[42] » si nous communions entre Marie et Joseph. Pour cela, il suffit

---

40. Mt 11, 12.

41. Thérèse de l'Enfant-Jésus l'a bien compris qui nous encourage : « Plus on est faible, sans désirs, sans vertus, plus on est propre aux opérations de cet amour consumant et transformant. Mais il faut consentir à rester toujours pauvre et sans force et voilà le difficile, car le véritable pauvre d'esprit, où le trouver, dit *l'Imitation*. Il faut le chercher bien loin. »

42. Traduction littérale de l'hébreu *bet-le<u>h</u>em* בית לצם.

de se tourner simplement dans un élan du cœur vers la Vierge Marie en l'appelant : « Marie maman ! » puis vers saint Joseph en l'appelant : « Abba, mon père. » Quoi de plus facile ? Seul compte l'élan de votre cœur, car il signifie : « Nous allons accueillir ensemble l'Enfant-Jésus. » Ce n'est plus dans une pauvre étable pleine de misères et de distractions que le Seigneur viendra, mais en Marie et chez son père. Là il sera heureux, comme l'enseigne la petite Thérèse. Car, si nous vivons en Marie lors de la communion, lorsque Jésus descend dans notre cœur, il croit demeurer en Marie[43]. Cette intuition thérésienne est très puissante. Elle est le fruit de son intimité constante avec la sainte Famille. Tout y est si simple et si grand parce que tout y est pleinement divino-humain.

LES ICÔNES, LE SHABBAT, LA LITURGIE

Vivre dans la sainte Famille et goûter à la circulation d'amour trinitaire sont deux activités spirituelles bien réelles qui peuvent être expérimentées au quotidien. Nous présentons ici quelques exemples liturgiques qui peuvent nous aider à l'incarner dans notre vie.

1. La vénération des icônes

On entre dans la sainte Famille en accueillant la vie de l'Eglise. Celle-ci nous offre constamment un support sensoriel car nous avons besoin de voir, de toucher, d'entendre, de goûter, de sentir. La liturgie joue normalement ce rôle, à condition de ne pas en édulcorer les signes tellement porteurs de sens. On y respire l'odeur de l'encens, on y écoute la Parole de Dieu, on contemple le Seigneur dans le Saint-Sacrement, on le voit sur les icônes, on goûte à sa bonté et on le touche dans l'Eucharistie.

La Vierge de tendresse

La prière devant une icône est un puissant moyen de guérison. Ainsi vous pouvez prier en contemplant la Vierge de Vladimir portant l'Enfant

43. S. Thérèse de l'Enfant-Jésus, PN 54, 5, 7-8, NEC, Cerf/DDB 1992, p. 243.

dans ses bras, ou devant la Consolata de Turin. Demandez alors à Marie qu'elle vous permette de reposer dans ses bras. Mettez en pensée votre tête dans ses mains et abandonnez-vous à sa tendresse. Soyez comme un tout-petit qui désire goûter la consolation maternelle et s'abandonner à l'amour de Dieu. C'est ainsi que saint François de Sales conseillait de faire oraison[44]. Intériorisez bien la présence de Marie et demeurez tout près d'elle, comme son enfant bien-aimé... Que se passe-t-il alors dans votre cœur ?

– Pour l'un, c'est l'indifférence, il ne ressent rien. Une telle disposition intérieure lui paraît même étrange, voire infantile. Or la perte de sensibilité traduit une difficulté affective, une gêne ou une impossibilité à se laisser aimer et consoler par sa propre mère. Elle manifeste l'existence d'une gangue de protection autour du cœur, qui a été mise en place pour éviter de ressentir la souffrance et l'angoisse. A cause de cela, on répond habituellement : « Je ne suis pas concerné ! Cela ne me fait rien ! Je m'en f... ! » Mais profondément, il n'en est rien.

Pour guérir et sortir de ce système de défense, qui nous a protégés de la souffrance, mais nous a aussi coupés de la consolation, il suffit de persévérer dans le temps, de ne pas se crisper, en revenant sans se lasser auprès de Marie, comme Jésus l'a fait... pendant trente ans de vie cachée !

– Tel autre ressent aussitôt une consolation, une tendresse, une douceur, parce que Marie est tendre et douce, mais aussi peut-être une culpabilité, une angoisse. Voici deux témoignages à cet égard :

> « Pendant plusieurs années, Marie était pour moi une mère très tendre, volontiers consolante. J'entrais facilement en relation avec elle, et par elle avec le Seigneur. Mais au long des années, mon affection pour la Vierge changea sensiblement, ce qui me dérouta complètement. Chaque fois que je me tournais vers elle, j'étais mal à l'aise et je ressentais de sourdes angoisses, des impressions d'étouffement et même, une tension douloureuse dans les muscles du cou. Quand je la priais, j'étais intérieurement contracté et craintif. Grâce aux conseils de mon accompagnateur, je compris pourquoi je rencontrais une telle résistance : j'acceptais de me

44. Il conseillait de prendre Jésus enfant dans ses bras : « Il n'y a qu'une seule chose nécessaire pour bien faire oraison, qui est d'avoir Notre Seigneur (enfant) entre nos bras, comme saint Siméon ; (...) et cela étant, notre oraison sera toujours bien faite, en quelque façon que nous la fassions : mais sans cette condition jamais elle ne pourra être reçue de Dieu. » S. FRANÇOIS DE SALES, *Sermon pour la purification,* Œuvres complètes T. II, Abanel et Martin Libraires-Editeurs 1839, p. 57.

laisser guérir par le Seigneur. L'Esprit Saint me faisait descendre en Marie et purifiait une blessure d'enfance, là où ma maman m'avait gardé pour elle ; son affection m'avait étouffé. »

« Un jour, en priant, j'ai demandé à Marie : "Montre-moi le Père, comme tu l'as fait pour Jésus." Je ressentais auprès d'elle une grande soif de Dieu. Puis progressivement, est apparue une culpabilité envers elle, comme si elle me reprochait de l'abandonner et de ne pas prendre soin d'elle. J'avais l'impression que Marie m'en voulait. Une rencontre avec un prêtre m'a totalement libéré ; il m'a dit : "Non ! Marie ne désire que cela pour toi et elle t'y invite au contraire. Oui, va sans crainte vers ton Père." J'ai un peu mieux compris de quelle manière nous projetons l'expérience psycho-affective du passé dans notre vie spirituelle. Toute mon enfance, j'avais craint de décevoir ma mère, de santé fragile, et je n'osais pas aller vers mon père, croyant qu'elle avait besoin de moi. »

Nous voyons là combien il importe de coller au réel des émotions que l'on ressent intérieurement, sans les édulcorer et sans se mentir à soi-même, afin de les reconnaître simplement et de les confesser. C'est la science de saint Joseph : il nous apprend à demeurer dans la vérité de ce que nous vivons.

Jésus enfant

La Vierge Marie tient dans ses bras son petit garçon. Quelle relation avez-vous avec lui ? La dévotion à l'enfance de Jésus était encore très répandue au siècle dernier, comme on peut le constater à travers la vie de sainte Thérèse. Actuellement, elle est pratiquement tombée en désuétude. Pourquoi cela ? N'est-ce pas parce que nous portons en nous un enfant très blessé, infiniment plus que dans les générations précédentes, en raison de l'éclatement de la famille et de la perte de nombreuses traditions sociales et religieuses ? Pourtant, prier avec l'enfance de Jésus est extrêmement guérissant, à condition de ne jamais se faire violence d'une manière trop volontariste mais de persévérer avec constance, dans la douceur.

Cherchez l'intimité de l'Enfant-Jésus dans la prière. Mais si le fait de le prendre dans vos bras vous éprouve et vous tend intérieurement, cessez l'exercice et rendez-vous auprès de Marie sa mère ou auprès de saint Joseph son père, et demandez-leur de l'aide. Puis revenez avec eux à l'Enfant : ils vous indiqueront comment vous y prendre pour le découvrir et l'aimer. Si la démarche est douloureuse pour certains, pour d'autres, elle reste facile :

ils ne rencontrent aucune difficulté parce qu'ils sont en paix avec leur petit enfant intérieur[45].

L'enfance et la Croix

Lors d'un office de Vêpres à la Communauté des Béatitudes, office centré sur l'enfance et la Croix, le petit Enfant-Jésus était exposé sur un beau coussin, à côté de la Croix. Tous ceux qui le désiraient, s'avançaient jusqu'à l'autel pour lui exprimer leur affection en le prenant dans leurs bras, en le berçant, en le couvrant de baisers. Chacun avait une manière de faire très personnelle. Il y avait ceux qui le prenaient avec aisance et le serraient contre leur cœur avec beaucoup de tendresse. D'autres le saisissaient à deux mains mais le gardaient à distance comme s'ils ne savaient comment s'y prendre, tout en le regardant très affectueusement. D'autres encore n'osaient même pas le toucher.

Nous devinons derrière de tels comportements une expérience de l'enfance différente et parfois douloureuse. C'est pourquoi nous ne contraignons jamais à une démarche de ce genre. Nous invitons simplement la personne à ne pas tricher avec ses sentiments, à oser écouter et voir ce qui l'habite intérieurement. Car cette attitude traduit quelque chose de son cœur et de son enfant intérieur.

Pour entrer dans la liberté du Royaume, il est indispensable de se réconcilier avec son passé. C'est pourquoi le Seigneur rappelait à sœur Faustine qu'il lui apparaissait sous les traits de son enfance pour lui « apprendre l'enfance de l'âme[46] ». Les générations actuelles portent en elles un

45. Cette expression peut surprendre ! Pourtant elle est communément utilisée dans les sciences humaines, par exemple dans l'Analyse Transactionnelle, technique de thérapie individualisant trois états du moi : le Parent, l'Adulte et l'Enfant. Ici, nous utilisons l'expression « enfant intérieur » pour désigner l'expérience de l'enfance qui reste bien vivante et actuelle chez l'adulte aujourd'hui. Il ne s'agit donc pas de l'enfant historique mais de ce qu'il en reste dans l'ici et maintenant. Sa maturation spirituelle, en même temps que celle de l'adulte, mènera progressivement à l'enfance spirituelle.

46. S. FAUSTINE, *La Miséricorde de Dieu dans mon âme* (petit journal de sœur Faustine), Ed. J. Hovine 1985, §1480, p. 473 : « Pourquoi prends-tu l'apparence d'un tout-petit pour venir me voir ? » « Parce que je veux t'apprendre l'enfance de l'âme. Je veux que tu sois très petite, car lorsque tu es toute petite, je te porte sur mon Cœur, tout comme tu me tiens en ce moment sur le tien. » et §335, p. 151 : « Pourquoi te communiques-tu ainsi à moi sous l'apparence d'un petit enfant ? Jésus me répondit que tant que je n'aurais pas appris la simplicité et l'humilité, il serait en relation avec moi sous la forme d'un petit enfant. »

enfant intérieur tellement brisé et souffrant qu'il faut souvent associer la méditation des mystères de l'enfance avec ceux de la Croix. Sainte Thérèse en cela est un modèle, elle qui s'appelle précisément Thérèse « de l'Enfant-Jésus et de la Sainte-Face ». Marquée dès la vie intra-utérine par de profondes blessures d'abandon en raison de l'angoisse de sa mère qui craignait de ne pouvoir l'allaiter, placée en nourrice pendant presque treize mois parce que sa maman manquait effectivement de lait, elle souffrit la mort de sa mère à quatre ans, la séparation d'avec Pauline sa seconde mère à l'âge de neuf ans, d'avec Marie sa grande sœur à l'âge de treize ans. L'Enfance et la Croix ont été ses deux points d'appui, surtout à partir de son entrée au Carmel. Elle y a découvert un véritable chemin de sanctification.

La bénédiction des enfants

Vous pouvez utiliser un autre petit moyen très simple : demandez à l'Enfant-Jésus, quand il a trois ou quatre ans, de vous bénir. Présentez-lui tout ce que vous n'arrivez pas à être. Si vous avez du mal à l'incarner, demandez à un petit enfant de vous bénir. Ou mieux encore demandez à vos enfants de vous bénir après la prière du soir. Vous découvrirez la douceur de l'esprit d'enfance et la joie d'être fils du Père.

L'icône de saint Joseph

Prenez une icône de saint Joseph qui parle à votre cœur et priez longuement devant elle. Nous avons vu comment Jésus contemplait en son père adoptif le visage du Père. Blottissez-vous dans ses bras, ou posez votre tête contre son épaule. Contemplez-le, il est doux comme un agneau et puissant comme un roi d'Israël. Puis écoutez ce que vous ressentez, en présence du Seigneur. Ne trichez pas, surtout si remontent des émotions désagréables ou culpabilisantes[47] !

47. Attention de bien différencier les exercices spirituels proposés dans ce chapitre, de la prière. Dans l'exercice, on recherche une lumière pour mieux discerner, un apaisement dans la souffrance d'une blessure, voire la guérison d'une tendance ; il y a, associé au désir de la rencontre avec Dieu, une recherche personnelle qui enlève à ce travail la dimension de gratuité contenue dans la vraie prière. C'est pourquoi il est important de pratiquer ce genre d'exercices sous contrôle d'un accompagnateur ou d'un guide spirituel, et de le faire d'une manière **limitée dans le temps**, comme les Exercices Spirituels de saint Ignace : trente jours au maximum.

2. Le shabbat

Lors du shabbat, le père de famille bénit ses enfants. Il est toujours bouleversant de voir avec quel empressement les enfants s'avancent pour se faire bénir par leur père. Et nous, adultes ? Sommes-nous brûlants de désir pour dire avec Jésus : « Père, bénis-moi ». *Je suis venu jeter un feu sur la terre, et comme je voudrais que déjà il fût allumé*[48] *!* Chaque Dimanche, à la fin de l'Eucharistie, le prêtre bénit toute l'assemblée « au nom du Père, et du Fils, et du Saint-Esprit » sans que nous réalisions vraiment ce qui est en train de se passer. Voulons-nous vraiment devenir les fils, les filles bien-aimés du Père ? Si oui, venons avec zèle nous faire bénir par le Père afin d'entendre sa voix : Tu es mon fils, mon bien-aimé[49]... et de répondre *Abba ! Père*[50] *!* Nous expérimenterons alors une guérison : nous ne sentirons rien peut-être, voire nous n'aurons pas envie d'être bénis..., ou au contraire nous goûterons une paix, une joie, un bonheur nouveau... Dans tous les cas, une telle démarche porte nécessairement du fruit.

Il y a une grâce particulière à saisir lorsque le père de famille bénit ses enfants. Car c'est aussi le moment privilégié où Notre Père s'approche de chacun de nous pour nous manifester son amour, comme il aimait le faire au jardin d'Eden auprès d'Adam et Eve[51]. Si nous avons manqué d'une présence paternelle, nous ne ressentirons probablement pas un grand transport de joie et de consolation, mais plutôt une grande douceur dans une certaine douleur, une angoisse de l'absence dans une profonde paix de la Présence divine.

3. Les fêtes et les temps liturgiques

Une femme de cinquante ans disait en entretien : « Je viens seulement maintenant, à mon âge, de découvrir que la Vierge Marie avait été une petite fille ! » C'était chez elle, significatif d'une occultation involontaire de son enfance, pour se protéger de terribles souffrances du passé.

48. Lc 12, 49.
49. Lc 3, 22.
50. Mc 14, 36 ; Rm 8, 15 ; Ga 4, 6.
51. Gn 3, 8.

– Les fêtes liturgiques qui se rapportent à la conception d'un enfant (comme l'Annonciation et l'Immaculée Conception), à la naissance d'un petit garçon (Noël), d'une petite fille (Nativité de Marie), au rejet d'un enfant (Saints Innocents), à la présentation d'un enfant (Présentation de Jésus ou de Marie au Temple), nous rejoignent dans notre expérience humaine. Soyons attentifs, là encore, à la manière dont nous vivons ces fêtes ! Est-ce dans une grande joie ou au contraire en ressentant des émotions contradictoires, une certaine résistance intérieure ? Dans ce cas, c'est la traduction d'une expérience passée de notre enfance. Surtout n'en faisons pas la censure, avec l'idée que certaines émotions sont interdites. Ce serait se mentir à soi-même. Bien sûr il ne s'agit pas pour autant de cultiver une telle émotion, mais de vivre dans la vérité en apprenant à se connaître. Entrons ainsi dans la sainte Famille. Si nous avons manqué d'un père ou d'une mère, nous trouverons Marie, Joseph et l'Enfant. Là, sous le manteau de Marie, dans les bras de Joseph, sous l'action si forte et délicate de Jésus, nous découvrirons le bonheur de vivre, nous recevrons la guérison.

– L'Avent par exemple est un temps d'attente.

> « Eric me partageait combien l'attente de l'Avent lui était douloureuse. Au cours de l'anamnèse, il prit conscience de la cause initiale. Il était le deuxième garçon de la famille ; son frère l'avait précédé de onze mois seulement. Son père était souvent absent, retenu par le service militaire ; il ne revenait que le week-end. Sa maman, enceinte, restait donc toute seule durant la semaine, avec un petit bébé de deux mois. Elle mit probablement quelques mois à accueillir ce second bébé et l'attente, du fait même de l'absence de son mari, lui pesait. Elle était pour elle source d'inquiétude. Eric comprit pourquoi, devenu adulte, il revivait toute attente dans une certaine angoisse. En revanche, le jour de Noël était pour lui une véritable libération. »
>
> Autre exemple : « Marianne, religieuse, ne supportait pas la fête de la Nativité de Marie. Elle souffrait de troubles d'identité (homophilie). L'anamnèse[52] permit de retrouver l'événement déclenchant : sa maman attendait un petit garçon ! »

---

52. L'anamnèse est un moment important de la guérison intérieure d'une personne. Elle consiste à évoquer le passé (les bons et les mauvais souvenirs, la relation aux parents, aux frères et sœurs, le contexte de naissance et de l'enfance) et à le porter devant le regard du Christ compatissant et miséricordieux afin de relire cette histoire douloureuse d'une autre manière, dans la Sagesse de Dieu, et de lui donner sens.

4. L'ANAMNÈSE

Au cours de l'anamnèse, il peut être utile de préciser la manière d'entrer en relation avec Dieu.

– On demandera par exemple à la personne : « Qui priez-vous ? » La réponse la plus fréquente est invariablement : « Jésus » ou « Jésus et Marie ». Plus rarement le Père ou le Saint-Esprit. Des décalages, des blocages, apparaissent aussitôt. La circulation d'amour est coupée. Il n'y a plus qu'une relation élective, duelle, avec l'une ou l'autre des Personnes de la Sainte Trinité. Il faudra du temps pour que la circulation d'amour se rétablisse, comme on l'observe chez la bienheureuse Elisabeth de la Trinité ou sainte Thérèse de l'Enfant-Jésus.

La relation à Jésus dans son humanité est aussi très significative.

– « Quel est l'âge de Jésus quand vous le priez ? » (S'agit-il d'un homme de trente ans, pendant son ministère public ? Le voyez-vous au cours de sa Passion ou après la Résurrection ? Ou encore, s'agit-il d'un adolescent, d'un enfant, ou d'un bébé ?)

– « Qui est Jésus pour vous ? » (Est-ce un homme, un ami, un frère, un époux, Dieu ?) Chaque réponse est particulière et donne une orientation sur la vie intérieure de la personne.

Chapitre Septième

GUÉRIR AVEC LA PETITE THÉRÈSE

INTRODUCTION

1. Thérèse, un modèle de sanctification

Nous nous proposons maintenant d'aborder une relecture des premières années de la vie de Thérèse de l'Enfant-Jésus dans la continuité de ce que nous avons mis à jour comme chemin de guérison dans la sainte Famille. De fait, Thérèse illustre bien ce que nous avons montré et l'intention de notre relecture est avant tout d'identifier les blessures, de mettre en lumière le dynamisme de la grâce à l'œuvre dans la trame de son existence, et de souligner sa collaboration à cette œuvre divine. Nous en tirerons une ligne de conduite pour tous ceux qui veulent s'engager sur la voie de confiance et d'amour qu'elle nous a ouverte[1].

Il s'agit donc de saisir la pédagogie de Dieu dans la vie de sainte Thérèse de l'Enfant-Jésus afin d'y rechercher un modèle de sanctification pour notre vie. Thérèse est un signe des temps. Pie X la considérait comme la plus grande théologienne du XXe siècle et le peuple chrétien, avant même le 19 octobre 1997, attendait avec impatience qu'elle soit proclamée Docteur de l'Eglise.

Après un siècle de réflexion sur la vie et la pensée de Thérèse, nous n'avons pas encore épuisé tout le trésor de son enseignement. Il comporte des richesses inestimables pour la guérison intérieure et l'accompagnement spirituel. Nous voudrions les mettre davantage en lumière dans ce chapitre.

1. Le terme de « voie de confiance et d'amour », « voie d'amour et d'humilité » vient de Thérèse tandis que la formulation classique « voie d'enfance spirituelle » est une invention de mère Agnès. Cf. DE, NEC, p. 579.

Le chemin de Thérèse est simple, car elle va toujours à l'essentiel. Elle le dit elle-même : « Je n'aime que la simplicité, j'ai horreur de la feintise[2]. » Le père Bro écrira : « Thérèse a trouvé le raccourci évangélique le plus sûr et le plus simple qu'on ait jamais proposé. » Sa vie nous est donnée comme un livre ouvert, afin que nous apprenions à utiliser notre faiblesse elle-même comme moyen de sanctification[3].

2. Les étapes de la croissance de l'enfant

Rappelons d'abord que la croissance de l'enfant comporte deux périodes particulièrement importantes : bien les connaître nous permettra de mieux comprendre la vie de Thérèse.

De la conception jusqu'à l'âge de trois ans, avant l'éveil de la raison

Cette première période pose les fondements de la personnalité grâce à l'expérience de l'amour sensible prodigué par les parents (surtout la mère). Elle induira ultérieurement certains comportements relationnels inconscients, à cause des événements de « non-amour[4] » qui provoquent la blessure d'abandon. Cette blessure se définit comme un manque d'amour, dont le petit enfant souffrira forcément car il est marqué par les conséquences du péché originel, et éduqué par des parents eux-mêmes limités et pécheurs. Par là s'introduit en lui une douleur affective, puis le doute par rapport à l'amour parental avec, de surcroît, une évidente

2. DE, 7. 7. 4, NEC, Cerf/DDB 1992, p. 242.

3. P. Marie-Eugène de l'Enfant-Jésus : « Nous nous arrêtons bien souvent à de faux obstacles, à des obstacles qui sont des moyens. Nous nous arrêtons à notre faiblesse, à notre pauvreté, à notre misère, à notre manque d'intelligence, à notre manque de sainteté… telle que nous la concevons. Eh non ! Tout cela est moyen pour purifier notre foi. La misère qui nous enveloppe, les plaies que nous portons, la faiblesse dont nous sommes pétris, l'absence de vertu, le manque d'intelligence pénétrante, je dis que tout cela est moyen. La foi doit se dresser en quelque sorte sur toute cette pauvreté. Si cette pauvreté n'existait pas, il faudrait la créer pour pouvoir s'appuyer sur elle et pénétrer en Dieu. »

4. On appelle « événement de non-amour » toute circonstance au cours de laquelle l'enfant ne reçoit pas l'amour de plénitude qu'il attend. Il peut s'agir d'un malheur tel qu'une maladie, un accident, une séparation ; ou d'un mal tel qu'une impatience, une parole blessante ou un geste violent.

difficulté à se laisser aimer quand il souffre ou quand il a peur, ainsi qu'une culpabilité (ou honte de soi), source d'une profonde angoisse.

Après l'âge de trois ans, l'enfant est théoriquement sevré

Il se tourne alors vers son père et se sépare progressivement de sa mère afin d'accomplir le passage, indispensable mais bien délicat, de la mère vers le père. Il affronte aussi la loi et l'autorité ; et s'il fait l'expérience de la transgression, il peut découvrir le pardon de ses parents.

Cette deuxième période est caractérisée par l'éveil de la raison ; l'enfant pose des actes conscients et volontaires dans la relation. Il choisit donc d'entrer ou non dans la pédagogie divine de la filialité. Son espace de liberté est réel, et cependant limité par l'émergence du doute, de la culpabilité et de l'angoisse dans ses blessures initiales.

LES PREMIÈRES ANNÉES

1. Dans le sein maternel : première blessure d'abandon

Comme nous l'avons brièvement évoqué déjà, on trouve à l'origine de la vie de Thérèse des événements particulièrement agressants sur lesquels il importe d'insister : l'angoisse de sa mère, la mort de ses frères et sœurs, la maladie physique puis la souffrance de la séparation vont, dès le sein maternel et les premiers jours de vie, la marquer de leur empreinte, en même temps que s'imprimeront en elle tout l'amour et la tendre sollicitude dont elle est entourée.

Souffrance familiale et morbidité

Quatre enfants meurent en bas-âge avant sa naissance le 2 janvier 1873 ; un petit Joseph en mars 1867, à l'âge de six mois ; un petit Jean-Baptiste en août 1868, à l'âge de huit mois ; une petite Thérèse[5] trois ans plus tard en août 1870, à l'âge de deux mois. Ces trois enfants, sous-alimentés car Zélie

5. C'est dire que Thérèse porte le prénom d'une petite sœur décédée juste avant...

n'a pas assez de lait pour les nourrir correctement, sont emportés par une gastroentérite.

La famille Martin est surtout éprouvée par le deuil d'une petite Hélène âgée de cinq ans et demi, le 22 février 1870. En moins de cinq années, quatre enfants partent donc pour le ciel, avant que naisse notre petite Thérèse[6]. Tous ces événements douloureux créent un contexte familial de souffrance et de morbidité[7]. Zélie écrit : « J'ai bien regretté mes deux petits garçons et j'ai plus de chagrin encore de la perte de ma petite Hélène[8]. »

Contexte maternel d'inquiétude et d'épuisement

C'est pourquoi Zélie est très angoissée pendant la grossesse de Thérèse, inquiète à l'idée de ne pas avoir assez de lait pour l'élever, comme elle le craignait déjà tandis qu'elle attendait Céline. Elle écrit à sa belle-sœur : « Comment l'élèverai-je ? J'en ai des cauchemars toutes les nuits. Enfin, il faut espérer que je m'en tirerai mieux que je ne le crois et que je n'aurai pas la douleur de le perdre[9]. » Mais début janvier 1873, Zélie n'a toujours pas trouvé de nourrice.

A l'angoisse permanente se rajoute une surcharge de travail. Elle écrit à propos de la « dentelle d'Alençon » : « C'est l'esclavage le plus complet. Ce n'est pas le désir d'amasser une plus grande fortune, mais je crois que ce serait folie à moi de laisser cette entreprise, ayant cinq enfants à établir[10]. » Zélie travaille trop et ne dort pas assez. Elle est à ce point épuisée qu'à partir de son quatrième enfant, elle n'a plus assez de lait[11] pour les nourrir.

Enfin la maman de Thérèse, âgée de quarante-et-un ans, est probablement rongée par la maladie. Huit ans auparavant[12], elle avait été soignée

6. Le 2 janvier 1873 à 23h30 sous le nom de Marie-Françoise-Thérèse Martin, 36 (42) rue saint Blaise, à Alençon.

7. Sept deuils en moins de douze ans, car il faut y ajouter, de 1859 à 1868, le décès des parents et du beau-père de Mme Martin : Louise-Jeanne Guérin (+9/09/1859), Pierre Martin (+26/06/1865), et Isidore Guérin (+2/09/1868).

8. *Correspondance familiale* 54, Mme Martin à Mme Guérin, 27/03/1870, p. 92.

9. CG. T. II, Mme Martin à Mme Guérin, 29/09/1872, NEC, Cerf/DDB 1992, p. 1102.

10. 6/02/1876, *Vie thérésienne* 42, p. 107.

11. CG, NEC, Cerf/DDB 1992, p. 1105.

12. Le mal, de nature cancéreuse, que Mme Martin avait ressenti pour la première fois en 1865 (*Correspondance familiale* 13, Mme Martin à Mr Guérin, 23/4/1865) se déclara

pour un kyste au sein. Le diagnostic de cancer ne sera posé officiellement que le 17 décembre 1876 : il ne lui restera alors que huit mois à vivre. Trois ans avant la naissance de Thérèse, Zélie était si épuisée que Louis Martin avait vendu son magasin d'horloger-bijoutier à Adolphe Leriche, son neveu, pour prendre en main les dessins et les ventes du Bureau de points d'Alençon.

Tous ces faits confirment que Thérèse est attendue dans un contexte difficile. Elle le perçoit certainement dès le sein maternel, car comme tout enfant, elle possède une conscience d'amour qui lui permet de reconnaître sans se tromper si elle est aimée ou non, si elle est source de dérangement et d'angoisse chez sa maman, si elle est vraiment accueillie par les siens. Tout enfant aspire à une plénitude d'amour parce qu'il est créé à l'image de Dieu. Mais il se heurte d'emblée, dès le sein maternel, aux limites du contexte familial et au vécu intérieur de sa mère. Incapable encore de l'analyser puisqu'il ne possède pas encore de conscience de raison, il ressent cependant tout ce que vit sa maman et le garde dans les profondeurs de son affectivité sous la forme de cicatrices douloureuses qui ressortiront ultérieurement dans la relation.

Ce vécu in-utero qu'elle n'est pas alors capable de gérer elle-même, représente la **première blessure d'abandon** de Thérèse, source d'une grande douleur affective, d'une souffrance de séparation, d'une peur et d'une angoisse d'abandon, ainsi que d'une honte de soi (ou sentiment de culpabilité). Nous trouvons là la racine des difficultés ultérieures de Thérèse, en particulier son extrême faiblesse. Mais elle s'en servira pour découvrir puis enseigner le chemin de la petite voie d'enfance spirituelle.

2. La blessure de séparation

Dès les premiers jours de vie, Zélie exprime son inquiétude : « La petite va bien, elle promet d'être très forte, mais cependant, je n'ose y compter, j'ai toujours peur de l'entérite[13]. »

---

ouvertement en octobre 1876 (*Correspondance familiale*, 20/10/1876). Cf. CG, édition 1973, p. 102, note g. ; cf. le récit détaillé du Dr R. Cadéot dans son livre *Zélie Martin,* V. A. L., 1990, pp. 173-194.

13. CG. T. II, Mme Martin à Mme Guérin, 16/01/1873, p. 1103.

La guérison de saint Joseph

Effectivement, quinze jours après sa naissance, Thérèse est malade et présente tous les symptômes qui ont précédé la mort de ses trois frères et sœurs[14]. « Je suis bien angoissée. Pour moi, je ne dors guère plus de deux heures, car je suis presque constamment autour de la petite qui, depuis quelque temps, est très agitée une partie des nuits. » « Cette pauvre petite souffre horriblement[15]. » C'est un **deuxième choc** qui s'exprime non pas tant dans son affectivité mais cette fois dans son corps, par une violente douleur abdominale.

Le Dr Gayral, professeur à la Faculté de Médecine de Toulouse, écrit : « Il est extrêmement important de noter que les premiers mois de la vie de Thérèse ont été marqués par des troubles digestifs graves qui ont mis sa vie en danger, parce que justement il n'est pas rare que ces accidents aient une répercussion tardive, non seulement sur le développement physique mais surtout, bien que ce soit moins apparent, sur le caractère. Les premières relations avec le monde se font sur le mode oral et lorsqu'elles sont perturbées et non satisfaisantes, il est fréquent que l'être entier en reçoive la marque. Ces enfants sont plus sensibles et par la suite supportent moins bien que les autres les frustrations affectives[16]. » Nous comprenons mieux alors un des traits majeurs du caractère de Thérèse : son affectivité toute vibrante de sensibilité[17].

Vers le 11 mars 1873, elle est bientôt à la mort : il faut bien saisir qu'elle est en train de mourir de faim parce que sa maman, éprouvée et épuisée, ne réussit plus à la nourrir correctement. Un petit bébé perçoit cela grâce à sa conscience d'amour : certes sa maman l'aime de tout son cœur, elle l'attend et la désire vraiment, comme elle l'écrit : « Moi j'aime les enfants à la folie, j'étais née pour en avoir[18] », justifiant ainsi la venue de ce neuvième enfant dans un contexte pourtant si difficile. Mais quel que soit son amour, elle ne parvient plus à lui donner la vie.

Un autre événement attire notre attention : Thérèse guérit par l'entremise de saint Joseph, icône humaine du visage du Père et patron de

14. CG. T. II, Mme Martin à Mme Guérin, 17/01/1873, p. 1104.
15. CG. T. II, Mme Martin à M. Guérin, 1/03/1873, p. 1104.
16. Dr GAYRAL, Carmel I, 1959, *Une Maladie nerveuse dans l'enfance de sainte Thérèse de Lisieux*, pp. 81-96, citation p. 89.
17. MsA, NEC, 8v°, 20, p. 50.
18. CG. T. II, Mme Martin à Mme Guérin, 15/12/1872, p. 1102.

la bonne mort. Il intervient grâce à la prière de Zélie. Pour la première fois, Thérèse venait de téter de tout son cœur le sein de sa nourrice, Rosalie Taillé. Soudain « elle a rejeté quelques gorgées et est tombée comme morte sur sa nourrice... La petite n'avait aucun souffle apparent. On avait beau se pencher pour essayer de découvrir un signe de vie, on ne voyait rien (...). Moi je suis vite montée dans ma chambre, je me suis agenouillée aux pieds de saint Joseph et je lui ai demandé en grâce que la petite guérisse, tout en me résignant à la volonté du Bon Dieu, s'il voulait la prendre avec lui. Je ne pleure pas souvent, mais mes larmes coulaient tandis que je faisais cette prière (...). Enfin, un quart d'heure se passe, ma petite Thérèse ouvre les yeux et se met à sourire. A partir de ce moment, elle fut complètement guérie, la bonne mine est revenue ainsi que la gaieté[19]. »

Le rôle de saint Joseph dépasse certainement ici celui de la simple guérison corporelle. C'est probablement à sa sollicitude que Thérèse doit d'être protégée du contexte de morbidité causé par le départ au ciel de ses quatre frères et sœurs[20]. Tout au long de son enfance, Louis Martin sera aussi pour Thérèse une magnifique figure de saint Joseph, veillant sur elle pour la protéger malgré les insuffisances maternelles successives.

En résumé, Thérèse n'a pas deux mois qu'une double blessure d'abandon apparaît avec évidence : c'est une carence affective maternelle qui va s'agrandir considérablement malgré une présence paternelle délicate et forte. Mais déjà, à côté de saint Joseph, la Vierge Marie veille : née le jeudi 2 janvier, Thérèse porte en premier le nom de Marie, comme toutes ses sœurs. Elle est baptisée à l'église Notre-Dame, le samedi suivant (jour traditionnellement consacrée à la Mère de Dieu dans l'Eglise) et sa sœur aînée (prénommée Marie) devient sa marraine.

Une telle attention mariale n'est aucunement un privilège de Thérèse. Au contraire, elle nous transmet là un exemple qui est beaucoup plus large : la Vierge Marie est discrètement présente dans la vie des petits enfants abandonnés, avant même qu'ils en aient conscience. En effet c'est elle qui a

19. *Correspondance familiale* 1863-1877, OCL 1958.

20. Contrairement à ce que nous pouvons observer dans la vie de Thérèse, les troubles de l'identité et le lien avec la mort se révèlent beaucoup plus profonds et destructeurs chez les personnes qui ont eu un ou plusieurs frères et sœurs décédés avant leur naissance ; notre expérience de l'accompagnement semble, depuis plus de vingt ans, confirmer ce fait. Cela est peut-être dû au fait que ces quatre enfants décédés n'étaient pas douloureusement enfouis dans un silence fait de non-sens et de non-dits, mais avaient leur place dans la vie de la famille Martin.

pour mission de suppléer à tous les manques maternels de notre enfance. Ainsi la sainte Famille se manifeste-t-elle dans la vie de Thérèse avant même que celle-ci fasse l'expérience structurante de l'amour. Devenue plus grande, Thérèse prendra volontairement sainte Marie pour mère et accueillera la paternité de saint Joseph, à travers celle de son père, parce qu'elle découvrira que la sainte Famille est le lieu privilégié de la guérison et de la sanctification.

A notre tour, ne craignons pas de prendre la Vierge Marie dans notre cœur afin qu'elle comble toutes nos carences affectives maternelles. Et accueillons saint Joseph comme protecteur et père adoptif, surtout quand la présence paternelle fait défaut dans nos familles (divisées et éclatées). Nous découvrirons alors qu'ils nous aimaient et veillaient sur nous avant même que nous nous en rendions compte.

La mise en nourrice

La mort dans l'âme, Zélie confie sa petite Thérèse à Rosalie Taillé pour qu'elle l'élève avec beaucoup de soins et d'affection à Semallé, à 8 km d'Alençon. Ainsi, du 16 mars 1873 au 2 avril 1874, soit pendant douze mois et demi, Thérèse va vivre éloignée de sa maman et de sa famille. Elle expérimente une nouvelle fois, de manière plus forte et prolongée, une blessure d'abandon : après l'inquiétude maternelle et l'expérience de la douleur physique qui l'avait conduite aux portes de la mort, c'est le **troisième choc affectif**, la souffrance d'une longue séparation.

On comprend mieux les difficultés que Thérèse rencontrera ultérieurement, en particulier sa maladie des scrupules, sa tendance au perfectionnisme, sa crainte de déplaire, et son étrange maladie psychique à l'âge de dix ans. Elles s'enracinent dans la blessure d'abandon de la première année de sa vie et dans le sentiment de culpabilité qui en découle. Elles sont l'expression d'un besoin d'être aimé, d'un douloureux manque d'amour maternel apparus dès la vie intra-utérine.

Thérèse revient dans sa famille le 2 avril 1874 et cela représente une nouvelle séparation, d'avec sa nourrice cette fois, à laquelle elle s'était fortement attachée. Ce sera la **quatrième blessure d'abandon** de Thérèse[21].

---

21. Nous savons par ce qu'a rapporté Zélie Martin que Thérèse hurlait en quittant les bras de sa nourrice pour retrouver sa maman (CG. T. II, Mme Martin à Pauline, 5/05/1873, p. 1108).

Tout cela nous permet d'affirmer que Thérèse est gravement blessée dans son affectivité et sa mémoire inconsciente. C'est un fait avéré, en psychologie, que la blessure est d'autant plus agressante que le lien affectif est fort. C'est pourquoi la blessure maternelle est toujours la première et la plus importante de toutes. Thérèse gardera toute sa vie une profonde blessure d'abandon maternel, véritable abîme affectif en raison de l'aspect répétitif de l'agression et du caractère prolongé de la blessure. Elle est meurtrie d'une manière très précoce dans son désir de vivre.

Thérèse dit vrai quand elle parle de sa petitesse et de sa faiblesse, mais trop souvent nous ne la croyons pas ! Elle est tout-à-fait sincère lorsqu'elle écrit : « Oh mon Jésus, je sens que si par impossible tu trouvais une âme plus faible, plus petite que la mienne, tu te plairais à la combler de faveurs plus grandes encore[22]... », mais nous ne la prenons pas au sérieux. Thérèse est réellement une « toute petite âme », sa faiblesse est réelle, et elle la découvrira progressivement. Elle porte en elle une fragilité psychique qui la rend toute proche de nous et qui, loin d'être un obstacle, deviendra au contraire son moyen privilégié de sanctification.

3. L'EXPÉRIENCE STRUCTURANTE DE L'AMOUR

L'amour maternel

A partir de l'âge de quinze mois, Thérèse va goûter à une vie douce et paisible jusqu'à la mort de sa maman. Elle entre dans ce qu'elle a appelé la première partie de sa vie, où elle commence à faire les choses consciemment. Cette période s'étend de l'éveil de sa raison jusqu'à l'âge de quatre ans et demi. Elle écrit : « Ah, comme elles sont passées rapidement les années ensoleillées de ma petite enfance mais quelle douce empreinte elles ont laissée à mon âme[23]. »

Après avoir traversé la douleur affective de la séparation, Thérèse va faire pendant un peu plus de trois années consécutives (d'avril 1874 à août 1877), l'expérience de l'amour ; un amour d'une qualité rare car sa famille est pleine de tendresse et très unie. « Toute ma vie le Bon Dieu s'est plu à m'entourer d'amour, mes premiers souvenirs sont empreints de sourires et

22. MsB, NEC, 5v°, 33-36, p. 315.
23. MsA, NEC, 11v°, 1-2, pp. 55-56.

des caresses les plus tendres !... J'aimais beaucoup papa et maman et leur témoignais ma tendresse de mille manières car j'étais très expansive[24]. » Toute petite, elle découvre déjà combien un véritable amour peut être guérissant en apaisant la douleur affective d'une blessure d'abandon.

Dans sa famille, Thérèse non seulement révèle la délicatesse de son cœur mais manifeste aussi un besoin lancinant d'être aimée : elle réclame beaucoup de présence et d'affection dès son retour à Alençon. « Ce n'est pas une petite charge, je vous assure, car elle est continuellement autour de moi, et il m'est difficile de travailler[25] », dira Zélie Martin. Voici un autre exemple magnifique qu'elle a rapporté à Pauline : « J'entends Thérèse qui m'appelle : "Maman !" Elle ne monterait pas l'escalier toute seule, à moins de m'appeler à chaque marche : "Maman, Maman !" Autant de marches, autant de "Maman !" Et si, par malheur, j'oublie de répondre une seule fois : "Oui, ma petite fille !" elle reste là sans avancer ni reculer[26]. » Ce texte ou cette anecdote est d'une importance considérable pour bien comprendre la grâce propre de Thérèse. A la place de « Maman », mettez « Abba » : vous avez la voie d'enfance. « Abba ! – Oui ma petite fille ! » : et il lui est donné de franchir chaque marche l'une après l'autre. Nous sommes déjà là, au sein de la voie de confiance et d'amour, vécue au niveau du cœur à travers ce que nous pourrions appeler la liturgie affective familiale. Il fallait une initiation pleinement humaine pour ouvrir un tel chemin spirituel : c'est une illustration frappante du réalisme de l'incarnation. Tant il est vrai que l'expérience parentale est le support sensible de la rencontre avec Dieu.

Mais en même temps, quelle inquiétude derrière son attente ! Thérèse expérimente la brisure entre l'angoisse de l'abandon d'une part, et d'autre part la confiance en la présence. Si sa maman s'était impatientée, quel drame ! Thérèse aurait été envahie par le doute et se serait probablement fermée devant une angoisse insupportable. Or le climat de tendresse et de confiance mutuelle est tel que la petite Thérèse, forte de l'expérience de l'amour prévenant de sa maman qui la console de son angoisse d'abandon, s'ouvre au maximum sans laisser peu ou prou le doute subsister en elle. Nous verrons plus tard comment elle réagira volontairement par la confiance, chaque fois qu'elle sera confrontée à cette souffrance de la séparation et à l'angoisse d'abandon qui la sous-tend. Devenue adulte,

24. MsA, NEC, 4v°, 8-9, et 13-14, p. 41.
25. *Correspondance familiale*, pp. 197-198.
26. CG. T. II, Mme Martin à Pauline, 21/11/1875, p. 1118.

Thérèse nous recommandera de recourir à ce cri d'appel, et conseillera de « rester petit enfant devant le Bon Dieu, de reconnaitre son néant, d'attendre tout du Bon Dieu, comme un petit enfant attend tout de son père[27] ».

On est frappé par l'attitude de Thérèse : la soif d'être aimée s'exprime en elle fortement et demeure l'un des secrets de la petite voie. Il fallait que Thérèse fasse dans sa chair l'expérience de l'extrême faiblesse due à l'abandon, pour vivre ensuite l'initiation à l'amour dans la confiance, afin de devenir capable de conscientiser son vécu, de le verbaliser et de l'enseigner à ses novices.

Nous relèverons, alors que Thérèse est âgée de quatre ans, un autre de ses comportements, très significatif : elle choisit d'accueillir tout ce qui lui est donné. « Un jour, Léonie (...) vint nous trouver (...) avec une corbeille remplie de robes (...). "Tenez mes petites sœurs, nous dit-elle, choisissez, je vous donne tout cela." (...) Après un moment de réflexion j'avançai la main à mon tour en disant : "Je choisis tout." (...) Ce petit trait de mon enfance est le résumé de toute ma vie – Thérèse a vingt-deux ans lorsqu'elle écrit cela –, plus tard (...) j'ai compris (...) que chaque âme était libre de répondre aux avances de Notre-Seigneur[28]. » C'est-à-dire que chacun peut se laisser aimer en ouvrant (ou non) sa porte au grand amoureux qu'est Dieu, lorsqu'il vient à frapper, non pas là où nous sommes bien portants, mais justement là où nous sommes blessés et malades, là où nous avons tant besoin du médecin.

Une des clés de la voie d'enfance consiste en fait à se laisser aimer, même et surtout dans nos blessures passées d'abandon, restant en disposition d'accueil malgré un profond ressenti d'esseulement, malgré la résurgence de nos angoisses ou d'un mal-être intérieur, malgré notre sentiment d'être rejeté ou mal-aimé, malgré la honte que nous avons de nous-mêmes ou notre sentiment d'incapacité. Nous aurions tort de sous-estimer le combat que Thérèse a livré pour parvenir à une telle découverte. Elle a cru à l'amour de sa maman, puis à la tendresse de Dieu pour elle, alors même qu'elle était tenaillée parfois par l'angoisse du doute et l'inquiétude de l'absence. Elle a goûté à la douceur de l'amour confiant, tout en ayant expérimenté dans sa chair une extrême incapacité, due à l'abandon initial, et c'est à ce prix qu'elle est devenue capable d'enseigner sa petite voie. Elle a choisi de faire confiance à l'amour jusqu'au paroxysme de l'épreuve[29]. C'est pourquoi elle peut écrire : « Aimer, c'est se livrer à toutes sortes d'angoisses. »

---

27. DE, CJ 6. 8. 8, NEC, p. 308.
28. MsA, NEC, 10r°, 10 à 10v°, pp. 52-53.
29. Thérèse citait volontiers cette parole de Job (dans la traduction qu'elle connaissait) : *Quand Dieu même me tuerait, je continuerai à croire en lui.*

L'expérience du pardon

A l'âge de trois ans, Thérèse découvre la puissance du pardon de ses parents pour redonner la paix à son âme. Cette composante est pour nous d'une grande importance. « Je ne pouvais supporter la pensée d'avoir affligé mes bien-aimés parents. Reconnaître mes torts, c'était l'affaire d'un instant[30]. » Sa mère raconte en effet : « Elle est là comme un criminel qui attend sa condamnation, mais elle a dans sa petite idée qu'on va lui pardonner plus facilement si elle s'accuse[31]. » Thérèse allie la confiance naturelle de l'enfant à la grâce surnaturelle qui la meut déjà, dans un milieu éducatif où l'aveu de la faute n'entraîne pas la punition mais plutôt l'expression de la miséricorde. Il ne s'agit pas d'atténuer la gravité du mal moral, au contraire, Thérèse montre bien qu'elle ne veut pas abuser de la miséricorde en relativisant la gravité du péché. Elle commence là à découvrir le repentir, distinct du fort sentiment de culpabilité qu'elle ressent toujours dans sa psychologie blessée.

Thérèse héritera en effet de la belle éducation Martin : le simple aveu rétablit la relation, sans pour autant que la vérité entraîne une punition. Trop souvent, parce que la faute avouée entraîne une correction, l'enfant tend à cacher la vérité pour être aimé : là se trouve la source du scrupule. Chez Thérèse, le scrupule n'aura pas son origine dans ce travers éducatif, mais plutôt, comme nous l'avons dit, dans la blessure de séparation initiale.

Déjà, et simplement par grâce puisqu'elle a à peine trois ans, Thérèse s'ouvre, comme fleur au soleil, au désir d'être aimée. Elle connaît la joie du pardon. Ne nous étonnons pas de l'entendre s'écrier plus tard, une fois devenue adulte : « Si j'avais commis tous les crimes possibles, j'aurais toujours la même confiance, je sens que toute cette multitude d'offenses serait comme une goutte d'eau jetée dans un brasier ardent[32]. » Tout ne s'explique pas par la petite enfance, certes, mais rien ne peut s'expliquer sans elle. Thérèse aimera toujours le langage des fleurs pour dire très simplement que la sainteté commence par un accueil du don de Dieu, un accueil du Saint-Esprit puisque Dieu seul est saint[33].

30. MsA, NEC, p. 44.
31. MsA, NEC, 5v°, 21, p. 44.
32. DE, CJ 11. 7. 6, NEC, p. 254.
33. Lv 19, 2.

Entre un contexte de mort et l'aspiration vers le Ciel

En décembre 1875, Zélie écrit : Thérèse « vient me caresser en me souhaitant la mort : "Oh ! que je voudrais bien que tu mourrais, ma pauvre petite mère !" On la gronde, elle dit : "C'est pourtant pour que tu ailles au Ciel, puisque tu dis qu'il faut mourir pour y aller." Elle souhaite de même la mort de son père, quand elle est dans ses excès d'amour[34]. »

Pour Thérèse, amour signifie aussi « mort », « Ciel » puisque quatre de ses frères et sœurs s'y trouvent déjà. Sans psychologiser à outrance pour autant, relevons qu'il n'est pas anodin d'entendre un petit enfant de bientôt trois ans dire à son papa et à sa maman : « Je souhaiterais que tu meures. » C'est significatif d'un contexte de mort, de séparation, d'abandon que nous avons évoqué précédemment, et en même temps Thérèse regarde déjà vers le ciel : la grâce est visiblement à l'œuvre. Nous avons là le témoignage d'un violent combat entre la nature blessée et la grâce. A la fin de sa vie, ce lien avec la mort sera purifié : « Je ne meurs pas, j'entre dans la vie[35]. » Sa mort deviendra une mort d'amour.

La relecture de la vie de Thérèse présente une difficulté majeure : garder un juste équilibre entre le réalisme de l'incarnation et la puissance de la grâce à l'œuvre dans le cœur d'une sainte. Plusieurs études antérieures sont tombées dans le piège du psychologique à tout prix, rabaissant alors la réalité mystique que Thérèse a vécue ; d'autres en revanche l'ont idéalisée pour n'envisager que sa vie spirituelle, lui enlevant la saveur toute humaine de la faiblesse dont Thérèse, pourtant, ne cesse de parler.

Il ne faut pas oublier que Thérèse demeure très tôt dans une tension volontaire et permanente vers Dieu. Elle a consciemment choisi, dès l'âge de trois ans, d'orienter sa volonté dans un « oui » à Dieu. Aussi tout ce qu'elle vit durant son enfance ne saurait se réduire à la seule dimension psychologique, mais s'inscrit nécessairement dans une dynamique de purification[36]. En ignorant cela, les psychologues et psychanalystes qui se penchent sur sa vie pour en éclairer certains aspects ne réussiront pas à la comprendre en profondeur. Inversement certains théologiens auront

---

34. CG. T. II, Mme Martin à Pauline, 5/12/1875, pp. 1118-1119.

35. LT 244, à l'abbé Bellière, 9/06/1897, 29, p. 1015.

36. On entend par purification soit le mal d'une épreuve (maladie, accident, handicap, conflit relationnel...) dont Dieu peut, dans sa divine Sagesse, tirer un bien si nous collaborons avec lui ; soit une purification passive (des sens ou de l'esprit) propre à la vie mystique, qui traduit l'incapacité de l'homme pécheur à accueillir Dieu parfaitement saint.

facilement le tort de rendre Thérèse inaccessible, voire inimitable. Certes elle fut préservée de graves écueils dans l'ordre du péché, mais elle n'en reste pas moins extrêmement blessée et marquée par les conséquences du péché originel.

4. Particularité et universalité de Thérèse

Un autre écueil nous guette également lorsqu'il s'agit d'étudier Thérèse. Nous sommes parfois gênés pour accueillir son enseignement parce que nous ne faisons pas la part de ce qui chez elle, est exceptionnel, – qui ne concerne donc qu'elle –, et de ce qui s'adresse à tous, – que chacun peut donc s'approprier. Nous voudrions à présent distinguer l'un et l'autre. De fait, on relève dans la vie de Thérèse des manifestations inhabituelles qu'il importe de bien mettre à l'écart car elles n'appartiennent pas en propre à la petite voie.

Les particularités

Nous en signalerons quatre :

Une précocité exceptionnelle

La précocité de Thérèse et la préservation dont elle fut l'objet sont des grâces particulières de la Providence, qui l'ont aidée à accomplir sa mission, mais qui ne forment pas partie intégrante de son chemin de sanctification. Dans l'histoire de l'Eglise, rares sont les saints qui ont vécu une telle grâce[37] et en cela, Thérèse n'est pas pour nous un modèle. Elle raconte en effet : « Dès l'âge de trois ans, j'ai commencé à ne rien refuser de ce que le Bon Dieu me demandait[38]. » Un choix si précoce est tout-à-fait inhabituel. Il nous permet cependant de mieux saisir quel est un des points d'appui de la sanctification chez Thérèse, car là s'écrivent ses désirs de ne rien refuser au Bon Dieu et de lui faire plaisir en tout.

37. On peut citer toutefois S. Louis de Gonzague, S. Dominique Savio, S. Maria Goretti...

38. DE, NEC, p. 117.

L'héroïcité des vertus

Thérèse peut aussi nous décourager par sa fidélité dans la vertu, qui tend à nous faire considérer ce qu'elle dit de sa faiblesse comme de belles paroles d'humilité sans fondement. Déjà enfant, elle comptait ses sacrifices sur ce qu'on appelait des chapelets de dévotion, et totalisait des comptes impressionnants au terme de ses journées. Céline elle-même, première introduite dans les secrets de la voie d'enfance, accordait encore du prix à tous les sacrifices – petits et grands – offerts à Jésus par Thérèse, et elle désespérait d'elle-même dans son incapacité à s'ajuster à une telle offrande. Il lui a fallu du temps, comme il nous en faut à nous aussi, pour accepter d'entendre que tout cela n'était rien, et n'était surtout pas ce qui donnait confiance à Thérèse[39]. L'héroïcité des vertus n'est pas nécessaire à la voie d'enfance, on peut tomber constamment et avoir accès à la même sanctification que Thérèse, qui se reconnaissait préservée de bien des chutes par une grâce prévenante de la Miséricorde du Père[40]. Pour nous confirmer cela, Céline expliquera plus tard[41] que la fidélité de Thérèse dans la vertu devait être exemplaire pour que la petite voie soit intronisée dans l'Eglise, – l'héroïcité des vertus couronnant et scellant sa doctrine, pour ainsi dire, – mais que nous n'avons pas besoin d'être capables de la même chose pour la pratiquer. Et là encore, il nous appartient de prendre au sérieux ce que Thérèse n'a cessé de répéter et d'attester dans ses écrits.

---

39. LT 197 : « Ah ! Je sens bien que ce n'est pas cela du tout qui plaît au Bon Dieu dans ma petite âme, ce qui lui plaît c'est de me voir aimer ma petitesse et ma pauvreté, c'est l'espérance aveugle que j'ai en sa miséricorde… » et « Comprenez que pour aimer Jésus, être sa victime d'amour, plus on est faible, sans désirs, ni vertus, plus on est propre aux opérations de cet Amour consumant et transformant… Le seul désir d'être victime suffit, mais il faut consentir à rester pauvre et sans force et voilà le difficile car « *le véritable pauvre d'esprit, où le trouver ? Il faut le chercher bien loin* » a dit le psalmiste… Il ne dit pas qu'il faut le chercher parmi les grandes âmes, mais « *bien loin* », c'est-à-dire dans la bassesse, dans le néant… Ah ! Restons donc bien loin de tout ce qui brille, aimons notre petitesse, aimons à ne rien sentir, alors nous serons pauvres d'esprit et Jésus viendra nous chercher, si loin que nous soyons il nous transformera en flammes d'amour… Oh ! que je voudrais pouvoir vous faire comprendre ce que je sens !… C'est la confiance et rien que la confiance qui doit nous conduire à l'Amour… La crainte ne conduit-elle pas à la Justice ?… »

40. MsA, NEC, 38v°, p. 121.

41. Sœur GENEVIÈVE, PO, T. I, p. 288-289.

La vocation consacrée

L'éveil de sa raison est aussi le moment où Thérèse prend conscience de son appel. « Souvent j'entendais dire que bien sûr, Pauline serait religieuse, alors sans trop savoir ce que c'était, je pensais : "Moi aussi je serai religieuse. C'est là un de mes premiers souvenirs et depuis, jamais je n'ai changé de résolution !... "[42]. » L'attrait pour le Carmel et l'élaboration de la voie de confiance et d'amour ayant grandi de pair dans la vie de Thérèse, nous pourrions être tentés de croire qu'ils sont indissociables, et que seuls les religieux ou les prêtres (à la suite de ses « frères spirituels ») sont concernés par son enseignement. Mais il n'en est rien. Thérèse du reste écrira bien aussi à la famille Guérin des pages pétries de cette voie d'enfance. Si l'appel à la vie consacrée fait partie de la vocation de Thérèse, il n'appartient pourtant pas à la petite voie qui s'adresse à tous les états de vie.

Un esprit particulièrement éveillé

De même l'étonnante acuité de son intelligence permet à Thérèse de garder dans sa mémoire tous les événements de son enfance. Elle affirme elle-même que c'est une grâce de Dieu : « Le Bon Dieu m'a fait la grâce d'ouvrir mon intelligence de très bonne heure et de graver si profondément en ma mémoire les souvenirs de mon enfance qu'il me semble que les choses que je vais raconter se passaient hier[43]. » Pourquoi Dieu a-t-il voulu cette précocité peu commune ? Parce qu'il veut tout nous dire de l'homme par la Révélation et la Tradition de l'Eglise, par la vie des saints et la connaissance des sciences humaines, dans son désir de nous faire comprendre comment l'homme grandit et de quelle manière la grâce le façonne. C'est pour cette raison qu'il a voulu livrer la vie de Thérèse entre les mains des hommes, afin de nous faire entrer dans sa pédagogie en contemplant l'œuvre qu'il veut accomplir en chacun de nous, – et surtout chez les plus petits. Il y a comme une volonté divine de « dévoiler la petite Thérèse en puissance de divinisation », en mettant à notre disposition une somme impressionnante de documents[44] qui nous permettent maintenant d'étudier méthodiquement sa vie et de découvrir qu'elle est Docteur de l'Eglise non seulement par son enseignement, mais aussi et d'abord par toute son histoire personnelle.

---

42. MsA, NEC, 4v°, 10, p. 44.
43. MsA, NEC, 4v°, 1-4, p. 41.
44. Il aura fallu un travail acharné pendant plusieurs dizaines d'années pour que tous les écrits thérésiens soient publiés, surtout entre 1956 et 1992, date de la parution de

L'universalité de Thérèse

Ayant vu ce qui n'est pas à confondre avec la voie d'enfance, nous voudrions maintenant relever un élément qui en est proprement constitutif. Si l'intelligence et la mémoire de Thérèse s'éveillent, c'est bien parce que sa sensorialité et sa sensibilité restent grandes ouvertes : « Je sens encore les impressions profondes et poétiques qui naissaient dans mon âme à la vue des champs de blés, émaillés de bleuets et de fleurs champêtres... L'espace et les sapins gigantesques dont les branches touchaient la terre laissaient en mon cœur une impression semblable à celle que je ressens encore aujourd'hui à la vue de la nature[45]. » L'accueil de la vie est indispensable à la voie de la confiance. A ce niveau, Thérèse est privilégiée, comme beaucoup d'enfants vivant à la même époque. Aujourd'hui en revanche, il faut réapprendre aux jeunes à vivre, c'est-à-dire à sentir, à respirer, à voir, à entendre, à toucher, à savourer la vie avec plaisir.

Nous l'avons vu, être aimé passe par la sensorialité et la sensibilité. La première expérience sensible de l'amour est une des bases de l'expérience spirituelle et de la confiance en Dieu. Nous goûtons paisiblement à l'amour là où il n'y a pas de blessure, mais nous le recevons dans l'angoisse lorsqu'il y a eu une blessure d'abandon dès l'enfance. Comprenons qu'il est donc impossible de découvrir la voie d'enfance sans développer conjointement une disponibilité intérieure et une ouverture au milieu environnant, qui sont le propre de l'enfant.

l'édition complète du centenaire. Celle-ci comporte en édition critique tous les documents autobiographiques (Ms A, B, C), la correspondance aller-retour, cinquante-quatre poésies, huit pièces de théâtre et des prières ; les *Derniers Entretiens,* recueillis en particulier par mère Agnès pendant sa maladie. En dehors des quatre-vingts lettres envoyées au P. Pichon, pratiquement aucun document important n'a été perdu : en famille comme au Carmel, l'usage était de garder tous les papiers, les moindres souvenirs. Nous pouvons également consulter le texte intégral des procès de canonisation.

45. MsA, NEC, 11v°, 7-11, p. 56.

LA MORT DE SA MAMAN

Après les « premières blessures » et « l'expérience structurante de l'amour » qui constituent les « années ensoleillées de son enfance[46] », Thérèse entre dans la seconde partie de son existence, « la plus douloureuse des trois » périodes qu'elle distingue elle-même[47]. Précocément et profondément agressée par un abandon répété, Thérèse cicatrise lentement ses plaies. La blessure s'est apparemment refermée puisqu'elle vit dans un milieu familial protecteur et rempli d'un amour intense et chaleureux.

1. Le traumatisme

Pour que nous comprenions la pédagogie que le Père voulait dévoiler aux générations à venir à travers elle, il fallait que réapparaisse ce qui est sous-jacent afin qu'elle nous enseigne ce que nous pouvons en faire. Cela va se réaliser à travers le **cinquième événement de séparation et d'abandon**. C'est la mort de sa maman, qui, telle un coup de couteau, rouvre brutalement la plaie initiale incomplètement cicatrisée. Il faudra attendre les purifications maternelles successives, à partir de l'entrée de Thérèse chez les Bénédictines de l'Abbaye en octobre 1881, jusqu'à l'automne 1897, en passant par sa trajectoire de sanctification de Noël 1886, pour laver et transfigurer progressivement cette souffrance.

Nous sommes dans la nuit du 27 au 28 août 1877, vers 0h30, Zélie Martin meurt. Deux précieuses indications éclairent le vécu de la petite Thérèse : d'une part elle n'est pas immédiatement avertie, et d'autre part elle n'a pas beaucoup pleuré.

Thérèse n'est pas immédiatement avertie

Elle n'est pas présente lors du décès de sa maman, et on ne le lui annonce que le lendemain matin, à son réveil. Elle écrit à ce sujet des choses très importantes : « Papa me prit dans ses bras en me disant : "Viens embrasser une dernière fois ta pauvre petite mère"[48]. » Louis Martin

46. MsA, NEC, 11v°, 1-2, pp. 55-56.
47. Surtout de huit ans et demi à quatorze ans.
48. MsA, NEC, 12v°, 3-4, p. 58.

commet là une grave erreur pédagogique, bien compréhensible dans ce contexte : il ne demande pas à Thérèse si elle accepte de venir embrasser une dernière fois sa maman. Et qui plus est, à ce qu'il semble, il ne la prépare pas à cette première confrontation avec la mort, au contact d'un cadavre ! « Et moi, sans rien dire, j'approchai mes lèvres du front de ma mère chérie… » – un front tout froid puisque Zélie était décédée depuis au moins six heures ! Quel choc terrible pour une petite fille aussi sensible. Les émotions sont alors si violentes qu'elles « se bousculent au portillon » et n'arrivent plus à s'évacuer : Thérèse nous dit plus tard : « Je ne me souviens pas d'avoir beaucoup pleuré[49]. »

Thérèse n'a pas beaucoup pleuré

C'est le deuxième symptôme révélateur : car lorsqu'une petite fille de quatre ans aussi expansive que Thérèse perd sa maman, elle pleure toujours avec des larmes, de gros sanglots et des cris. Et comment pourrait-il en être autrement ? C'est d'une nécessité absolue pour pouvoir recommencer à vivre normalement. Le consentement à la perte d'un être cher passe obligatoirement par un deuil, par la libération d'une tristesse et d'une douleur, jusqu'à leur apaisement complet. Or Thérèse, qui se souvient de tout à cet âge, ne peut guère se tromper : si elle affirme ne pas avoir beaucoup pleuré, c'est qu'elle a peu pleuré. La détresse familiale est telle qu'elle opte pour ne peser sur personne. Elle ne se donne pas le droit d'exprimer ses émotions, et son caractère va s'en trouver changé[50]. Par son attitude, elle confirme le sentiment qu'elle a d'une mise à l'écart : elle la ressent de nouveau comme un abandon. « Je regardais et j'écoutais en silence… personne n'avait le temps de s'occuper de moi, aussi je voyais bien des choses qu'on aurait voulu me cacher[51]. »

2. La bascule vers le père

Pauline, sa nouvelle mère

Le jour de l'enterrement, à Alençon, voyant Céline choisir Marie pour mère, Thérèse s'élance vers Pauline : « Je me jetai dans vos bras en

49. MsA, NEC, 12v°, 5, p. 58.
50. MsA, NEC, 13r°, 11, p. 59.
51. MsA, NEC, 12v°, 7-9, p. 58.

m'écriant : "Eh bien ! moi, c'est Pauline qui sera ma maman !"[52] » Elle n'a alors que quatre ans et demi, c'est dire qu'elle vient juste d'entrer dans l'âge de la découverte du père.

La mort d'une maman est toujours un drame pour un enfant. Pour Thérèse, l'événement survient au moment où elle est théoriquement sevrée de la tendresse maternelle et résolument tournée vers son papa. Mais le décès de Zélie vient réveiller toutes ses blessures, là où, comme nous l'avons analysé précédemment, son être n'est justement pas sevré, puisqu'il n'a pu être comblé. Elle demandera donc à son père et à ses sœurs toute l'affection dont son cœur est assoiffé.

La petite reine et son roi chéri

Dans les *Manuscrits Autobiographiques*, Thérèse chante à partir de là sa vénération envers son papa, et ce pendant plus de quinze pages[53], alors qu'elle n'en avait presque pas parlé auparavant. Tous les jours, Thérèse montre ses notes à son papa qu'elle appelle « mon roi chéri », et qui lui l'appelle « ma reine ». Puis ils font ensemble une promenade au jardin de l'Etoile et s'arrêtent dans une église[54]. Sans psychologiser à l'excès, on remarque aisément la relation privilégiée, particulièrement forte, qui s'instaure entre la petite Thérèse et son père : la bascule vers Louis Martin est effective.

« Que pourrai-je dire des veillées d'hiver... ? (...) Ah ! qu'il m'était doux après la partie de damier de m'asseoir avec Céline sur les genoux de papa... De sa belle voix, il chantait des airs remplissant l'âme de pensées profondes... ou bien (...) il récitait des poésies empreintes des vérités éternelles... Ensuite nous montions pour faire la prière en commun et la petite reine était toute seule auprès de son Roi[55]. (...) Je n'avais qu'à le regarder pour savoir comment prient les saints[56]. »

Louis Martin joue un rôle incomparable dans l'élaboration de la petite voie et la construction de la personnalité de sa petite Thérèse. Thérèse ne s'y est d'ailleurs pas trompée : si ses blessures maternelles sont immenses, elle a eu un père digne d'être appelé « le saint Joseph du Carmel ». On

52. MsA, NEC, 13r°, 3, p. 59.
53. MsA, NEC, 14r° à 21v°, pp. 61 à 77.
54. MsA, NEC, 14r°, 3-9, pp. 61-62.
55. MsA, NEC, 18r°, 16-22, p. 70.
56. MsA, NEC, 18r°, 16-22, p. 70.

retrouve en effet une étonnante similitude entre saint Joseph et le vénérable Louis Martin. Ainsi l'univers affectif parental de Thérèse va être rempli en priorité par son papa, même si la véritable éducatrice, la mère de Thérèse à cette époque, c'est Pauline.

Première confession

A cet âge apparaissent quelques réactions agressives. Thérèse, qui a réussi à attraper avec une chaise un encrier que la bonne lui refusait, insulte Victoire en lui disant : « Vous êtes une mioche ! » Elle fait de violentes colères, jusqu'à donner des coups de pieds[57]...

Tous ces événements l'amènent, sur la suggestion de Pauline, à sa première expérience de la confession. On retrouve à ce sujet l'étonnante manière de réagir de Thérèse : pour elle la confession est un moment privilégié pour faire l'expérience qu'elle est aimée. « En sortant du confessionnal, j'étais si contente et si légère que jamais je n'avais senti autant de joie dans mon âme. Depuis je retournai me confesser à toutes les grandes fêtes et c'était une vraie fête pour moi à chaque fois que j'y allais[58]. » Voilà ce que devrait être pour nous aussi la confession : une rencontre lumineuse avec Dieu qui m'aime et qui me le manifeste dans la mesure même où je l'accueille.

LES PURIFICATIONS MATERNELLES

Entre l'âge de huit et dix ans, Thérèse va traverser quatre drames successifs : deux nouvelles séparations avec son entrée en demi-pensionnat chez les Bénédictines de l'Abbaye (le 3 octobre 1881) et le départ de Pauline pour le Carmel (le 2 octobre 1882), puis le refus de sa première communion par Mgr Hugonin (fin 1882) et enfin son « étrange maladie » (mai 1883). Il faut bien saisir que ces épreuves équivalent à des purifications spirituelles : car si nous refusons de les voir comme telles en voulant tout réduire à la seule psychologie, nous ne comprendrons plus à rien à Thérèse.

---

57. PO 151, PA 403 ; Cf. aussi MsA, NEC, 15v°-16r°, p. 65-66.
58. MsA, NEC, 16v°, 25-17r°, 2, p. 67.

1. Chez les bénédictines de l'abbaye

L'entrée de Thérèse le 3 octobre comme demi-pensionnaire à Notre-Dame du Pré, située à 1km 500 des Buissonnets représente la **première purification maternelle**. Thérèse est encore une fois éloignée de sa famille. « Les cinq années que j'y passai furent les plus tristes de ma vie, si je n'avais pas eu avec moi (...) Céline, je n'aurais pas pu y rester un seul mois sans tomber malade[59]. » Pourquoi ? Parce qu'elle ressent de nouveau la souffrance de la séparation et l'angoisse de l'abandon. Du reste Thérèse supporte mal la vie en collectivité en raison de son extrême sensibilité. A l'école, elle sera agressée par une élève plus âgée. « Avec ma nature timide et délicate, je ne savais pas me défendre et me contentais de pleurer sans rien dire, ne me plaignant pas même à Pauline[60]. »

2. Le départ de Pauline

Une **deuxième purification** va la séparer de sa deuxième maman. L'événement survient un an plus tard, le 2 octobre 1882, alors que Thérèse est agée de neuf ans et demi. Il s'agit d'une situation analogique qui rappelle par plusieurs aspects la mort de sa mère. « Quelle ne fut ma douleur d'entendre un jour Pauline parler avec Marie de son entrée prochaine au Carmel. » Or Pauline lui avait promis imprudemment de l'attendre ! Voilà que Thérèse, qui se souvient de tout et gardait donc précieusement dans son cœur la promesse de sa sœur, apprend par hasard (durant l'été 1882) le prochain départ de Pauline. De la même manière, elle avait été tenue à l'écart lors de la mort de sa maman, qu'elle n'avait apprise que tardivement parce que son père avait cru bon de la prévenir seulement le lendemain matin. L'événement analogique est extrêmement douloureux parce qu'il vient réveiller la douleur du passé : cette fois encore, Thérèse n'est pas prévenue, elle est oubliée, elle est abandonnée ! « Je ne savais pas ce qu'était le Carmel, mais je comprenais que Pauline allait me quitter (...), qu'elle ne m'attendrait pas et que j'allais perdre ma seconde mère !... Ah ! Comment pourrai-je dire l'angoisse de mon cœur[61] ?... »

59. MsA, NEC, 22r°, 16, p. 78.
60. MsA, NEC, 22r°, 7-9, p. 79.
61. MsA, NEC, 25v°, 14-17, pp. 85-86.

Thérèse revit l'angoisse de la mort de sa maman. Le choc se révèle tellement brutal que les angoisses de séparation vécues initialement, c'est-à-dire dans le sein maternel et durant la première année de vie, commencent à ressurgir. C'est le premier acte d'un drame terrible qui va durer un peu plus de quatre années. « En un instant je compris ce qu'était la vie, jusqu'alors je ne l'avais pas vue si triste, mais elle m'apparut dans toute sa réalité, je vis qu'elle n'était qu'une souffrance et une séparation continuelle. (…) Si j'avais appris tout doucement le départ de ma Pauline chérie, je n'aurais peut-être pas autant souffert mais l'ayant appris par surprise, ce fut comme si un glaive s'était enfoncé dans mon cœur. Mon âme était inondée de tristesse[62]. » Tristesse, séparation, souffrance, angoisse : voilà ce qu'elle va appeler « l'exil de la terre ». Désormais les agressions vont se succéder sur la même blessure : et leur répétition ouvrira une brèche, mettant à jour alors la faille pré-dépressive qui s'origine dans la vie intra-utérine.

Le drame du parloir

La blessure d'abandon se creuse en profondeur, par strates successives. Ces souffrances « ne furent rien en comparaison de celles qui suivirent… Tous les jeudis nous allions en famille au Carmel et moi habituée à m'entretenir cœur à cœur avec Pauline, j'obtenais à grand peine deux ou trois minutes à la fin du parloir, bien entendu je les passais à pleurer et m'en allais le cœur déchiré… (…) Je disais au fond de mon cœur : "Pauline est perdue pour moi ! ! !"[63]. »

La purification de la blessure d'abandon maternel plonge Thérèse dans le sentiment de plus en plus profond d'être exilée sur la terre, – sentiment qu'elle conservera toute sa vie, même s'il prendra des colorations différentes. Le dimanche soir, écrit-elle, « Je sentais qu'il faudrait recommencer la vie, travailler, apprendre des leçons, et mon cœur sentait l'exil de la terre… je soupirais après le repos éternel du ciel[64]… » Accepter d'aller de l'avant, de grandir, en apprenant ses leçons et en assumant progressivement la vie adulte, ce serait recommencer à vivre : or pour la première fois, Thérèse mentionne quelques symptômes alarmants (une difficulté à vivre, à changer et à grandir), causés par la peur de souffrir et la

62. MsA, NEC, 27r°, 1, p. 88.
63. MsA, NEC, 27r°, 12-20, pp. 88-89.
64. MsA, NEC, 17v°, 17-22, p. 69.

crainte de la séparation. Le changement s'apparente effectivement à la séparation.

Il faudra de nombreuses années à Thérèse pour retrouver la vraie joie. C'est dans ses *Derniers Entretiens* qu'elle dira : « La vie n'est pas triste ! Elle est au contraire très gaie. Si vous disiez "l'exil est triste", je vous comprendrais. On fait erreur en donnant le nom de vie à ce qui doit finir. Ce n'est qu'aux choses du ciel, à ce qui ne doit jamais finir, qu'on doit donner ce vrai nom ; et à ce titre, la vie n'est pas triste, mais gaie, très gaie[65] !... »

Nous parlons souvent de « guérison des blessures ». Thérèse nous montre par toute sa vie qu'on ne guérit pas toujours des blessures les plus profondes, en particulier de celles qui ont été reçues avant l'âge de trois ans. Ces dernières appartiennent en fin de compte au mystère de l'innocence persécutée. Comparables ou apparentées au mystère d'iniquité qui frappe les Saints Innocents, elles peuvent à leur tour devenir le lieu d'une co-rédemption. Ainsi la souffrance de l'exil habitera le cœur de Thérèse toute sa vie durant, mais elle apprendra progressivement à lui donner un sens fécond, source de paix et de joie. Si Thérèse avait complètement guéri de toutes ses blessures, elle n'aurait plus ressenti douloureusement la séparation. Or nous savons au contraire que ce sentiment, habituellement source de tristesse et d'amertume, demeurera jusqu'à sa naissance au Ciel, mais il sera chez elle totalement purifié.

Nous pouvons donc conclure en disant ceci : si l'on guérit progressivement des réactions aux blessures (agressivité, tristesse, découragement, culpabilité), la souffrance de séparation et l'angoisse d'abandon, elles, peuvent persister. Elles deviennent alors le lieu d'élection où nous expérimentons la puissance de Dieu dans la mort. Traversées avec confiance, elles constituent un terreau fertile pour y faire grandir la confiance filiale et l'attitude d'abandon, et germer les fruits de l'Esprit Saint : la patience, la douceur, la miséricorde, la paix et la joie, la compassion, la bienveillance...

3. Le refus de sa première communion

Nouvelle épreuve : Thérèse est âgée de dix ans quand survient une **troisième purification** qui accentue encore la descente dans la blessure d'isolement. Cette fois, il ne s'agit plus d'un éloignement de sa famille, ni de

65. Sœur Marie de la Trinité, DE, Carnet rouge, NEC, p. 781. 2.

sa deuxième maman, mais apparemment de Dieu lui-même, sa seule espérance. Thérèse devait faire sa première Communion mais il lui manque deux jours pour avoir dix ans au 1er janvier : Mgr Hugonin refuse. Les symptômes déjà décrits s'intensifient : plus rien ne semble soutenir Thérèse. L'abîme intérieur que nous avons analysé dans notre premier chapitre paraît entièrement à la lumière. « Vers la fin de l'année je fus prise d'un mal de tête continuel mais qui ne me faisait presque pas souffrir, je pouvais poursuivre mes études et personne ne s'inquiétait de moi[66]... » Thérèse pense cela sincèrement. Elle a vécu les choses ainsi. Pourtant la correspondance familiale prouve le contraire. Nous savons par les lettres de la famille Martin que Thérèse perd le sommeil, symptôme indirect de l'angoisse et signe d'alarme de la dépression, et qu'elle n'a plus d'appétit, ce qui signe son inappétence, plus, son inaptitude à vivre : elle commence à toucher la racine de sa blessure. Car vie et nourriture sont données par la mère. Leur refus traduit donc immanquablement une souffrance liée à la mère. Ainsi la tendance anorexique est véritablement un signe de non-vie, de rupture de la relation maternelle.

Si ces affirmations sont médicalement vraies, on n'oubliera pas cependant que Thérèse, à cet âge, fait déjà oraison. C'est pourquoi il importe de ne pas se limiter à une approche psychologique, mais de se rappeler que Thérèse est avancée dans sa vie d'intimité ave Dieu. Ce qu'elle traverse, ce n'est certes pas une purification passive des sens telle que l'a décrite saint Jean de la Croix, mais une épreuve, c'est-à-dire un mal qui, vécu dans la confiance et l'abandon, peut servir au bien de ceux qui aiment Dieu[67].

4. UNE « ÉTRANGE MALADIE »

Thérèse devient de plus en plus nerveuse avec Marie et Céline. Les symptômes s'accentueront jusqu'à la fête de Pâques 1883. Un double événement vient alors déclencher la **quatrième purification**. « Papa étant allé à Paris avec Marie et Léonie » le 23 mars pour les cérémonies de la Semaine Sainte, « ma tante me prit chez elle avec Céline. Le soir de Pâques, mon oncle (...) me parla de maman (...) avec une bonté qui me toucha profondément et me fit pleurer[68]. » Non seulement Thérèse est esseulée

66. MsA, NEC, 27v°, 4, p. 89.
67. Rm 8, 28.
68. MsA, NEC, 27v°, 7-10, p. 89.

puisque son papa et sa grande sœur Marie sont partis, mais en plus de cela, son oncle fait mémoire du départ de sa maman ! Thérèse est placée devant un nouvel abandon tout à la fois familial, maternel et paternel, et même spirituel puisqu'elle ne peut toujours pas communier. Le résultat ne se fait pas attendre : la petite Thérèse descend au fond de ses abîmes.

« Trouvant que j'étais fatiguée, ma tante me fit coucher. Je fus prise d'un tremblement étrange qui dura toute la nuit[69]. (...) Je ne sais comment décrire une si étrange maladie. Je disais et faisais des choses que je ne pensais pas. Je paraissais en délire et cependant je suis sûre de ne pas avoir été privée un seul instant de l'usage de ma raison. Je paraissais souvent évanouie et pourtant j'entendais tout. Je ne souffrais pas que Marie s'éloigne de moi, je lisais et relisais les lettres de Pauline jusqu'à les savoir par cœur[70]. »

Marie raconte ses crises de terreurs : « Certains clous lui paraissaient de gros doigts carbonisés. Fixant le chapeau de son père, elle jeta un cri lugubre : “Oh ! la grosse bête noire !” Ses yeux avaient une expression d'épouvante. Elle se précipitait la tête en avant de son lit sur le pavé. Elle se frappait la tête avec violence contre le bois du lit. Le docteur dit qu'il n'y a rien à faire. La voyant épuisée de cette lutte, je voulais lui donner à boire mais elle s'écria avec terreur : “Ils veulent m'empoisonner”[71]. »

Il faut avouer que le diagnostic n'a jamais été posé correctement, et pour cause ! La maladie était inconnue à l'époque. Le docteur Notta dit qu'il n'y a rien à faire, que c'est une maladie très grave. Il exclut formellement l'hystérie. Du reste, on sait aujourd'hui que le diagnostic d'hystérie est inadéquat chez un enfant de dix ans, car le noyau névrotique n'est pas encore constitué à cet âge.

Le docteur Gayral avance en 1959 le diagnostic de névrose infantile, c'est-à-dire d'une régression affective tout en conservant sa lucidité. La petite Thérèse fuirait dans la maladie pour se faire choyer et redevenir bébé. Sa fragilité extrême due aux blessures initiales s'opposerait à sa volonté consciente de grandir et de bien faire.

Nous pouvons affirmer maintenant que l'étrange maladie de Thérèse est en fait un état dépressif majeur de l'enfant[72]. Luttant de toutes ses forces

69. MsA, NEC, 27v°, 15, p. 89.

70. MsA, NEC, 29v°, 8, p. 95. Il s'agit des LC 10, 11, 12, 13 de sa sœur.

71. PO 240, PA 228.

72. Pour l'analyse des symptômes et la démonstration du diagnostic, on peut aussi consulter les ouvrages suivants : *La Maladie dépressive chez l'enfant et l'adolescent*, ouvrage collectif, textes réunis par MC. MOUREN-SIMEONI, Laboratoires Ciba-Geigy, 1987 ; et

avec les armes spirituelles, Thérèse n'a pas réussi à éviter ce « craquage » intérieur, en raison même de sa carence affective maternelle. Elle a inconsciemment emmagasiné une souffrance de séparation, une culpabilité, une angoisse d'abandon et une auto-agressivité insurmontables. La dépression devient une « chance », comme une soupape de sécurité qui permet à l'incommunicable de se manifester. Pour Thérèse (comme pour toutes les personnes qui traversent une dépression), c'est une expérience irremplaçable de sa faiblesse, de la découverte de son incapacité absolue malgré sa force de volonté exceptionnelle. Elle vient de toucher le fond de sa blessure, mais elle n'est pas encore purifiée. Il lui faudra franchir deux étapes décisives, celles du 13 mai 1883 et du 25 décembre 1886, pour prendre davantage conscience de son impuissance radicale. Puis il s'en suivra toute une trajectoire de sanctification jusqu'à éradiquer l'impatience, l'agressivité et le point d'orgueil, permettant à Thérèse de vivre de plus en plus dans la docilité à l'Esprit Saint jusqu'à sa naissance au Ciel le 30 septembre 1897.

La part spirituelle

Nous l'avons dit, s'arrêter uniquement à un diagnostic médical serait méconnaître le vécu le plus profond de Thérèse. Elle-même ne s'y est pas trompée, qui formulera plus tard l'opinion commune des siens : « Je crois que le démon avait reçu un pouvoir extérieur sur moi[73]. » On retrouve la description d'un état similaire chez Jean de la Croix : « Quand (le démon) voit qu'il ne peut atteindre l'intérieur de l'âme, à cause de son profond recueillement et de son union intime avec Dieu, il tâche au moins de l'attaquer par l'extérieur, en agissant sur la partie sensitive. (...) Il lui fait éprouver sensiblement des angoisses, des douleurs et des terreurs[74]. » Thérèse utilise et souligne d'ailleurs ces mots – « extérieur », et « frayeurs » – dans son manuscrit A, ce qui peut faire penser à une citation.

Sa sœur Marie sentait qu'une force extraordinaire emportait Thérèse pour tenter de lui fracasser la tête contre le pavé. En raison du contexte de

MC. Mouren-Simeoni, *Dépression de l'enfant,* in JP. Olie, MF. Poirier et H. Loo, *Les Maladies dépressives,* Médecine Sciences, Flammarion 1995, p. 19-23. La classification des maladies psychiatriques se trouve dans le DSM IV, *Manuel diagnostique et statistique des troubles mentaux,* 4ème version, Masson Ed., Paris 1996 ; et CIM 10, *Classification internationale des maladies,* 10ème version, Masson, Paris 1994.

73. MsA, NEC, 28v°, 25, p. 93.

74. S. Jean de la Croix, *Cantique spirituel,* Trad. des Carmélites de Paris, Ed. Douniol, Paris 1875, 2 tomes, str. XX et XXI, pp. 307-308.

purification dans lequel Thérèse grandit depuis quelques années, et à cause de l'enjeu spirituel à venir (la place de la famille Martin au Carmel de Lisieux, et plus encore le rôle de Thérèse dans l'élaboration de la petite voie et sa diffusion dans le monde entier), nous pouvons tout-à-fait admettre l'hypothèse d'une influence maléfique particulière pendant cette maladie. L'intervention miraculeuse de la Vierge Marie vient encore confirmer cette lecture.

Si le démon a pu avoir une action directe, il a pu agir aussi indirectement, par l'intermédiaire des événements de non-amour de la petite enfance et la destructuration intérieure qui ont atteint Thérèse. Dans la vie de Thérèse, la dépression est l'expression d'un mal, d'une agression de la toute petite enfance avec son cortège de réactions secondaires, en particulier le sentiment de culpabilité, la peur, la convoitise et la violence. Ces manifestations remontent à la surface parce que Dieu travaille le cœur de Thérèse en profondeur, en réponse à sa propre demande et à ses actes d'offrande répétés.

LA NOUVELLE NAISSANCE EN MARIE

1. Le ravissant sourire de la sainte Vierge

« Il fallait un miracle et ce fut Notre-Dame des Victoires qui le fit », le jour de la Pentecôte, « pendant la neuvaine de Messes » demandée par Monsieur Martin à ce sanctuaire parisien qu'il aimait tant. Nous sommes le 13 mai 1883, Thérèse a dix ans et quatre mois.

« Marie sortit dans le jardin : (encore une séparation !) (...) Je me mis à appeler (...) : “Mama... Mama”. (...) Ceci dura longtemps, alors j'appelai plus fort, et enfin Marie revint, je la vis parfaitement entrer, mais je ne pouvais dire que je la reconnaissais. » C'est là, pour la première fois, au fond de sa blessure d'abandon, que Thérèse découvre qu'aucune créature sur la terre ne pourra satisfaire son attente de soins maternels : ni sa maman, ni Pauline, ni sa grande sœur Marie qui de toute évidence ici n'est plus sa maman. « Je continuais d'appeler toujours plus fort : “Mama...”. » Le combat est terrible, et extrême la souffrance d'abandon. « Alors Marie se mit à genoux et se mit à prier la Vierge Marie. » A ce moment, Thérèse fait de même : elle se tourne vers la statue à côté de son lit. « Tout-à-coup la

Sainte Vierge me parut belle, si belle que jamais je n'avais vu rien de si beau, son visage respirait une bonté et une tendresse ineffable, mais ce qui me pénétra jusqu'au fond de l'âme ce fut le ravissant sourire de la Sainte Vierge. Alors toutes mes peines s'évanouirent[75]. »

Il est important de s'attarder sur ce passage : le sourire de Marie. Car Thérèse utilise une expression très caractéristique pour nous. Elle nous dit qu'elle renaît à la vie. Et elle ajoute : « Le rayon lumineux qui m'avait réchauffé ne devait pas arrêter là ses bienfaits. Il n'agit pas tout d'un coup mais doucement, suavement. Il releva sa fleur et la fortifia de telle sorte que cinq ans après elle s'épanouissait sur la montagne fertile du Carmel. »

C'est un trésor qui nous est communiqué à cet instant : Thérèse vient de renaître en Marie. Elle affirme que sa vie commence là, au moment précis où elle choisit de prendre Marie pour mère. Thérèse est descendue au fond de sa blessure maternelle, là où elle n'a pas pu être aimée, et c'est justement là qu'elle se découvre, par la grâce de Dieu, cachée dans le sein de Marie.

Notre expérience de l'accompagnement confirme ce fait : comme Thérèse, les personnes blessées dans la relation à leur mère sont appelées à vivre, en raison même de cette souffrance d'abandon, une présence particulière de Marie qui devient affectivement extrêmement guérissante. Plus l'abandon est profond, et plus la Vierge Marie désire nous rendre la vie en son sein en nous consolant, en nous souriant... Il s'agit bien de renaître à la vie, là même où se trouvaient la mort et le désespoir. Nous voyons aussi, et il importe de le souligner, qu'il n'est pas question d'un acte magique, mais d'une fortification progressive, d'un processus très doux, exactement comme le vit un bébé dans le sein maternel. Marie agit « doucement », « suavement », nous dit Thérèse, comme une mère réchauffe son petit enfant. Thérèse le réalise à posteriori : après cinq années de croissance et la grâce de Noël, commence pour elle une véritable « course de géant[76] ».

2. Sa première communion

Thérèse se laisse aimer

Un des jalons de cette guérison progressive fut la première communion de Thérèse, le jeudi 8 mai 1884. Ce jour-là, sa sœur Céline lui donna une

75. MsA, NEC, 30r°, 5-22, pp. 97-98.
76. MsA, NEC, 44v°, p. 140.

petite image intitulée « la petite fleur du divin prisonnier[77] ». Le dessin représente un tabernacle fermé par des barreaux derrière lesquels Jésus, comme en prison, n'a d'autre joie que de regarder sa fleur. Thérèse s'abîme complètement dans la contemplation de cette image. Elle est touchée par l'amour que Dieu lui porte et elle se laisse aimer : son Créateur n'a d'autre joie que de la regarder, elle, sa petite fleur. Thérèse demeure sans cesse intérieurement dans cette disposition priante : « Jésus, tu m'aimes » pour être rendue capable de l'aimer en retour. Nous inversons souvent la proposition dans la prière, et au lieu d'accueillir de toutes nos forces l'amour que Dieu nous porte le premier[78], nous restons dans une attitude volontariste en disant : « Jésus, je t'aime. »

Thérèse nous enseigne que dans la prière la première disposition du cœur consiste à accueillir l'amour de Dieu en se rappelant : « Jésus, tu m'aimes beaucoup. Tu es heureux de me regarder parce que j'ai du prix à tes yeux[79]. » Le mouvement de la prière pourrait se résumer à ce murmure intérieur : « Jésus, tu m'aimes, et je t'aime en retour. » Thérèse le rappelle lorsqu'elle dit : « Je m'offrais à Jésus pour être sa petite fleur[80]. » Thérèse se sait aimée et elle se laisse aimer.

La souffrance, lieu de l'amour

Lors de sa première Communion, Thérèse se laisse donc aimer, accueillant autant qu'elle peut l'amour de Dieu pour elle. Elle le dira elle-même : « Ah ! Qu'il fut doux le premier baiser de Jésus à mon âme !... Ce fut un baiser d'amour, je me sentais aimée[81]. »

Lors de sa deuxième communion le 22 mai de la même année, jour de l'Ascension, Thérèse vécut un tournant capital dans sa vie. Elle reçut ce qu'elle appellera « une des grâces les plus grandes de sa vie[82] ».

Thérèse vit s'épanouir en son cœur le désir de souffrir. « Le lendemain après ma communion, (...) je sentis naître en mon cœur un grand désir de la souffrance. (...) Jusqu'alors j'avais souffert sans aimer la souffrance,

77. MsA, NEC, 31v°, 12, p. 101.
78. P.-M. DELFIEUX, *Livre de vie* des Fraternités monastiques de Jérusalem.
79. Cf. Is 43, 4.
80. MsA, NEC, 31v°, 15, p. 102.
81. MsA, NEC, 35r°, 9, pp. 111-112.
82. MsA, NEC, 17v°, 3, p. 68.

depuis ce jour je sentis pour elle un véritable amour[83]. » Paroles choquantes pour notre temps, mais il importe de les replacer dans le contexte jansénisant de l'époque.

Pour bien comprendre cette expérience mystique, il convient là encore de distinguer la vocation personnelle de Thérèse à être la mère spirituelle d'une multitude de petites âmes, de la voie d'enfance à proprement parler. En effet le désir de la souffrance n'appartient pas à cette dernière, mais à l'appel propre de Thérèse[84]. La souffrance vécue en Dieu est un lieu éminent d'enfantement spirituel. Car il n'y a pas de vie sans traverser les douleurs de l'enfantement[85]. Thérèse a beaucoup souffert pour donner vie à beaucoup. N'est-elle pas apparue à Marthe Robin pour lui demander de continuer sa mission ?

Une autre nuance à apporter tient à un manque de clarification dans la terminologie de l'époque. De fait ce n'est pas le désir de souffrir en tant que tel qui attire Thérèse, mais le désir d'aimer dans la souffrance. L'amour s'exprime dans la joie, mais il se prouve encore en traversant la souffrance. L'angoisse de séparation, la tristesse, la souffrance de l'exil qui constituent sa blessure d'abandon initiale vont devenir pour Thérèse, à partir de ses deux premières communions, le lieu de l'amour. Elle saisit à ce moment-là qu'elle peut faire de sa souffrance d'abandon et de sa tristesse le moyen d'aimer plus, donnant ainsi un sens à la souffrance de l'exil. Thérèse ne désire pas souffrir pour souffrir, comprenons-le bien, ce qu'elle désire, c'est aimer. On peut certes aimer dans la joie, et c'est très doux, très constructeur. Mais il est vrai que c'est la souffrance qui prouve et vérifie la qualité de l'amour. Thérèse découvre donc la joie d'aimer dans la souffrance et sa blessure prend une connotation joyeuse. Il lui faudra encore attendre l'entrée au Carmel, c'est-à-dire plusieurs années plus tard, pour goûter véritablement à la joie du tout-petit tout en étant plongée dans le mystère de la Sainte-Face, c'est-à-dire de la Croix, de la souffrance dans l'amour qui mène au vrai bonheur[86].

---

83. MsA, NEC, 36r°, 21, p. 115.

84. Le lecteur qui désire s'en convaincre pourra se reporter avec profit à la correspondance de Thérèse, en particulier la lettre LT 197 et l'ouverture du MsB.

85. Rm 8, 22 : *Toute la création jusqu'à ce jour gémit en travail d'enfantement.*

86. « Oui souffrir en aimant, c'est le plus pur bonheur » (PN).

3. La maladie des scrupules

Les peines d'âme que connaît ensuite Thérèse (la crainte d'avoir simulé sa maladie et la crainte d'avoir menti), ainsi que la maladie des scrupules, représentent la **cinquième purification** de la blessure maternelle. « Longtemps après ma guérison, j'ai cru que j'avais fait exprès d'être malade et ce fut là un vrai martyre pour mon âme[87]. » Thérèse est dans une situation d'auto-accusation, due au sentiment de culpabilité latent depuis le sein maternel. Cela va ressortir au long des années, à dix, onze et douze ans, en particulier à travers ces peines d'âme. Par bonheur le père Pichon délivrera Thérèse de tous ses doutes. Mais c'est surtout la maladie des scrupules qui sera l'expression la plus nette du sentiment de culpabilité, c'est-à-dire de la blessure du désir d'être aimé.

Chez Thérèse, la maladie des scrupules durera quinze mois, de fin mai 1885 à la mi-octobre 1886. A ce propos, Thérèse écrira : « Il faut avoir passé par ce martyre pour le bien comprendre, dire ce que j'ai souffert pendant un an et demi me serait impossible... Toutes mes pensées et mes actions les plus simples devenaient pour moi un sujet de trouble[88]. » De quoi s'agit-il exactement ?

Des réflexions et documents nous permettent de le savoir indirectement. La maladie des scrupules débuta brutalement après la retraite des renouvelantes, prêchée du 17 au 21 mai 1885 par l'abbé Domin, sur le péché, la mort, le Salut, la bonne confession, le jugement, le Ciel et l'enfer, la communion-sacrilège. Dans cette ambiance encore très janséniste, l'angoisse de séparation toujours latente chez Thérèse refait surface : comment ne craindrait-elle pas d'être séparée de Dieu pour l'éternité dans un tel contexte ? Le thème des scrupules a probablement trait à la sexualité, car Thérèse vient d'avoir douze ans, et elle craint de découvrir le mal. « J'étais à l'âge le plus dangereux pour les jeunes filles », dira-t-elle[89]. Elle avoue par ailleurs : « Personne ne m'a jamais instruite des choses de la vie », ni son père, ni ses sœurs. Elle en trouve connaissance dans la nature, en observant les fleurs et les oiseaux.

Le 29 mai 1889, Marie Guérin écrira au Carmel à Thérèse. « Paris n'est pas fait pour guérir les scrupuleux, je ne sais où tourner mes regards ; si je

87. MsA, NEC, 28v°, 6, pp. 91-92.
88. MsA, NEC, 39r°, 19, pp. 123-124.
89. MsA, NEC, 47r°, 4-8, p. 148.

fuis une nudité j'en rencontre une autre… Il faut que je regarde partout, il me semble que c'est pour voir du mal… Le démon ne manque pas de me rappeler toutes ces vilaines choses que j'ai vues dans la journée et c'est un autre sujet de tourment. Comment veux-tu que je fasse la sainte Communion… ? » Et Thérèse répondra aussitôt : « J'ai tout compris… tout tout tout !… Tu n'as pas fait l'ombre du mal, je sais si bien ce que sont ces sortes de tentations, que je puis te l'assurer sans crainte. » Si la réponse de Thérèse est aussi claire, c'est qu'elle parle d'expérience. Ses scrupules à elle sont apparus au début de l'adolescence, dans un contexte personnel d'extrêmes sensibilité et fragilité. La sexualité étant un sujet tabou à l'époque, le silence favorisait plus encore les scrupules. Nous savons aujourd'hui qu'outre Marie Guérin, les autres sœurs Martin, Marie, Céline, et Léonie connurent elles aussi des crises de scrupules à ce sujet.

Thérèse a été préservée

Avec une telle blessure dès sa petite enfance, Thérèse réalise ce qu'elle aurait pu devenir. Le Père Molinié ose écrire dans son livre sur Thérèse, *Je choisis tout* : « Si je ne craignais pas de lui manquer de respect, je dirais qu'elle avait un cœur de prostituée. »

Une affirmation aussi surprenante nous ouvre des horizons extraordinaires. Thérèse aurait un cœur de prostituée ! Oui, c'est un fait, et Thérèse elle-même le sait bien qui écrit : « Je reconnais que sans Lui, j'aurais pu tomber aussi bas que sainte Marie-Madeleine. (…) Jésus m'a plus remis qu'à sainte Marie-Madeleine puisqu'Il m'a remis d'avance, m'empêchant de tomber[90]. »

Pourquoi le Seigneur lui a-t-il « remis d'avance ? » Parce qu'à l'âge de dix ans, Thérèse a vécu cette renaissance spirituelle en Marie, dans le sein de l'Immaculée. Cachée sous le manteau de la Vierge, entre dix et quatorze ans, elle sera progressivement comme « virginisée ». Thérèse est certainement une des personnes les plus proches de la pureté de Marie. C'est ainsi qu'elle nous apprend à nous laisser approcher et aimer par le Seigneur afin d'être sanctifiés par le seul Saint. Les prostituées elles-mêmes ne s'y sont pas trompées : lorsqu'Edith Piaf les entraîna à sa suite à Lisieux, elles perçurent que Thérèse était des leurs.

90. MsA, NEC, 38v°, p. 122.

Quand nous descendons dans nos blessures d'abandon, nous rencontrons des racines de prostitution, nous découvrons que notre cœur est profondément infidèle. Nous avons tellement soif d'être aimés que nous serions capables de nous vendre pour un peu d'affection dans cet abîme de solitude et d'angoisse ! Thérèse, bien que préservée par avance, sait parfaitement qu'elle aurait pu se livrer à l'amour des créatures d'une façon complètement désordonnée, à cause de son immense besoin d'être aimée. « Ah, je le sens, Jésus me savait trop faible pour m'exposer à la tentation. Peut-être me serais-je laissée brûler toute entière par la trompeuse lumière si je l'avais vue briller à mes yeux. Il n'en a pas été ainsi, je n'ai rencontré qu'amertume là où des âmes plus fortes rencontrent la joie. Je n'ai donc aucun mérite à ne pas m'être livrée à l'amour des créatures puisque je n'en fus préservée que par la grande miséricorde du Bon Dieu. Il n'a pas attendu que je l'aime beaucoup comme Marie-Madeleine, mais Il a voulu que je sache comment Il m'a aimée, d'un amour infini. »

La guérison des scrupules

Comment Thérèse va-t-elle guérir de ses scrupules ? Pour la première fois et d'une façon très spectaculaire, elle va œuvrer tout consciemment dans le sens de la petite voie. Puisqu'elle est si petite, elle va exploiter sa faiblesse, afin d'obtenir et d'attirer le secours désiré. Faiblesse, grands désirs, confiance, accueil : peu à peu, la trace devient sentier. Thérèse ne guérira pas de la maladie des scrupules en faisant une ouverture du cœur à sa sœur Marie (celle-ci est partie pour le Carmel), ni en suppliant le Seigneur de la guérir. Elle guérira le jour de sa fête, le 15 octobre 1886, en faisant appel à ses tout-petits frères et sœurs au Ciel. Elle s'adresse à eux pour les supplier : « Sauvez-moi ! » « Je compris que si j'étais aimée sur la terre, je l'étais aussi dans le Ciel[91]... »

Là, Thérèse nous donne une clef merveilleuse. En même temps qu'elle a renoué avec ses origines en faisant mémoire de ses frères et sœurs pour les prier, elle s'est réconciliée avec la « toute petite Thérèse » qui sommeille à l'intérieur d'elle-même, abandonnée. C'est la blessure d'abandon initiale qui est la source du sentiment de culpabilité et de la maladie des scrupules. La guérison de Thérèse passe par cette réconciliation avec elle-même, avec ce tout-petit à l'intérieur d'elle, et cela n'est possible qu'en Marie. Voilà un

91. MsA, NEC, 44r°, 21, p. 137.

des secrets de l'esprit d'enfance : pour être aidée, elle choisit de faire appel à des enfants, à des tout-petits (elle ne s'adresse même pas à sa maman défunte !), et non à de grands saints. Elle rejoint le mouvement de son incarnation. La grâce touche alors son « enfant intérieur » et Thérèse guérit du faux mouvement du perfectionnisme. La paix revient inonder son âme. Elle expérimente pour la première fois la différence entre sainteté et perfection[92], elle saisit que la voie d'enfance est en quelque sorte un « perfectionnisme humble ».

LA GRÂCE DE NOËL

La grande guérison de Noël ouvre la troisième période de la vie de Thérèse, comme elle l'écrit : « La plus belle de toutes, la plus remplie des grâces du Ciel. Ce fut le 25 décembre 1886 que je reçus la grâce de sortir de l'enfance... époque où je retrouvais mon caractère d'enfant, tout en entrant dans le sérieux de la vie[93]. En cette nuit lumineuse (...) Jésus le doux petit Enfant d'une heure, changea la nuit de mon âme en torrents de lumière... en cette nuit où Il se fit faible (...), Il me rendit forte et courageuse (...) et depuis cette nuit bénie, je ne fus vaincue en aucun combat... La source de mes larmes fut tarie[94]. »

Tout ce qui en Thérèse était fusionnel, c'est-à-dire dévié dans le sens d'un retour en arrière, va recevoir la guérison grâce au tout petit Enfant-Jésus. Thérèse de l'Enfant-Jésus n'est pas guérie n'importe quel jour, mais précisément le jour de Noël. Elle reçoit une grâce dans le sein de Marie, par

92. LT 243 : « Oui, il suffit de s'humilier, de supporter avec douceur ses imperfections. Voilà la vraie sainteté ! (...) Courons à la dernière place... personne ne viendra nous la disputer... », « J'ai reconnu que la sainteté consiste à supporter avec douceur ses propres imperfections. » LT 226 : « La perfection me semble facile : je vois qu'il suffit de reconnaître son néant et de s'abandonner comme un enfant dans les bras du Bon Dieu. » C'est assez clairement dire que la sainteté n'équivaut pas à la disparition des imperfections, mais à leur acceptation paisible dans la confiance en celui en qui *je peux tout*, si faible que je sois ! Thérèse dira bien à la fin de sa vie : « Hélas ! j'en suis donc encore au même point comme autrefois ! Mais je me dis cela avec une grande douceur et sans tristesse. C'est si doux de se sentir faible et petit ! » (CJ 705-01)

93. MsA, NEC, 13.

94. MsA, NEC, p. 113.

l'Enfant-Jésus. Et cette grâce vient toucher sa blessure d'origine. Thérèse en sortira purifiée de ce regard affligé sur elle-même. Il aura fallu dix ans de combats qui apparemment ne produisaient rien, dix ans d'incapacité radicale !

Les bienfaits de nombreuses thérapies ne sont plus à prouver. Mais il faut reconnaître qu'en général, elles ne réussissent guère à apaiser les blessures de la toute petite enfance. Une renaissance spirituelle en Marie s'avère pour cela indispensable. Cette remarque a une importance considérable, car les jeunes générations sont de plus en plus blessées par la culture de mort dans laquelle elles vivent (culture de mort qui se décline en contraception, avortement, fécondation artificielle, euthanasie...). Soyons donc conscients des moyens spirituels que le Seigneur nous offre aujourd'hui pour pallier cette insuffisance des sciences humaines.

C'est donc l'Enfant-Jésus qui guérit Thérèse. Un an plus tard elle choisira de s'appeler « Thérèse de l'Enfant-Jésus ». L'enfance de Jésus et sa Passion sont les deux moments dans la vie du Sauveur où s'exprime la plus radicale faiblesse. Et la faiblesse acceptée est une des caractéristiques de l'enfance spirituelle.

1. La liberté de choisir

Au moment de cette grâce de Noël, Thérèse vit également quelque chose de très important à relever : l'expression de son choix. Thérèse regardait en arrière et demeurait dans une quête fusionnelle : « Je n'étais encore qu'une enfant qui ne paraissait avoir d'autre volonté que celle des autres[95]. » Au sujet de sa première communion, elle écrivait : « Ce n'était plus un regard mais une fusion ; ils n'étaient plus deux, Thérèse avait disparu comme la goutte d'eau qui se perd au sein de l'océan. Jésus restait seul[96]. » A onze

95. MsA, NEC, 44.

96. MsA, NEC, 35r°, 14, p. 112. Cette formulation est héritière d'une époque. On trouve une pensée parallèle chez le curé d'Ars : « Celui qui communie se perd en Dieu comme une goutte d'eau dans l'océan. On ne peut plus les séparer. » Il en est de même dans les écrits de saint Bernard de Clairvaux, de sainte Élisabeth de la Trinité. Actuellement il faut veiller à la rigueur du langage pour ne pas créer de confusion avec le Nouvel-Age ou les religions hindouiste et bouddhiste. La Révélation judéo-chrétienne propose un « face à face avec Dieu » et non une fusion dans laquelle l'homme perdrait son identité en Dieu.

ans, c'est encore une expérience de relation fusionnelle à Dieu qu'elle décrivait. A vingt-deux ans, elle ne parlera plus ainsi. Ici encore nous voyons bien comment la vie spirituelle est influencée par la réalité psychologique. Thérèse était manifestement écartelée entre son désir profond de grandir et l'impossibilité effective de le vivre, à cause d'une tendance à retourner en arrière vers son origine maternelle blessée, conséquence du péché originel. Or elle va faire le choix de rompre avec ce mouvement.

2. Le courage de grandir

Thérèse reçoit une grâce de force et de lumière : jusqu'à présent elle aimait faire plaisir, mais dans un cercle choisi et restreint. Désormais elle va s'ouvrir aux autres et en particulier aux pécheurs. Elle affronte la peur de grandir pour la traverser. Elle quitte l'infantilisme pour accéder véritablement à l'esprit d'enfance. Elle le donnera en exemple à ses novices : « Bien des âmes disent : "Mais je n'ai pas la force d'accomplir tel sacrifice." Qu'elles fassent donc ce que j'ai fait : un grand effort. Le Bon Dieu ne refuse jamais cette première grâce qui donne le courage d'agir ; après cela le cœur se fortifie et l'on va de victoire en victoire[97]. » C'est l'acte de volonté (« je veux », et non « je peux ») qui compte pour ouvrir le cœur à se laisser aimer.

CONCLUSION

L'étude présentée ici s'arrête lorsque Thérèse a quinze ans. La voie d'enfance s'est lentement élaborée dans sa chair et sa vie. Nous avons découvert comment la blessure d'abandon est devenue le lieu de la rencontre avec Dieu : Thérèse collabore activement en se laissant aimer par l'Amour. L'expérience de la puissance de Dieu dans sa faiblesse va devenir le support d'une course de géant, qui se terminera par l'explicitation de la pédagogie de la petite voie à ses novices, et l'offrande à l'amour miséricordieux.

97. DE, CJ 8. 8. 3, NEC, p. 312.

L'ébauche de ce parcours de Thérèse nous montre comment elle est rentrée dans un chemin de guérison et de sanctification à l'intérieur de la sainte Famille. Chacun des membres de cette « petite trinité sur la terre » a pris sa place dans le cœur et la vie de Thérèse, qui se laisse rejoindre par eux dans son extrême vulnérabilité, et s'en remet à eux pour le chemin à faire. Saint Joseph, la Vierge Marie, l'Enfant-Jésus accompagneront Thérèse jusqu'à sa naissance au Ciel.

Il importe de retenir aussi la dynamique dans laquelle Thérèse se laisse relever pour courir à *l'arôme des parfums* de son Bien-Aimé[98]. Douloureusement consciente de sa radicale impuissance, elle se décide pourtant dans un choix qui seul permet à la grâce de faire irruption. Thérèse se tourne vers Marie et vers ses tout-petits frères et sœurs du Ciel pour recevoir ce qu'elle ne peut attendre de personne sur la terre. Et c'est alors que la grâce fait irruption. Thérèse, meurtrie par la réaction de son père, fait le choix de quitter les langes de l'enfance en affrontant l'abîme d'angoisse qui soulève son cœur. Elle quitte ses sécurités, et ouvre ainsi l'espace à cette grâce de Noël qui scellera toute sa vie. Nous touchons avec elle, tant à la réalité de blessures infiniment profondes qu'à la nécessité de nous positionner par rapport à l'Amour dont nous réclamons qu'il vienne à notre secours.

98. Ct 1, 3.

Chapitre Huitième

TÉMOIGNAGES

JOHNNY ET SAINT JOSEPH
PAR CHRISTINE-ELISABETH C.

Donner mon témoignage, c'est faire connaître l'œuvre de Dieu. Cette œuvre a demandé du temps, de la persévérance, elle s'est réalisée à travers bien des combats. Cela ne s'est pas accompli d'un coup de baguette magique. Pour moi, Dieu s'est fait connaître à travers saint Joseph. Celui-ci ne se révèle pas de façon foudroyante, il ne s'impose jamais. Sa manière de faire est toute discrète, on le trouve dans la prière, dans les longs moments d'oraison ; il faut le chercher. Il y a d'ailleurs peu d'apparitions de saint Joseph. Lui-même s'est sanctifié au jour le jour, sous le regard de Marie et de Jésus.

Sortir de l'étouffoir

Mes parents avaient divorcé. Pour échapper à une mère trop possessive qui me bridait dans toutes mes démarches et m'entretenait dans la haine des hommes, j'avais décidé à seize ans de conquérir ma liberté. Je vivais alors une double vie : dès que je pouvais échapper au regard de ma mère, je me retrouvais avec mon frère dans la rue, dans les caves, avec les copains, je changeais de vêtements... J'étais bercée par les chansons de Johnny Halliday : « Je suis né dans la rue » ; c'était mon modèle, ses copains étaient sa famille et je voulais moi aussi faire partie d'une bande. Un jour, j'ai été attaquée par une fille et j'ai riposté si violemment que j'ai été prise en considération par les autres : la bande est devenue ma famille. C'était le début de l'escalade vers la délinquance et la violence. A dix-sept ans, en 1978, je commençais à travailler. Là aussi, je jouais un double jeu : dès que je le pouvais, je prenais prétexte de mon travail pour ne pas rentrer à la maison, parfois des week-end entiers… Mon frère était toujours un complice bienveillant.

La fin des illusions

A dix-huit ans j'ai voulu rencontrer mon père que je n'avais jamais vu et que j'aimais à travers une petite photo que j'avais prise à ma mère. Il était jeune, beau, blond aux yeux bleus ; c'était cet homme que j'allais rencontrer. Ma déception a été à la taille des illusions que j'avais entretenues. L'homme qui est venu me chercher à la descente du train avait perdu sa jeunesse, il venait de faire un déménagement, était en bleu de travail taché… rien à voir avec mon père, le bel homme blond de la photo ! Il n'a trouvé rien de mieux à me dire que : « Ma fille, qu'est-ce que tu as grandi ! » De mon côté, la réponse a fusé dans une vérité implacable : « Heureusement ! Car il y a plus de seize ans que tu ne m'as vue. »

J'avais projeté de ramener mon père à la maison pour que ma mère ne soit plus seule et que nous retrouvions une vie familiale. Mais au bout de deux jours chez lui, la dure réalité m'est apparue avec évidence : c'était un monde complètement opposé au nôtre. Il avait épousé une femme bien plus belle que ma mère, en avait eu quatre fils dont il était fier. A cela s'ajoutait sa réussite professionnelle, deux entreprises qui pourvoyaient largement aux besoins de toute la famille, une belle maison…, rien à voir avec la petite vie étriquée que nous menions avec maman et mon frère en H. L. M. dans l'univers sordide de la cité. La réalité s'est faite bien plus brutale et destructrice le jour où il m'a entraînée dans un bar fréquenté par des prostituées, m'a quittée pour passer un moment avec l'une d'entre elles et m'a invitée de mon côté à satisfaire mes désirs comme je l'entendais.

Venant de mon père, cet entraînement à la débauche a provoqué chez moi un immense désordre sexuel. Je cherchais à me donner mais, jamais satisfaite, je renouvelais les expériences de toutes sortes. En 1980, j'ai vécu une grande déception sentimentale ; j'éprouvais un rejet et un mépris total de tout homme et de moi-même bien sûr ! Je continuais à vivre en bande, j'écoutais ces paroles de Johnny qui trouvaient écho dans mon cœur : « On est mal aimé, l'important c'est de se donner par amour », et je me donnais par amour, chaque fois. Johnny nous menait aux limites de la mort mais jamais jusqu'à la mort.

En 1982 mon frère est mort. Pour moi, c'était la fin de la vie : après mes nuits de débauche, c'était lui qui me ramenait à la vie, me redonnait courage. Pour toute parole de consolation, j'ai eu celle de ma mère : « C'est toi qui devrais être dans le cercueil ! »

Un dur combat pour la vie

En 1987, à vingt-sept ans, j'étais enceinte et par un concours de circonstances, abandonnée de tous ceux qui faisaient mon univers. Mon cœur vibrait à l'unisson de Johnny qui interprétait « le chanteur abandonné » : « Vivre, c'est partager. Vivre, c'est tout donner, c'est n'être pas abandonné. »

Abandonnée de tous, j'ai été accueillie dans un foyer d'urgence. Et Dieu s'est révélé à moi ; à travers l'enfant que je portais, Dieu m'a fait renaître. Cependant j'étais toute imprégnée de Johnny en quelque sorte : il faisait partie intégrante de ma vie, sans lui je n'étais plus moi-même. Cela a vraiment été en moi un combat entre lui et Dieu, je me retrouvais dans cette chanson : « Je suis un homme debout malgré les coups et les insultes. » C'est par le sacrement de réconciliation que j'ai tout compris et que je suis redevenue une femme libre. Mais ne croyez pas que le combat ait cessé pour autant, il faisait rage sur tous les fronts : l'argot, la vulgarité dans le langage contre la Parole de Dieu ; le rock contre les danses d'Israël que je découvrais dans la Communauté des Béatitudes ; le blouson noir et tout ce que cela comporte contre la pureté ; la malédiction contre la bénédiction... Et en plus de tout cela, le combat permanent pour la chasteté ! Au cours de la prière, de l'eucharistie, de l'adoration, les images de ma vie passée me revenaient, je ne les avais pas encore données à Dieu.

Saint Joseph entre dans ma vie

Le Seigneur m'a accordé une grande grâce : en 1993 je suis partie au Canada avec ma fille qui avait six ans. C'était pour moi, prendre une distance avec tout ce que j'avais connu. C'était comme le départ en Egypte : « *Prends l'enfant et sa mère...* » (Mt 2, 13). J'ai retrouvé là-bas la personne qui m'avait accompagnée dans les premiers moments de ma conversion. Elle a confirmé que le Seigneur m'invitait à cheminer vers Lui et à accepter mon combat, ma croix ; non à vouloir sans cesse la rejeter.

La présence de saint Joseph est très forte dans la ville de Montréal dont il est le protecteur. Un jour, au cours d'une soirée de réconciliation, le prêtre est passé avec le Saint-Sacrement au milieu de la foule. Il s'est arrêté près de moi et m'a dit : « Le Seigneur te remercie d'avoir dit oui à la vie. Il te dit : « Merci d'être maman, c'est moi le père de ton enfant. » Ce que j'ai ressenti alors est indicible ! Tout mon être en a été transformé ; pendant quarante jours, j'ai eu un écoulement de sang alors que je n'avais plus mes règles depuis longtemps, j'ai même ressenti des contractions. Je partageais tout cela à mon accompagnatrice : je n'étais plus seulement fille, je redevenais mère !

Le 18 mars, dans l'adoration, j'ai entendu nettement ces paroles : « Prends saint Joseph comme père et ami. »

Que se passa-t-il concrètement qui transforma ma vie ?

C'est très simple. Pour commencer, le 19 mars je me suis consacrée à saint Joseph pour qu'il soit mon père et veille sur ma petite Nadège. Et chaque jour je redisais cette prière. Ensuite j'ai choisi une belle icône de saint Joseph, celle que j'aimais le plus et devant elle, j'ai allumé une bougie, signe de sa présence. Enfin je faisais oraison devant l'icône, en silence, en sa présence. Quand je me sentais trop pécheresse et indigne de recevoir la communion, c'est lui qui m'accompagnait comme un ami bienveillant et un tendre père.

J'ai vécu ainsi dans la présence de saint Joseph, je lui ai offert tout ce que j'étais. Et lui, au long des jours, m'a appris à redécouvrir mon corps, à le protéger, à le reconstruire après les violences de tout ordre qu'il avait subies. Saint Joseph qui a protégé les corps de Marie et de l'Enfant-Jésus, m'a appris la chasteté. Cela n'est pas facile, il est vrai : à chaque chute, j'allais recevoir le sacrement du pardon et me remettais sous le regard de Joseph ; je ne me suis jamais découragée, j'ai souvent rechuté mais je n'ai jamais désespéré. C'est quand je ne suis plus sous le regard du chef de la sainte Famille que je me laisse aller à la violence, à dire du mal au lieu de bénir, à me culpabiliser et me déprécier. Grâce à lui, j'ai fait tout un chemin pour m'aimer telle que Dieu m'aime, pleinement fille sous le regard de saint Joseph.

J'ai appris à prendre mon enfant avec tendresse, à prononcer sur elle des paroles de bénédiction, à lui donner tout ce qui m'avait manqué. Chaque soir maintenant, avant qu'elle ne rentre de l'école, j'allume ma bougie devant l'icône et je me mets en sa présence bienfaisante. C'est au nom de saint Joseph que je bénis ma fille.

Saint Joseph m'a appris à découvrir mes parents, à leur pardonner, à redevenir fille de Dieu et à obéir au commandement : *Honore ton père et ta mère* (Ex 20, 12). Lui qui a tout reçu de Jésus et de Marie, m'a même appris à donner ce que je n'avais pas reçu : la tendresse, la douceur, les paroles de bénédiction, etc.

Dans un premier temps j'ai pensé que je devais rejeter tout ce qui me restait de Johnny mais je ne renie pas ce que j'ai vécu ; j'ai compris qu'il fallait que j'offre ma vie à Dieu présent à chaque instant de mon existence, même dans mes pires dérives. Là encore c'est saint Joseph qui a remis mes plaies à vif pour les assainir et les panser. Le sacrement du pardon, chaque fois que je l'ai reçu, me guérissait aussi. Je peux dire qu'en me donnant saint Joseph, Dieu m'a offert ce qui m'avait le plus manqué et dont j'étais sans cesse en quête : un père qui pouvait me conduire au Père. En revanche, la sainte Vierge était pour moi un obstacle : elle était trop belle ! Si, dans la prière, je me retrouvais sur ses genoux, je n'y restais pas, descendais aussitôt et filais vers saint Joseph. C'est tout récemment, lors d'un pèlerinage à Fatima, qu'il m'a conduite à Marie, son épouse et... ma mère.

Un bon Père

J'ai choisi saint Joseph, le chef de la sainte Famille, comme chef de ma famille et il a toujours veillé à ce que je ne manque de rien ; je n'en finirais pas de donner des exemples. Et je peux dire qu'avant même de le connaître, il m'a comblée. Lorsque j'étais enceinte, j'ai trouvé un travail, ce qui m'était indispensable pour la couverture sociale. Je désirais que, le jour de son baptême, mon enfant soit présentée à la communauté paroissiale mais le curé s'y opposait. Quand le jour est arrivé, le curé étant absent, le prêtre qui le remplaçait l'a fait tout naturellement et la paroisse a accueilli Nadège avec beaucoup d'amour. Je recevais chaque jour des cadeaux, trouvais à ma porte tout ce qui m'était nécessaire pour la vie quotidienne.

Saint Joseph m'a appris à gérer mon budget, à remettre à plus tard un achat non indispensable (à plusieurs reprises je l'ai reçu en cadeau quelques jours après !), à me laisser guider ; je lui ai souvent demandé de m'aider à choisir ce qu'il aimerait me voir porter et je trouvais justement le vêtement au prix correspondant au budget prévu pour cet achat. De même pour les cadeaux que je voulais offrir à Nadège. Soit dit en passant, il ne lui refuse rien ; pour elle, c'est tout naturel de lui demander ce dont elle a besoin ou même seulement envie. De même, si elle me voit énervée lorsque je l'aide dans son travail, elle me dit : « Viens maman, on allume la bougie ! » Nous savons que, sous le regard de saint Joseph, tout va aller mieux.

En me menant à mon Sauveur, il a cassé la chaîne de malédiction qui pesait sur ma famille, ma fille n'a pas été touchée par tout ce qu'elle aurait dû recevoir en héritage. Ces enfants comme Nadège sont vraiment d'une façon particulière les enfants de la miséricorde !

Je dédie ce témoignage à saint Joseph que nous allons fêter le 19 mars.

DE LA BLESSURE D'ABANDON À L'ABANDON DE LA BLESSURE PAR PASCALE CARRÈRE

Quand j'ai commencé à écrire mon témoignage, j'ai été envahie par deux sentiments : la joie et la douleur. D'abord la joie de participer avec mes pauvres moyens à la recherche du Château Saint-Luc et d'apporter peut-être une petite pierre à l'édifice de ce grand travail. Ensuite la douleur car écrire l'histoire de mon abandon, c'est inévitablement replonger dans le sillon d'un véritable chemin de croix. Mais n'est-ce pas sur la croix que l'on retrouve Jésus ? Il était un temps où j'allais régulièrement au monastère bénédictin de Ganagobie : avant d'y entrer, je m'asseyais au pied de la grande croix en bois qui surplombe la vallée de la Durance. Je m'appuyais contre elle, dos à la croix. J'ai compris depuis que c'était la meilleure place. Oui, je pouvais m'abandonner contre la croix, rester là, à la place qu'ont occupé Marie et Jean, m'adosser au grand mystère de Dieu, ce passage de la mort à la vie.

Un bout d'histoire

J'ai connu l'abandon au plus profond de mon existence : j'ai été abandonnée dès ma naissance. Ma mère, très jeune, d'un milieu catholique et bourgeois, a été contrainte par ses parents de me laisser pour des raisons purement sociales et de « bonne famille ». Elle a dû choisir : soit me garder et quitter sa famille à jamais, soit m'abandonner pour demeurer avec les siens. Un moyen terme a été établi grâce à ma tante qui a proposé de m'adopter, libérant ainsi ma mère du statut de fille-mère et lui permettant par ailleurs de me voir grandir.

J'ai toujours su que j'étais adoptée. Ma mère adoptive a eu la sagesse de m'élever dans cette réalité-là. Par contre, dès mon plus jeune âge je me suis interrogée sur cette mère inconnue et je vivais douloureusement l'absence de père, de frères et sœurs, j'acceptais difficilement le grand âge de ma mère adoptive (nous avons deux générations d'écart). Je n'échappais pas aux inévitables questions : « Pourquoi moi ? Pourquoi ma mère m'avait-elle abandonnée ? Pourquoi n'avais-je pas de père ? » Je me suis même demandée pendant des années si je n'étais pas porteuse d'une « anomalie » dont je ne me rendais pas compte... et qui aurait pu expliquer cet abandon. J'ai des souvenirs, enfant, de grande tristesse quand, après avoir été grondée par maman, je me disais qu'elle ne pourrait jamais m'aimer comme une

« vraie » maman, que les enfants adoptés ne recevaient sûrement pas le même amour maternel que les autres. J'ai traversé, adolescente, des moments de révolte extrême, de sentiments d'incompréhension, de colère. Nous avions avec maman de très nombreux heurts : ayant plus de soixante ans lorsque j'en avais quatorze ou quinze, elle n'arrivait pas à faire face à mes exigences d'adolescente des années soixante-quinze. Mais il y a plus : j'ai toujours, toujours vécu avec la sensation très précise que, bien que ne sachant pas qui elle était, ma mère naturelle, elle, me voyait vivre et savait où j'étais. Ma mère adoptive, probablement mal à l'aise dans cette situation de mensonge, m'avait affirmé par souci de vérité, qu'elle avait rencontré ma mère à ma naissance, avait même appris son mariage puis la naissance de ses enfants… Ce qui, au fil du temps, ne faisait que confirmer que les informations circulaient à mon insu… et pour cause !

Pour ne pas éveiller de soupçon et que personne dans la famille ne fasse le lien entre la disparition de ma mère naturelle pendant quelques mois à la fin de sa grossesse et l'adoption soudaine d'un enfant par ma mère adoptive, j'ai été placée pendant trois mois chez une nourrice. Laquelle nourrice, ayant un jour déménagé, m'a emmenée sans prévenir ! J'ai été alors rapatriée chez une deuxième nourrice. De la première, je ne sais rien. Ce que je sais pour avoir élevé mes trois enfants, c'est que pendant ces trois premiers mois de la vie s'élabore la connaissance avec la mère, dans une relation symbiotique et fondamentale. Trois mois, c'est l'âge où l'enfant commence à reconnaître les visages familiers, c'est l'échange des premiers sourires, l'éveil sensoriel, etc. J'ai donc vécu à trois mois une deuxième rupture, certainement douloureuse elle aussi, comme une répétition de la première, une confirmation du sentiment d'abandon.

Chez la deuxième nourrice, je restai jusqu'à dix-huit mois, âge préconisé par le pédiatre pour envisager une arrivée à titre définitif chez ma mère adoptive ! De cette période remontent mes plus lointains souvenirs, certains très précis comme si ma conscience avait déployé une énergie extraordinaire pour faire mémoire. Cette deuxième nourrice avait probablement l'étoffe d'une sainte. D'un milieu modeste, elle vivait dans des conditions précaires, souffrait de déboires conjugaux et, n'ayant pas eu d'enfants, avait choisi d'accueillir chez elle ceux de la DDASS. Malgré toutes ses épreuves, elle a gardé jusqu'à la fin de sa vie – elle est morte quand j'avais vingt-six ans – une extraordinaire joie de vivre, un émerveillement devant les toutes petites choses de la vie, un accueil sans réserve des joies les plus simples. Il rayonnait un tel bonheur dans sa maison ! Elle a certainement été pour moi un visage maternel apaisant et réparateur de bien des blessures. Tout ce qui était beau était pour elle un « cadeau du Bon Dieu ». J'étais la seule petite fille au milieu de cinq garçons, j'avais donc droit de sa part à une certaine préférence. Cette expérience très précoce a peut-être ouvert la porte, plus tard, à la compréhension de la préférence du Père Céleste pour chacun de nous…

Ma mère adoptive venait me voir fréquemment et prenait de mes nouvelles. Et puis, il y a eu la troisième blessure d'abandon, à mon sens la plus grave car elle s'intégrait de façon plus importante dans mon champ de conscience. J'avais dix-huit mois et j'ai été transplantée après deux ou trois séjours d'une journée, dans l'appartement de ma mère adoptive. A ce stade de mon histoire, elle deviendra « maman ». Les débuts ont été difficiles, ma nourrice ne pouvait plus me rendre visite sans que je hurle pour repartir avec elle. Maman ne garde pas un souvenir mémorable de cette période-là. Toujours est-il qu'après cette troisième rupture maternelle, l'abandon était bel et bien ancré dans mon histoire, dans l'inconscient comme dans le conscient, et tout l'amour et l'affection que j'ai reçus de maman n'ont pas réussi à effacer la menace permanente d'abandon.

Abandon et quête d'identité ont été intimement liés. Je mesure, des années plus tard, à quel point la quête d'amour a été intense et douloureuse dans ma vie. Parce que créée à l'image de Dieu, j'étais faite pour l'amour infini. Mais d'un amour initial si défiguré par l'expérience d'un triple abandon, ne pouvaient naître que des quêtes d'amour démesurées et défigurées elles aussi.

Jusqu'à l'âge de vingt ans, chaque séparation révélait en moi une angoisse énorme : fin d'un moment de bonheur, beauté trop intense d'un événement, séparations amicales ou ruptures amoureuses, peu importe ; ces événements ravivaient chaque fois la blessure d'abandon. J'ai connu des bouffées d'angoisse envahissantes et étouffantes, des dérives d'identité et, avec du recul je le reconnais, la mise en place évidente d'un sentiment de culpabilité. Bien qu'ayant vécu dans la foi chrétienne toute mon enfance et mon adolescence, je n'ai jamais trouvé le véritable cœur à cœur avec le Père Céleste et encore moins avec la Vierge Marie. J'ai porté avec douleur un sentiment d'indignité très puissant, celui de « ne pas être digne de l'amour » de mes parents, de ne pas être comme les autres, d'avoir honte de mon histoire, de tout faire pour être désirée sans jamais me sentir vraiment désirable. Cela peut paraître paradoxal mais je me sentais tellement indigne de l'amour de Dieu Père que jamais, je n'ai pu dire dans la prière et dans les larmes : « *Mon Dieu, Abba, pourquoi m'as-tu abandonnée ?* »

Le chemin de guérison à travers les étapes de l'abandon

A l'âge de vingt-deux ans, j'ai rencontré le Renouveau charismatique et les dix années qui ont suivi ont été une longue guérison dans la parfaite pédagogie de Dieu.

Si j'ai toujours su que j'étais adoptée, je n'ai jamais connu la véritable teneur de mon histoire et j'ai vécu vingt-huit ans aux côtés de ma mère naturelle, dans la même famille, sans que jamais elle ne craque de porter ce secret de famille lourd comme le monde.

La découverte du Renouveau a correspondu à la période où j'ai eu mes trois enfants. Je m'en rends compte en écrivant ces lignes et je comprends maintenant à quel point le Seigneur a été délicat avec moi, me guérissant petit à petit de tant de blessures et me permettant par-là même de donner à mes enfants ce que je n'avais moi-même jamais reçu. Je ne pourrai m'étendre sur tout ce qu'il m'a été donné de vivre. Mais je vais simplement retracer ce qui me semble être les étapes importantes de ma guérison.

Tout d'abord, dès les premières semaines dans un groupe de prière, je suis tombée nez à nez sur l'assistante sociale qui avait participé aux « modalités » de ma naissance et qui avait organisé mes placements en nourrice ! Cette rencontre m'a beaucoup ébranlée, a réveillé en moi un grand malaise, une immense colère, beaucoup de ressentiment et j'ai totalement perdu la paix. Cette femme était le témoin de mon histoire, la complice de cet abandon et beaucoup de blessures que je ne soupçonnais même pas ont remonté en moi comme un raz de marée. C'était la première fois que je « touchais » cette blessure bien enfouie. Je m'en ouvris au responsable du groupe de prière qui m'a demandé « d'abandonner » cette rencontre au Seigneur devant le Saint-Sacrement. Ce qui a pu se faire deux ou trois semaines plus tard, la soirée de prière se terminant même par un baiser de paix avec cette femme, et pour moi la découverte merveilleuse que je pouvais abandonner cette souffrance dans l'amour. Le Seigneur me demandait de lui faire confiance sans que je comprenne vraiment ce qui se passait en moi.

L'acceptation de ce baiser de paix – ô combien difficile ! – a été la première porte ouverte à Dieu pour le laisser travailler en moi par la suite. J'ai simplement permis au Seigneur de toucher l'intouchable, de mettre le doigt sur mon trésor « empoisonné », bien ficelé. Je n'ai absolument pas compris ce qui se cachait derrière le pardon donné à cette femme. J'ai simplement compris que le Seigneur venait visiter mon histoire et qu'il avait besoin de moi pour me guérir. C'était un passage nécessaire. Dieu ne peut rien sans notre consentement au pardon.

L'assistante sociale n'est jamais plus revenue. J'avais vingt-trois ans et j'étais une jeune maman comblée par une petite Valentine que j'avais portée dans la joie, que j'avais mise au monde dans la sérénité malgré une césarienne et que j'avais allaitée pendant quatre mois. Mais j'étais aussi une maman très accrochée à son bébé et quand Valentine a eu treize mois, elle est tombée dans le coma suite à des convulsions et a dû être hospitalisée. Alors qu'elle gisait sur son petit lit d'hôpital, nos amis du groupe de prière sont venus faire une prière de guérison et l'ont marquée d'une onction d'huile de Notre-Dame du Laus. L'un d'eux a reçu une parole : il fallait que « j'abandonne mon enfant dans la confiancc cntre les mains de Dieu ». Ce qui a soulevé en moi une terrible angoisse, l'angoisse de la mort de cette enfant puisque abandon signifiait encore rupture et séparation. Malgré la douleur, nous avons fait quand même cette prière, mon mari et moi, et Valentine a été guérie – et moi, un peu plus...

Puis est né à notre foyer un petit garçon deux ans plus tard. Mais il a été lui aussi hospitalisé à l'âge de six mois pour une maladie grave. Il avait une double pneumopathie, une vitesse de sédimentation très élevée, une formule sanguine catastrophique et des troubles méningés. Le pédiatre me dit : « Je ne peux pas me prononcer avant vingt-quatre heures – un enfant d'une autre constitution serait peut-être déjà parti ! » Je me trouvais seule à Aix, mon mari étant à Paris pour un examen capital pour sa carrière. Guillaume était en box stérile, je ne pouvais pas demeurer la nuit auprès de lui. J'ai donc appelé mes amis et le responsable du groupe de prière m'a dit après avoir prié : « Le Seigneur te demande de lui abandonner ton fils et de le déposer dans les mains de Marie. » Dans la solitude, l'angoisse et les larmes, j'ai donc fait cette prière d'abandon de mon fils, je l'ai vraiment déposé de tout mon cœur dans les bras de Marie et j'ai quitté l'hôpital, dans un acte de foi quasi désespéré ! Mes amis ont continué à prier pour notre fils jusqu'à minuit. Le lendemain, le pédiatre m'annonçait que la fièvre était tombée d'un seul coup à minuit avant même la première injection d'antibiotiques.

A travers cela, je comprends que le Seigneur m'invitait à la confiance et à l'amour, j'apprenais les prémices de l'abandon spirituel, du détachement pour tout remettre entre les mains de Dieu. Je comprenais les belles paroles de Khalil Gibran : « Vos enfants ne sont pas vos enfants », ils viennent à travers nous mais non de nous, et bien qu'ils soient avec nous, ils ne nous appartiennent pas. Cela a été vraiment un beau mais douloureux apprentissage du rôle de parents. C'était une invitation quotidienne à la confiance qui rejoint les paroles de notre chère petite Thérèse de l'Enfant-Jésus : « C'cst la confiance et rien que la confiance qui doit nous conduire à l'amour. » Je ne l'ai découverte que bien plus tard, elle est vraiment devenue une sœur pour moi ; mais déjà le Seigneur me mettait sur « sa petite voie ». Il y a eu bien plus de larmes que de confiance dans ces épreuves mais le Seigneur me demandait de lui donner ce que j'avais de plus cher au monde pour ensuite visiter ce qui était au plus profond de moi : ma propre blessure d'abandon, « mon trésor empoisonné ».

J'ai vécu alors une « expérience spirituelle » très particulière qui a été décisive dans la poursuite du travail de guérison. Je me trouvais en prière chez nos amis du Renouveau quand soudain, contemplant la Sainte Face de Jésus, j'ai été prise d'une angoisse intense et grandissante : j'étais physiquement étreinte par cette angoisse que je ressentais au plus profond de mes entrailles comme à l'extérieur de moi-même. Je finissais par étouffer quand j'ai entendu la lecture d'un texte évoquant la douleur d'une femme qui accouche. J'ai compris en pointillé que je revivais peut-être une étape de ma naissance et que mon angoisse soudaine était liée à la panique de ma mère me mettant toute seule au monde. Mon amie, à côté de moi, avait deviné ; elle me dit simplement de ne pas résister, de me laisser faire et je m'effondrai finalement en position fœtale, complètement épuisée, devant la Sainte Face.

J'ai pris alors conscience de façon très claire que ma mère avait vécu mon abandon dans un terrible déchirement et j'ai compris qu'elle n'en était pas complètement responsable. J'ai éprouvé de la compassion pour elle et le Seigneur a déposé en moi le désir de lui pardonner son acte.

Chaque pardon donné, chaque blessure d'abandon pardonnée me faisait prendre de plus en plus conscience de l'abandon du Christ, et donc de la croix. Chaque guérison était traversée par un pardon qui n'est rien d'autre que l'expression de l'infinie miséricorde de Dieu envers nous. La croix, c'est passer de l'abandon à l'abandon, de l'abandon humain infiniment blessant à l'abandon divin infiniment aimant, de la douleur d'homme, infinie, à la joie de Dieu, infinie elle aussi.

Conscience du sentiment d'abandon

D'où remonte en moi le premier sentiment d'abandon ? Probablement, certainement même, du sein de ma mère qui a vécu neuf mois dans les tourments d'une décision à prendre et dans la douleur de laisser son bébé dès la naissance. Je crois pouvoir affirmer que l'abandon était présent dès ma vie intra-utérine, avec sa charge d'angoisse et de déchirure.

Il y a quelques années, au cours d'une anamnèse et d'un processus de guérison, j'ai mesuré et compris que la première grande faille qui remontait à ma conscience était la non-correspondance de la voix maternelle – c'est-à-dire qu'ayant vécu neuf mois avec le son d'une voix connue et évidemment aimée, je n'ai pas retrouvé cette même voix dans les bras qui m'ont probablement accueillie et portée. J'ai compris que cette non-correspondance avait dû être source d'une angoisse très profonde qui a occasionné plus tard bien des dérives dans la quête du regard de l'autre et de mon identité. Cette non-correspondance m'a amenée à dire au Seigneur : Pardonne-leur, ils ne savent pas ce qu'ils ont fait : « ils » étant une entité encore inconnue parce que je ne pouvais mettre de nom sur l'identité de ma mère et que personne ne me demandait pardon ! J'ai compris à quel point nous ne pouvions pardonner par nous-mêmes. Le Christ lui-même a demandé sur la croix à son Père de pardonner à ses bourreaux ! Au-delà de la séparation naturelle de la naissance, il y avait eu la blessure de séparation des corps, le non-retour immédiat dans les bras maternels, probablement l'environnement froid et anonyme d'un berceau avec aucun repère connu – comme l'odeur, la voix, la chaleur, le rythme du cœur maternel – et l'absence de tétée car pas d'allaitement. Première blessure de l'amour à fleur de conscience, rupture dès la naissance avec l'amour.

Les retrouvailles maternelles

Durant toutes mes années d'enfance, d'adolescence, dans mes débuts de vie de femme, j'entretenais avec Michèle – ma mère naturelle mais officiellement ma cousine – une relation empreinte de tendresse, de beaucoup d'amour, de complicité et d'intimité ; elle a souvent partagé la première mes joies et mes peines. Elle s'était mariée peu après ma naissance avec un homme dont elle a eu trois autres enfants. Et ces « petits cousins » ont partagé avec moi de merveilleux temps d'enfance et sont toujours restés très proches. Tout cela dans le secret absolu de nos véritables liens familiaux.

Début juin 1991, j'ai découvert une lettre de Michèle à maman dans laquelle elle parlait de moi, et j'ai compris soudain qu'elle était ma mère. Cela a été un choc terrible, le voile du secret se déchirait d'un seul coup et je me retrouvais à vingt-huit ans confrontée à une réalité invraisemblable. Il m'a fallu des mois pour mettre de l'ordre dans l'arbre généalogique de ma famille et assimiler cette vérité. J'ai immédiatement contacté Michèle et les mois qui ont suivi ont été très intenses : partage de mon histoire dès l'origine (enfin !), premiers mots sur mon père qui entrait ainsi dans mon existence pour la première fois. Cela a été comme la reconstitution d'un immense puzzle.

Mais nos relations ont basculé à partir du jour où j'ai évoqué l'idée de mettre mes enfants au courant de la situation ainsi que mes frères et sœurs, mes amis proches, n'étant moi-même liée par aucun serment. Le jour de ma naissance, ma grand-mère (sœur de maman) avait exigé de ma mère adoptive et de Michèle un secret absolu sur mes origines.

Il se trouve que quelques jours seulement après cette terrible découverte, je participais au pèlerinage des mères de famille à Cotignac, bouleversée et perdue dans le choc de cette histoire. Le prêtre qui nous accompagnait, a fait deux enseignements : l'un sur notre filiation divine, disant que nous étions tous des enfants de Dieu « adoptés » et que la véritable filiation était celle de l'Amour. Le deuxième sur les serments : « Vous ne vous lierez par aucun serment car ils entravent la liberté de Dieu ! » Je me suis longuement entretenue avec ce prêtre sur le bouleversement que je vivais et il m'a invitée à déposer mon histoire entre les mains de Dieu et de Marie, à abandonner tout de suite mes sentiments de révolte, à entrer chaque jour sur le chemin du pardon en demandant à Dieu de pardonner ce que je ne pouvais pardonner moi-même. Pour la première fois de ma vie, j'entendais que dans abandon et pardon, le point commun était le DON. J'ouvrais les yeux lentement sur l'idée du DON, sur le fait de pouvoir donner cette blessure sur laquelle je m'étais finalement construite tout au long de ma vie.

Au fur et à mesure que j'avançais dans cette découverte où ma foi était menée à rude épreuve, je me heurtais à une incompréhension de Michèle qui a engendré des moments de terrible agressivité, la rupture d'une partie de notre relation, une grande émotion de la part de maman suivie d'un grand malaise et mal-être (eczéma géant, dépression), une consternation catastrophée de mes grands-parents qui ont maintenu fermement nos liens d'oncle – tante – nièce, me disant que « cela ne changerait jamais ». Je découvrais que cette vérité qui aurait pu être porteuse de tant de joie et de libération était un renvoi à mon abandon initial. Je n'ai trouvé de réel soutien humain qu'en mon mari et mes véritables amis pendant que tous les protagonistes de l'histoire signaient et cautionnaient le drame vécu trente ans plus tôt.

Je traversais des mois d'incompréhension, de dépression, de doute, de quêtes d'amour aussi grandes qu'était le vide creusé par le rejet familial ; l'agressivité de Michèle, la « protection » de l'histoire et de mes grands-parents par maman ont été les pires choses à vivre. Nous n'étions invités ni aux repas de famille, ni à Noël – fête qui d'ailleurs ne m'apportait de joie véritable qu'auprès de mes enfants. Devant ces portes qui se fermaient, il m'a été donné de comprendre qu'à travers chaque blessure on pouvait choisir d'offrir sa souffrance à Dieu : chaque souffrance offerte nous rapprochait de Jésus sur la croix. Je comprenais davantage Marie et Joseph se heurtant la nuit de Noël à tant de portes fermées à l'enfant à naître, je traversais la douloureuse solitude de la souffrance que je déposais auprès du Seigneur à Gethsémani. J'effleurais la tristesse de Jésus devant ses amis les plus chers qui le quittaient et l'abandonnaient. Et dans ces années de chaos, dans les méandres de mon histoire, ma seule prière constante était : « Seigneur, fais-moi demeurer dans l'amour, que je ne fasse de mal à personne, que mon histoire demeure une histoire d'amour. »

Toute cette « progression spirituelle » s'est faite parallèlement à un travail psychologique important et complémentaire. Nous ne pouvons pas faire l'économie de notre psychisme, de nos constructions, de nos défenses. Il m'a fallu comprendre la mise en place de ces constructions, trouver à maintes reprises le fil conducteur de l'histoire, l'énergie motrice des uns et des autres pour immobiliser un tel secret ou faire avancer la vérité. J'ai été accompagnée par un ami médecin qui a suivi, étape par étape, le cheminement de mon histoire, qui m'a donné les clefs indispensables pour ouvrir les portes fermées à ma compréhension, qui a entendu la profonde souffrance de certains événements et qui a vécu les joies intenses de certains autres. Je crois indispensable la cohabitation de ces deux entités, croissance psychologique et vie spirituelle. Un pardon psychologique existe certes, mais il ne prend son sens véritable que dans le pardon à la lumière de Dieu. Et la guérison spirituelle nécessite souvent un travail sur soi-même pour recevoir et accepter la guérison. Le travail psychologique permet une meilleure connaissance de soi ; quant à la démarche spirituelle, elle nous donne une plus grande proximité de Dieu. Et plus nous acceptons de laisser Dieu nous aimer tels que nous sommes, plus nous nous acceptons tels que nous sommes.

Château Saint-Luc

C'est dans un des creusets les plus profonds que je suis venue pour la première fois à Château Saint-Luc, en janvier 1992 pour suivre le séminaire fondamental. J'ai été percutée au plus intime de mon être par l'enseignement sur les blessures d'amour dans lesquelles je me retrouvais constamment (blessures dans le sein maternel, à la naissance, pendant la petite enfance, absence de père et perte d'identité, enfant élevé dans une cellule monoparentale, secret de famille...) : tout y était !

Ce séminaire a été à la limite du supportable. J'y ai vécu aussi mon premier shabbat, fêté par la Communauté le vendredi soir selon la tradition judéo-chrétienne primitive. Ce doux retour à nos racines profondes m'a été presque intolérable, et plus encore la bénédiction des enfants par leur père. Je touchais là le fond d'une impossibilité à me laisser aimer et chérir par le Père car toute tentative d'abandon à l'amour signifiait pour moi l'abandon de l'amour et la chute vertigineuse dans ma souffrance de solitude.

Je m'en ouvris au responsable et malgré mes doutes, mes chutes, mes dérives, j'ai entendu que j'étais l'enfant chérie du Père et qu'à travers tout ce chemin il se révélait tout proche de moi, sur la croix. L'idée de la croix m'était bien difficile à accepter ; pourtant Bernard insistait : « Oui, Jésus reste sur la croix près de toi et Notre Père attend ton élan d'amour pour déployer en toi sa puissance. » A ce stade de mon histoire, touchant vraiment la profondeur de ma blessure d'abandon, j'ose écrire qu'il m'a fallu « pardonner à Dieu » d'avoir laissé faire une telle horreur. Je ne veux pas dire par là qu'il était responsable de ce qui s'était passé ; mais en acceptant de pardonner à Dieu, j'abandonnais le sentiment de révolte qui menaçait de m'habiter tout entière et aurait empêché la poursuite de ce long travail de guérison.

La révolte, c'est le lien qui nous attache à notre blessure, à notre point d'orgueil. Maintenir la révolte, c'est maintenir notre attachement à la blessure. Pardonner à Dieu d'avoir laissé faire un tel drame, c'est délier le paquet, accepter de lâcher ce sur quoi l'on s'est construit. Il m'a fallu cinq séjours et séminaires à Château Saint-Luc avant d'entrer dans la liturgie du shabbat de façon sereine, cinq shabbat pour demander enfin la bénédiction de mon Père Céleste. Un jour en effet, la vue de cette bénédiction m'a été tellement insoutenable que j'ai quitté la salle à manger pour m'écrouler à la chapelle en hurlant au Seigneur que je ne pourrais jamais faire cette démarche. Il était venu me chercher au plus profond de ma blessure et moi, je ne pouvais pas le suivre. C'était plus fort que ma volonté : je réalisais combien j'étais accrochée à cette blessure, ce fameux « point d'orgueil... ». J'ai vécu là la mystérieuse alliance de ma misère et de la grâce de Dieu. Entourée par la tendresse du Seigneur, recevant de multiples témoignages de son amour et de sa délicate préférence envers moi, je gardais au fond de moi la foi et, soutenue par Saint-Luc durant ces années où je ne cessais d'entendre « que le Seigneur ne s'arrêterait pas là, qu'il continuerait son œuvre de guérison, et qu'il ne nous demanderait jamais plus que nous ne pourrions supporter », malgré toutes mes difficultés à croire ce dernier point, je suis sortie lentement de l'épreuve.

Découverte de la Paternité de Dieu

En 1994, le Seigneur m'a fait un grand cadeau en me donnant un père spirituel. Je traversais une période très noire, j'étais dans un véritable état dépressif quand j'ai été mise en relation avec le père Pascal, abbé du monastère de Ganagobie. A travers cette relation et dès le premier jour, il m'a été donné la grâce de la confiance absolue, de la transparence la plus totale, de l'obéissance filiale – moi, l'enfant un peu terrible – et je trouvais dans le regard de ce prêtre, un accueil sans limite et un amour permanent. J'ai pu déposer dans son cœur et donc dans le cœur du Père, toutes mes chutes, mes dérives, mes colères à travers des entretiens dont je ressortais complètement pacifiée quelle qu'en soit la teneur, quelles que soient mes chutes, parce que munie du sacrement de réconciliation. J'ai découvert à travers ce père spirituel beaucoup de facettes de la paternité divine, une exigence parfois difficile, un amour sans jugement, une douce fermeté, une joie filiale.

Au lieu d'expérimenter dès mon enfance la tendresse d'un père aimant qui m'aurait conduit à la paternité de Dieu, je découvrais à travers un visage d'homme le visage du Père Céleste, pour aboutir quelques années plus tard à la rencontre de la paternité de mon père de la terre.

La douceur de cet amour paternel m'a permis de comprendre le passage de la blessure d'abandon à l'abandon de la blessure. Après être descendue très loin dans ma blessure d'abandon, accompagnée par le père Pascal, il m'était donné d'entrevoir que je pouvais l'abandonner puisque rien n'est impossible à Dieu et qu'il peut guérir tout ce que je veux bien lui laisser visiter. Voici ce que j'ai écrit dans mon journal : « Je suis appelée à méditer sur quelque chose de très important, de l'abandon à l'abandon, de l'abandon au don. Au fond de moi s'effectue une conversion fondamentale que je pressens depuis longtemps. L'abandon humain est une trahison d'amour (...), la naissance d'un enfant à la vie est une naissance à l'amour. Quand il y a au bout l'abandon, l'amour est bafoué jusqu'aux racines même de l'être, conçu pour aimer. L'abandon entre les mains de Dieu est alors impossible car il est vécu comme une mort. Or, j'ai compris que l'abandon à Dieu passe par la croix pour mener à la vie/résurrection. L'offrande de ma souffrance à Dieu conduit à la croix d'où rejaillit la vie en Dieu. J'ai compris aussi que la seule manière de renaître à la vie spirituelle est de se plonger ou replonger dans le sein de Marie pour y être façonnée avec le même amour par lequel a été façonné Jésus ; que Marie, elle, nous abandonne dans les mains de Dieu, dans l'offrande et le don. Dans le mot « abandon » (ce n'est pas étymologique !), je trouve les mots « a (b)ba » et « don ». Don au Père, par le Père et pour le Père. Par Lui, avec Lui et en Lui. »

En parallèle avec cette relation de paternité spirituelle, j'ai eu la grâce, en famille, de découvrir sainte Thérèse de l'Enfant-Jésus et de la Sainte Face. Ses manuscrits, ses poèmes, ses chants ont été une fabuleuse école de vie, un lieu où tout était accessible. De là sont nées une véritable tendresse et une complicité avec la petite Thérèse, partagées par nos enfants surtout la petite dernière. Nous avons participé à une session des Béatitudes à Lisieux et j'y ai reçu une grâce à travers l'enseignement de Jo Croissant sur le corps, Temple de l'Esprit Saint. Nous étions debout dans la basilique et, en entrant vraiment corps et âme dans son enseignement, j'ai été comme « bercée » au sens littéral, c'est-à-dire que j'ai vraiment ressenti la présence de bras paternels intérieurement et aussi extérieurement, j'étais portée dans un balancement très doux. J'ai ouvert les yeux pensant que j'étais peut-être prise de vertiges ; or mon image visuelle ne bougeait pas, les murs de la basilique restaient bien droits ! J'ai compris simplement que cet état était une onction de tendresse du Père Eternel. J'ai donc refermé les yeux et ce bercement a duré plusieurs minutes, me plongeant dans un état similaire au repos dans l'Esprit. C'était en fait le premier pas de mon abandon réel à la tendresse de Dieu.

Avec la rencontre de sainte Thérèse et la découverte de Lisieux s'est concrétisé mon désir de retrouver mon père. Cette idée m'habitait depuis des années mais je ne pouvais envisager de le faire, me sentant incapable de gérer éventuellement une nouvelle déception ou un refus de relation. Au fur et à mesure que, au long des années, le Seigneur me guérissait, je ressentais une véritable compassion pour mon père. Ainsi grandissait envers lui un amour ancré dans chaque eucharistie offerte, dans chaque baiser de paix déposé pour lui pendant six années. J'ai finalement décidé de le rechercher pour lui dire que je l'aimais, que je n'étais pas l'héritière du regard que ma famille avait porté sur lui et qu'il avait sa place de père dans mon histoire. J'ai fait part de ma décision à mon père spirituel : nous avons vécu cette recherche ensemble, soutenue par cet accompagnement qui me maintenait dans la confiance. Un jour pourtant, les recherches n'aboutissant pas, je dis au père Pascal : « Je crois que nous devrions arrêter. Après tout, ce n'est peut-être pas le projet de Dieu que je retrouve mon père. » Et un regard plein de tendresse et de fermeté a accompagné ses paroles : « Pascale, je ne vous permets pas d'arrêter les recherches. »

Douceur de m'abandonner sans résistance à la volonté du Père... Je ne trouve pas de mots assez forts pour évoquer l'immense confiance qui naît de l'abandon à la volonté de Dieu ou de son représentant, ce lâcher prise dans l'obéissance qui fait que l'on ne veut plus décider de son propre chemin mais qu'on se laisse guider sur la route choisie par le Père.

Les retrouvailles paternelles, à travers Marie

Cette recherche n'a pas été simple car l'on m'avait donné de faux éléments concernant mon père (fausse date de naissance, fausse orthographe...). Simultanément, après avoir longuement évoqué avec le père Pascal ma difficulté de relation avec Marie, il m'a proposé de faire la retraite de trente-trois jours avec la Communion Marie Reine de la Paix, en vue de préparer ma consécration à Marie. Je connaissais ce parcours depuis des années mais je ne m'étais jamais sentie concernée par la démarche. Impossible pour moi de me consacrer à l'amour d'une mère et de lui abandonner l'alpha et l'oméga de mon être. J'enviais ceux et celles de mon entourage qui avaient fait cette démarche et qui vivaient sous le manteau de Marie.

J'ai accepté la proposition et je suis entrée dans la retraite avec paix et confiance. Le parcours était beau, complet, je découvrais pour la première fois de ma vie ce que pouvait être la relation à Marie et cela devenait possible. Je n'ai quand même pas pu faire l'acte de consécration prévu à la fin de la première retraite. J'ai donc entamé une deuxième retraite (dans laquelle j'ai été saisie par les invocations à l'Esprit Saint) puis une troisième retraite où je me suis rapprochée davantage de Jésus.

A la fin du mois de juin 1997, j'ai demandé par téléphone à mon cousin qui avait pris en charge les recherches de les stopper momentanément car rien n'aboutissait et que les hauts et bas qui se succédaient finissaient par m'épuiser. Après avoir raccroché, il a soudain compris que, si rien n'aboutissait, c'était parce qu'on nous avait induits en erreur : il a aussitôt entamé des recherches dans toutes les orthographes possibles et il a retrouvé trace de mon père en quinze jours !

Parallèlement, dans les premiers jours de juillet, j'ai été contactée sur un plan professionnel pour travailler en psychiatrie adulte en tant qu'assistante sociale. Je m'étais toujours promis de ne jamais travailler dans ce domaine qui me faisait très peur, et voilà qu'on venait me chercher justement pour ce poste-là ! Avec beaucoup de réticences, je me suis rendue aux différents entretiens. Au terme du second, je me suis vraiment remise dans les mains de Dieu et j'ai cherché quelles étaient les raisons plausibles pour dire non... Je n'en ai trouvé aucune ! J'ai donc répondu « oui » dans la confiance, malgré la peur de l'inconnu. C'était le 17 juillet à midi. Le soir, j'ai reçu le coup de fil de mon cousin m'annonçant qu'il avait retrouvé mon père. Cela a été un moment bouleversant.

Il m'a appris que mon père vivait, qu'il était marié et père de deux fils, qu'il habitait à la Réunion et qu'il avait fait une brillante carrière dans l'armée. Après l'émotion des premiers jours, le 22 juillet entre Marie et Thérèse, le jour de sainte Marie-Madeleine, patronne des Bénédictins, j'ai écrit à mon père. L'été a passé, sans réponse. Le 8 août notre périple de vacances familiales nous conduisait à Lisieux. A mon grand regret, nous sommes arrivés juste après la fermeture de la basilique et nous avons prié sur la tombe des parents Martin. J'ai senti qu'il fallait que je concrétise ma démarche de consécration à Marie, alors j'ai demandé aux époux Martin deux cadeaux d'anniversaire – j'allais avoir trente-cinq ans le 28 août : le premier était de pouvoir retrouver le père Pascal ce jour-là, le second d'avoir des nouvelles de mon père quelles qu'elles soient, à cette date.

J'ai vécu jusqu'au 27 août dans un mélange d'angoisse et de paix ; malgré l'angoisse qui m'habitait chaque jour, je demeurais dans la paix par rapport à mon père avec, au fond de moi, la certitude qu'il répondrait dans l'amour. Le 27 j'ai reçu sa première lettre. Il était midi et j'avais rendez-vous à 14 h avec le père Pascal ! Je ne voulais pas ouvrir la lettre tout de suite. Je la gardai contre moi pendant une heure, tout en écoutant une cassette de Bernard Dubois sur « l'attachement et la séparation ». Enfin je l'ai ouverte, les mots de mon père étaient au-delà de toutes mes espérances. J'y découvrais un homme plein d'amour, meurtri par le passé mais bien reconstruit et sa joie était déferlante.

Je reparlais au père Pascal de mon idée de consécration à Marie et il m'a demandé de recommencer une quatrième retraite le lendemain, jour de mon anniversaire. Trente-trois jours plus tard, nous étions... le 1er octobre 1997, jour du centenaire de l'entrée au ciel de Thérèse ! Cette consécration à Marie a été une très grande grâce : j'étais délivrée de mon impossibilité à rencontrer Marie, je trouvais en même temps mon papa de la terre et ma maman du ciel !

J'ai découvert à travers ses récits que mon père, rejeté et humilié par toute ma famille, avait fait l'impossible pour me voir et passer, seul, cinq minutes avec moi quelques jours après ma naissance. Il m'a raconté ces cinq minutes, vibrant d'émotion : « Tu étais dans ton berceau, toute petite, toute brune. Je t'ai prise contre moi. Maladroitement, je t'ai regardée pour m'imprimer de toi à jamais, je t'ai ensuite serrée contre moi comme un fou, et je t'ai parlé, parlé comme un père peut parler à son enfant, sachant que j'allais te perdre et ne jamais te revoir. Je t'ai dit tout ce qui m'a traversé l'esprit à ce moment-là puis je t'ai reposée dans ton berceau, j'ai refermé la porte pour toujours et là, j'ai pleuré, pleuré... » J'ai mesuré à ce récit, à quel point ma conscience ou inconscience d'enfant avait dû être ébranlée, touchée, c'était certainement vertigineux d'incompréhension et de vide. Ce moment intense a certainement imprimé en moi beaucoup de choses de mon père et nourri très probablement mon obstination à le rechercher et à le retrouver trente-cinq ans plus tard, laissant au fond de mon cœur ces mots d'amour fou qui avaient précédé l'abandon de mon père. Je comprenais que notre relation était une relation d'amour désespéré mais non rejetant. Elle avait nourri ma confiance pendant les années de recherche. Parallèlement, cette rupture supplémentaire avait dû encore aggraver en moi la défiguration de l'amour et briser pendant des dizaines d'années, l'élan de confiance filiale envers mon Père du Ciel.

Nous le savons bien dans la vie spirituelle, la relation que nous avons eue avec nos parents induit notre capacité à rencontrer Dieu Père, à aimer Marie et à entrer dans son intimité. Grâce à ma mère adoptive, j'ai eu la chance de grandir dans la foi, sans jamais la perdre. Mais il a fallu des années pour que je m'abandonne entre les mains du Père, et surtout que j'accepte l'amour maternel de Marie.

Là encore il m'a été donné de vivre les choses un peu à l'envers. Quand nous avons pu dire tout petit, « papa », il est plus facile d'appeler notre Père « Abba », car la tendresse du père préfigure la tendresse de Dieu. Moi, j'ai vécu l'inverse. Il m'a fallu trente-quatre ans pour arriver à dire « Abba », et un an plus tard, quand j'ai fait enfin la connaissance de mon père, dans un grand moment de tendresse où je me suis abandonnée dans ses bras comme un bébé, j'ai pu lui dire du fond de moi : « Tu es mon papa, mon papa d'amour. »

Je ne m'étendrai pas sur les retrouvailles avec mon père, je n'aurais pas assez d'un livre pour tout raconter ! Mon père a continué à guérir en moi cette blessure d'abandon. Pendant les semaines et mois qui ont suivi nos retrouvailles, mon père n'a cessé de me dire qu'il m'aimait, qu'il était là et qu'il ne m'abandonnerait plus jamais. Cette angoisse-là n'avait pas le temps de ressurgir que mon père déjà l'avait apaisée par ses mots. Certes il y a eu des moments difficiles dans notre séparation, lui étant à la Réunion et son épouse refusant en bloc de partager notre histoire et vivant cela dans une souffrance intérieure liée à son passé très douloureux. Mais ce qui se mettait en moi progressivement en place, c'était la disparition du statut d'enfant abandonné, l'abandon de la blessure.

Un jour, dans un moment de doute, après l'annulation d'un voyage de mon père qui avait entraîné chez moi une grande déception et une panique de « rechute », mon père m'a dit : « J'ai besoin que tu me fasses confiance, que tu croies vraiment que je ne t'abandonnerai plus jamais – l'abandon, c'est fini… ! »

Conclusion, s'il peut y en avoir une

Le chemin du pardon n'est jamais terminé. Aujourd'hui, connaissant mon père, j'ai du mal à pardonner qu'on m'ait arbitrairement séparée de lui, j'ai du mal à pardonner l'humiliation, le mépris, la honte qu'on lui a fait subir il y a trente-six ans. Mais ce chemin des douze dernières années, soit un tiers de ma vie, restera le long travail de Dieu qui va jusqu'au bout de ce qu'on lui laisse entreprendre. Il ne m'a pas fait faire l'économie de la souffrance, de la traversée des déserts, de la peur, de la révolte, mais il m'a permis de vivre chaque étape au bon moment, en son temps. Je suis émerveillée de la fidélité de Dieu, de sa pédagogie, du soin particulier qu'il prend pour les petites choses comme pour les grandes.

J'ai envie de terminer ces pages par quelques mots de sainte Thérèse. Il me faut dire qu'il y a vingt-cinq ans mon père, qui avait « décroché » de la foi chrétienne suite à cette douloureuse histoire, avait été mis sous la protection de sainte Thérèse par son aumônier militaire, sans lui demander son avis… ! Nos retrouvailles s'inscrivent dans ces pluies de roses qu'elle ne cesse de faire tomber sur la terre. Avec elle, nous avons pu dire avec papa : « Merci mon Dieu, vous avez dépassé notre attente. Amen. »

Gap, le 8 décembre 1998, fête de l'Immaculée Conception.

AURIEZ-VOUS PAR HASARD UNE FILLE ?
TÉMOIGNAGE DE SŒUR IVANKA

« Si un de ces jours je passais à l'acte, et si jamais j'avais trouvé la formule qui marche, je voudrais être enterrée en Suisse dans un cimetière près de ma communauté.

Ma vie, je ne l'ai pas demandée. Pendant trente-quatre ans, j'ai essayé de survivre, souvent en prenant des décisions dictées par la raison – j'ai essayé de marcher sur le droit chemin – sur cette route où l'on me promettait un bonheur dès cette terre.

J'ai si souvent espéré en quelqu'un ou quelque chose, mais je suis toujours déçue : en commençant par mes pères successifs, mon rêve d'une famille où l'on s'aime, et aussi dans mes engagements chrétiens de plus en plus radicaux. J'ai toujours cru que cela pouvait être un chemin vers le bonheur mais maintenant, pour moi, c'en est trop ! J'ai trop souffert ! Je sais qu'en refusant définitivement cette vie que Dieu m'a donnée, je vais souffrir de l'autre côté – je compte cependant sur la miséricorde de Dieu pour m'offrir de vivre un jour ce « face à face », l'union à Dieu que je désire tant. Si je me trompe, ce sera le désespoir pour toujours : cela ne changera pas grand-chose à ma vie car elle ne pourra pas être vraiment pire que ce que j'endure actuellement. »

Ce sont des extraits d'une lettre d'adieu que j'ai écrite en novembre 1996 pour le cas où... ! Je ne suis pas passée à l'acte, et heureusement. Six semaines plus tard, je recevais une lettre de mon père naturel, premier signe de vie depuis trente-quatre ans. Ou devrais-je dire, le deuxième signe, car c'est bien lui qui m'avait donné la vie, même si cela s'est fait par inadvertance ou par hasard ! Sa lettre, et tout ce qui s'est passé par la suite, a changé tant de choses en moi qu'aujourd'hui (trois ans après) je peux témoigner : *Le Seigneur a fait pour moi des merveilles.*

Mais commençons par le début. A ma naissance, tout semblait normal. Ma mère était mariée depuis peu, je me trouvais alors dans une famille avec un père et une mère. Tous deux étaient jeunes, lui faisait encore ses études, elle travaillait pour nourrir le jeune foyer. Quant à moi, j'allais à la crèche. Comme j'étais de santé fragile, je fis aussi plusieurs séjours en hôpital, en sanatorium, en centre de cure pour enfants ou chez mes grands-parents. A la maison, la vie n'était pas simple : mes parents vivaient des tensions. Mon père déménageait chez des amis plusieurs mois durant puis il revenait. Suivait alors une nouvelle séparation pour se remettre ensemble un peu plus tard ; bref, tous deux étaient jeunes, ils manquaient de maturité. Ils ont fini par divorcer définitivement. J'avais trois ans.

Ce qui caractérise les années qui suivirent, ce fut l'école, la garderie (car, bien sûr, ma mère travaillait toute la journée) et les vacances. Il y eut aussi un autre mariage. Je me souviens surtout du village où habitaient mes nouveaux grands-parents car leurs voisins avaient une ferme, et pour moi, enfant de la ville, c'était le rêve. Un jour, alors que je rentrais du centre de cure pour enfants, ma mère me fit part de deux surprises. La première se trouvait sur le parking de la gare : une coccinelle bleue, « notre » première voiture. La deuxième était moins évidente : il n'y avait plus de « père » à la maison. Ils avaient profité des vacances pour décider de divorcer. On peut dire sans exagération que mon enfance fut un peu tourmentée.

Aujourd'hui mes parents se marient

Puis notre rythme de vie s'est calmé. J'avais dix ans quand nous avons déménagé dans la maison d'un monsieur nommé Michael, en pleine banlieue, avec un grand jardin et une atmosphère de campagne. Bientôt nous fumes rejoints par sa fille née d'un premier mariage, de deux ans ma cadette. Deux ans plus tard, un beau matin au petit déjeuner, j'apprends qu'à mon retour de l'école, ma mère ne sera pas à la maison. Car, avec Michael et entourés de quelques amis, ils avaient rendez-vous à la mairie pour fêter leur mariage. Cette façon de faire n'avait rien pour m'étonner – j'en avais vu tellement d'autres. Ce n'est qu'à l'école, en annonçant à mes copains de classe « qu'aujourd'hui mes parent se marient », que j'ai réalisé, à leurs réactions, que c'était un événement pas tout à fait ordinaire.

Ensuite mon petit frère est né. Voici un de ces petits fioretti qui illustrent notre situation familiale : au guichet de la gare, pour obtenir la réduction pour familles nombreuses, c'était presque impossible d'expliquer aux employés pourquoi les trois enfants portaient des noms de famille différents : car moi, je portais le nom du premier mariage de ma mère, ma sœur portait le nom de jeune fille de sa mère (que celle-ci avait reprise après le divorce) et mon frère portait le nom de mon beau-père... Lorsque j'ai eu quatorze ans, mon beau-père m'a adoptée – ce qui faisait de lui mon père selon la loi – j'ai donc changé de nom et reçu un nouvel acte de naissance, mentionnant Michael Müller comme mon père. En pleine adolescence, dans cette « mosaïque de famille », cela ne m'était pas facile de trouver ma place. J'avais plutôt l'impression d'avoir « perdu » ma mère que d'avoir gagné un père, ou une famille. Mon rôle d'aînée me pesait : j'essayais de comprendre, d'être raisonnable, de faire l'unité... et j'en avais marre !

C'est à seize ans que j'ai découvert Jésus vivant. Je me suis engagée pleinement dans le Renouveau charismatique : là, j'y ai trouvé des frères et sœurs qui m'aimaient, des « parents » chrétiens qui m'adoptaient un peu, bref, j'expérimentais l'Eglise comme ma vraie famille. Dès ma majorité, soutenue moralement et financièrement par des amis du Renouveau, j'ai déménagé pour vivre seule, pour trouver un espace à moi, pour commencer à construire ma propre vie. Cette décision ne s'est pas prise sans discussion à la maison, mes parents ne comprenaient pas vraiment, et surtout mon père adoptif n'acceptait pas du tout mon cheminement spirituel. C'est dans ce contexte que j'ai décidé de contacter mon premier père.

Auriez-vous par hasard une fille ?

Depuis leur séparation définitive, le premier mari de ma mère n'avait plus pris contact avec moi, mais je pensais qu'il devait toujours vivre dans la même ville. J'ai retrouvé sa trace tout simplement en regardant dans les annuaires téléphoniques. Ainsi le 10 février 1981 j'ai pris mon courage à deux mains et j'ai téléphoné :

– Bonjour, c'est bien Monsieur Stefan Tiede ?

– Oui, c'est moi.

– Auriez-vous par hasard une fille, qui s'appellerait Ivanka ?

– (Silence, puis, très faiblement :) mais qui êtes-vous ?

– C'est moi, ... Ivanka !

Je lui ai ensuite expliqué mon désir de connaître mon père naturel, pour savoir un peu mieux qui j'étais. J'ai raconté que c'était difficile à la maison et qu'à cause de cela, je m'adressais à lui. Alors la conversation continua :

– Est-ce que ta mère sait que tu m'as téléphoné ?

– Non, car ces temps-ci on ne se parle pas beaucoup !

– Alors, écoute, je veux bien te rencontrer, mais il y a quelque chose que je veux que tu saches avant de me voir, parles-en à ta mère.

– (Moi, pas très rassurée :) D'accord, je lui parlerai, et quand est-ce qu'on peut se voir ?

– (Nouveau silence, puis timidement :) Je suis désolé de te décevoir comme ça dès notre première prise de contact, je vais être honnête avec toi. Es-tu assise ?

– Oui, par terre, ça va !

– Il faut que tu saches que je ne suis pas ton père !

Ses paroles me firent l'effet d'un cataclysme, le sol se dérobait sous moi, mes genoux se mirent à trembler, un instant le monde s'arrêtait de tourner autour de moi. Puis j'ai commencé à pleurer ; Stefan a eu la délicatesse dc me laisser du temps pour réagir. Il a rappelé plus tard pour fixer notre premier rendez-vous.

Heureusement j'étais bien entourée par mes amis chrétiens, j'ai trouvé des bras pour m'accueillir en larmes, des oreilles pour entendre ma révolte, des cœurs pour retrouver de l'espoir. Plus tard, j'ai pu en parler avec ma mère et elle m'a raconté comment d'année en année elle avait repoussé le moment de me dire la vérité, par peur de me blesser. Elle était sincèrement désolée que j'aie appris la vérité si brutalement. Et, bien sûr, cette fois-ci, elle m'a parlé des circonstances de ma conception, de mon père naturel et de son incapacité à assumer cette paternité – il lui avait même proposé l'avortement. J'ai appris aussi que Stefan Tiede m'avait en quelque sorte sauvé la vie : ami proche du frère de ma mère, il avait entendu parler de sa grossesse, c'est lui qui a demandé de l'épouser en précisant qu'il voulait bien être le père de l'enfant qu'elle attendait. Autrement je ne serais probablement même pas née !

Vous dites, se laisser aimer ?

Je connaissais donc désormais une partie de la vérité, mais je n'avais pas la force intérieure d'entreprendre d'autres démarches afin d'en savoir plus. J'ai bien enfoui cette réalité et j'ai continué de construire ma vie, avec le désir de plus en plus grand de servir Dieu et les hommes dans un ministère d'Eglise.

Ce désir m'a amenée à faire des études dans le domaine social, puis à entrer dans une petite communauté de vie et finalement à me consacrer dans le célibat pour appartenir à Dieu seul. C'est au sein de ma communauté que j'ai continué le chemin de guérison intérieure que j'avais déjà commencé dans le Renouveau charismatique. C'est dans la vie fraternelle de tous les jours que j'ai guéri petit à petit, par exemple en découvrant que les hommes sont capables de fidélité et en perdant peu à peu la peur de mes frères et de l'autorité. En neuf ans de cette vie communautaire de type familial, j'ai fait des pas de géant, et pourtant, malgré toutes les heures passées à la chapelle, malgré tous les engagements pris pour manifester mon attachement au Seigneur, entre Dieu et moi je sentais comme un mur. En écoutant les homélies qui nous parlaient de l'union à Dieu et du face à face, j'étais déchirée entre un profond désir et l'incapacité à me laisser faire.

Je mettais en œuvre les conseils spirituels de mon accompagnateur. Mais comme l'ascèse active ne débloquait pas ma vie de prière, il finit par poser le diagnostic de « nuit spirituelle ». J'étais invitée à poser des actes de fidélité et à vivre par la foi.

Ce déchirement intérieur entre le besoin vital d'expérimenter l'amour de Dieu, de le sentir avec mes sens, et mon incapacité psychologique à me laisser toucher, à faire confiance à nouveau par peur d'une nouvelle déception, ce déchirement m'a poussée jusqu'au désespoir, au point de désirer la mort et d'écrire la lettre qui se trouve en introduction à ce témoignage.

Qui plus est, chez mes parents les choses allaient de mal en pis, jusqu'au jour où mon père adoptif m'annonça que ma mère venait de partir pour vivre seule. Quelques mois plus tard ils se séparaient définitivement. J'avais beau me dire : « tu es adulte, tu vis ta vie à mille km de tes parents, c'est leur histoire », cette situation ravivait les anciennes blessures et je me retrouvais de nouveau face au gouffre de la blessure d'abandon. Même le jour de mes vœux définitifs, les deux refusaient de se rencontrer : tandis que ma mère était installée dans l'assemblée, mon père se trouvait sur le balcon à côté de l'orgue. Je reste pourtant très reconnaissante à ce père d'avoir manifesté par sa présence son désir de rester fidèle à son choix d'adoption, même après leur séparation.

Connaître le Père du Ciel ?

Devant un tel désarroi ma responsable de communauté m'a proposé de prendre une année pour me permettre d'aller au fond de mon problème, grâce à un temps plus spécifique de guérison intérieure et même de psychothérapie. C'est comme cela qu'un jour, alors que je parlais avec mon accompagnatrice, elle me fit remarquer que je ne parlais jamais de mon père, mais seulement de mon père adoptif. C'est à elle que pour la première fois depuis mon entrée en communauté j'ai raconté mon histoire avec tous les détails. Sa réaction était claire : « Comment veux-tu entrer en relation avec le Père du Ciel, si tu ne connais pas ton père naturel ? » Elle m'expliqua : « Il est plus facile de faire une démarche thérapeutique en connaissant la vérité, quelles que soient les difficultés que cela puisse impliquer. C'est impossible de s'attaquer à un rêve. Sache aussi que lorsque ton père adoptif est entré dans ta vie, ton mécanisme de refus était déjà bien en place, il n'avait aucune chance d'entrer en concurrence avec le rêve du père idéal que tu portes dans ton cœur. » Fortement encouragée par elle, j'ai contacté ma mère pour voir si cette fois-ci, elle voulait bien m'aider à chercher mon père naturel.

L'été 1996, j'ai eu la chance de passer plusieurs semaines à Medjugorje : un temps de repos auprès de la Gospa. J'y ai goûté des moments de grande paix remplie d'une douce présence du Ciel. En même temps c'était aussi l'occasion de rencontres avec des amis qui venaient en pèlerinage. Avec le recul, je peux dire que j'ai commencé à découvrir une fois de plus la vie de famille : la proximité de notre mère du ciel et la joie de vivre ensemble en Eglise. C'est à la fin de ce temps, alors que je devais normalement rentrer en Suisse dans ma communauté, que s'est imposée à moi l'évidence : je devais d'abord passer chez ma mère, à Berlin. Un jour, après la messe, j'ai fait une annonce au micro, demandant si quelqu'un aurait une place dans sa voiture pour m'emmener jusqu'en Allemagne du nord. Effectivement une dame s'est présentée qui partait le jour prévu, seule en voiture, et non seulement en Allemagne du nord, mais directement jusqu'à Berlin !

C'est durant cette semaine passée « à la maison », que ma mère et moi avons fait les premières démarches pour retrouver Ernst Heidelberg : nous avons « épluché » l'annuaire téléphonique de toute l'Allemagne, mais il n'y avait personne au nom recherché, nous avons contacté des amis assistants sociaux qui avaient accès aux ordinateurs qui stockent des renseignements sur les habitants de leurs départements et même au-delà. Mais l'ordinateur central n'existait que depuis une dizaine d'années. Rien à faire, notre « monsieur » restait introuvable. Etait-il décédé ? Finalement nous sommes parties vers le village où il habitait en 1961. C'était la première fois que ma mère retournait dans ce village, depuis le jour où mon père lui avait annoncé qu'il n'allait pas l'épouser et qu'il vaudrait mieux qu'elle avorte. Je suis reconnaissante à ma mère du courage qu'elle a eu pour s'exposer ainsi aux souvenirs difficiles de cette époque.

Effectivement à la mairie, dans les anciennes archives manuscrites et classées dans les sous-sols, l'employée a retrouvé une carte, jaunie par le temps, qui attestait qu'un Ernst Heidelberg avait vécu ici en 1961. J'ai béni les générations de bureaucrates qui ont dû tenir ces archives en ordre ! Malheureusement, l'employée n'avait pas le droit de me donner plus que l'ancienne adresse et le nom de la commune vers laquelle mon père avait déménagé un an plus tard ; donc ni la date de naissance, ni l'état civil, ni la profession, ni aucun autre renseignement. La loi est ainsi faite en Allemagne !

La lettre !

A partir de ce premier signe tangible de l'existence de ce père que je cherchais, il m'a fallu bien de la patience : de commune en commune j'ai suivi sa trace. La loi exige que ces requêtes soient faites soit par l'intéressé – et je ne voulais quand même pas faire le tour de l'Allemagne – soit par lettre. Additionnez le temps du courrier Suisse-Allemagne (aller et retour) avec le temps du « traitement » de ma demande dans chaque bureau, multipliez la somme par quatre, c'est-à-dire le nombre de déménagements, et vous comprendrez que cela ait pris plusieurs mois. Heureusement, à chaque déménagement mon père avait bien indiqué sa future destination. En octobre survenait un nouvel élément : la réponse de la mairie me disait : « en 1984 votre père est parti pour le Brésil, nous savons seulement dans quelle ville, mais n'avons pas d'adresse exacte ! » Certes cela expliquait pourquoi je ne pouvais pas le trouver en Allemagne… mais comment faire pour continuer les recherches au Brésil ? – Eh bien… Tout simplement comme la dernière fois : en passant par les renseignements téléphoniques. Vivent les nouveaux moyens de communication ! Oui, Ernst Heidelberg était enregistré à Rio, et il avait un numéro de téléphone !

Je n'allais pas faire la même bêtise que précédemment en prenant mon père par surprise. D'ailleurs, cet homme ne m'avait jamais vue, ni reconnue, comment allait-il réagir à ma demande de contact ? Probablement aussi était-il marié, est-ce que sa femme connaissait mon existence ? Bien soutenue et conseillée par mon accompagnatrice dans toutes ces questions, j'ai résolu d'écrire une lettre. Mais quelle lettre ! Il m'a fallu plusieurs semaines pour la rédiger, et encore plusieurs jours pour la mettre sur papier avec une écriture lisible, tellement je tremblais d'émotion. Le but était d'écrire une lettre gentille, où je me positionne en adulte, sans revendications et sans accusations, car je ne voulais pas que mon père prenne peur et se dérobe. J'ai joint à la lettre ma meilleure photo, celle où l'on voit une moniale rayonnante et heureuse. Et de nouveau l'attente commençait… J'en ai profité pour me préparer à toutes les éventualités : en thérapie j'ai imaginé ce qui pourrait arriver de pire, et aussi j'ai laissé rêver l'enfant en moi, je l'ai laissé dire ses désirs les plus profonds. D'un moment à l'autre, je basculais du plus grand espoir à une peur immense de la déception, ou d'un nouvel abandon.

La réponse !

C'est le 12 décembre 1996 (en la fête de Notre-Dame de Guadeloupe), que la réponse est arrivée du Brésil, une lettre épaisse avec des bordures « par avion » en vert et jaune. C'est précisément à ces bordures que j'allais désormais reconnaître le courrier en provenance du Brésil. Il y avait dix pages, des photos en plus, et des articles de journaux ! Le tout commençait avec : « Ma chère, grande (et belle) fille ! » et se terminait avec « Que Dieu te protège, mon enfant. Ton père ! » Entre les deux, des explications – mais aussi une demande de pardon ; un paragraphe dans lequel il me disait : « Je te reconnais comme ma fille et dans l'avenir je veux te respecter et t'aimer… comme un père ! » J'ai appris qu'il vivait dans une ferme au Brésil où il s'occupait de fermiers pauvres d'origine allemande, pour les aider face aux grandes coopératives. J'avais trois sœurs et un frère. Une des filles avait un élevage de chevaux, une autre vivait à Montréal, le frère et la sœur cadette vivaient en Allemagne et je pourrais un jour les rencontrer.

J'étais rassurée du fait que tous les enfants étaient plus jeunes que moi, cela confirmait que j'étais le fruit d'une aventure de jeunesse avant son mariage. Comme sa femme est très croyante et comme tous deux sont membres d'une petite église protestante, il lui était même possible de tout avouer à sa femme. Plus tard il parlera aussi à ses enfants de leur sœur aînée.

Mais j'avance dans le récit ! Pour le moment, en lisant cette lettre, je pleurais et riais en même temps, le rêve et la réalité se mélangeaient – je n'aurais pas su dire ce qui était le plus beau ! C'était une refonte ontologique qui commençait dans les profondeurs de mon être, je découvrais une partie importante de mes fondations et ça faisait bouger toute « la maison ». J'avais les genoux en compote et en même temps une envie folle de danser, je courais dans le jardin en criant de joie pour m'effondrer deux minutes plus tard dans les bras de quelqu'un en sanglotant, « mais pourquoi fallait-il attendre trente-quatre ans ? Pourquoi ne m'a-t-il jamais fait signe ? » J'avais l'impression de vivre le « Happy end » d'un film de Hollywood – seulement à la fin des films, l'histoire s'arrête (« les héros galopent sur leurs chevaux, main dans la main, vers le soleil couchant ») mais dans la vie réelle, il faut assumer la suite.

Un père tout à fait normal

Pour Noël, il m'a appelée pour la première fois, et puis les lettres allaient et venaient entre la Suisse et le Brésil. Petit à petit la réalité a remplacé le rêve : mon père avait des problèmes et des défauts ! Et moi j'étais limitée dans ma capacité à me laisser aimer, j'avais du mal à accepter qu'il « joue au père-chéri » après toutes ces années de silence et d'abandon. En plus j'étais adulte et je n'avais plus le même besoin d'un père que celui qu'aurait eu un enfant ou un adolescent. Par exemple je ne supportais pas qu'il se permette de mettre en question mes engagements communautaires ou ma consécration. Si j'avais été mariée, je n'aurais pas toléré non plus qu'il critique mon mari ou mes enfants.

Ah ! Le pardon qu'il m'avait demandé dès sa première lettre, s'avérait bien difficile à donner. Car, petit fœtus que j'avais été dans le ventre de ma mère, j'avais bien perçu que « Papa ne me voulait pas – que Papa était dangereux et méchant ! » Il m'a fallu continuer ma thérapie, demander la prière de guérison, poser fidèlement des actes de foi et de pardon, tout cela exigeant beaucoup de patience envers moi-même et envers Dieu.

La première rencontre

Le grand événement qui allait suivre était la venue de mon père. J'avais opté de le rencontrer en Allemagne puisqu'il ne parlait pas français. Je désirais aussi qu'il me connaisse comme religieuse au sein d'une communauté. Comme j'étais allée régulièrement à la Communauté des Béatitudes après ma conversion, c'est une de ses maisons qui m'a généreusement accueillie pour vivre cette première rencontre. Je suis allée le chercher à la gare : quand j'ai vu cet homme marcher vers moi, avec ses deux valises, cela ne correspondait en rien au rêve que je m'étais fait de ce moment. Quand il m'a prise dans ces bras, j'ai eu l'impression d'embrasser un étranger. La paternité ne s'invente pas ! Nous avions devant nous deux semaines pour nous connaître, pour nous apprivoiser, pour apprendre à nous aimer. Comme nous voulions profiter de ce temps jusqu'au bout, cela ressemblait à un marathon intérieur. C'était trop intense ! Après seulement quelques jours je n'en pouvais déjà plus !

Pourtant le Seigneur était au rendez-vous et il nous a permis de vivre des moments forts, par exemple celui-ci : un des premiers jours passés à la Communauté des Béatitudes était un vendredi. Or tous les vendredis soir on y célèbre l'entrée en shabbat. Un point fort de cette cérémonie familiale est précisément le moment où les pères bénissent leurs enfants. Avec une grande simplicité, mon père m'a imposé les mains en demandant à Dieu de me bénir et de me garder tout au long de ma vie. Bien des fois, j'avais demandé à Dieu de m'accorder la grâce de me faire bénir un jour par un de mes pères comme j'avais vu faire dans certaines familles chrétiennes, et voilà qu'il m'exauçait d'une manière extraordinaire ! Pourtant sur le moment je n'ai rien ressenti.

Après ces quelques jours passés à la communauté, nous sommes montés à Berlin, j'ai logé chez ma mère et mon père s'est installé chez des amis à lui. Je sais que mon père et ma mère se sont rencontrés, car ils avaient des choses à se dire et à se pardonner. Je ne tenais pas à être présente pour cette rencontre, c'est leur histoire. Pourtant chacun d'eux m'a remerciée plus tard d'avoir fait toutes ces démarches et ainsi d'avoir permis leur rencontre. « Car, disaient-ils, même si cela a été douloureux sur le moment, maintenant nous sommes plus en paix avec notre passé, et nous sentons une plus grande liberté pour avancer sur notre chemin. C'est comme si nous avions porté un poids toutes ces années qui nous a soudain été enlevé. »

La providence voulait que mon anniversaire tombe ces jours-là, ce sont alors mes deux parents qui ont décidé de m'offrir un repas au restaurant à trois, le jour même de mon anniversaire. Là encore, ce repas était porteur de beaucoup de sens et de consolation quand je le regarde avec des yeux de la foi, mais le vécu réel, l'incarnation concrète, n'avait rien de romantique – l'ambiance était plutôt tendue. Ce sont comme des signes de la fidélité de Dieu, comme des cadeaux que j'allais déballer plus tard et dont je découvrirais la saveur en en faisant mémoire, en priant, en les méditant en présence du Seigneur.

J'ai trouvé ma mère...

Avec ma mère nous avons passé des heures à parler, à raconter, à expliquer, pour commencer à comprendre chacune le vécu de l'autre. Cela nous a amenées à nous demander pardon dans les larmes et à nous faire le cadeau du pardon donné. J'avais fait tout ce chemin pour chercher « mon père », et je me rendais compte que la première découverte était de « trouver ma mère », dans la vérité et avec un amour tout renouvelé.

... et mon vrai père !

Puis, j'ai rencontré mon père adoptif. Je désirais tout lui raconter, mais j'avais peur de sa réaction, n'allait-il pas se sentir trahi par mon désir de rencontrer mon père naturel ? Allait-il me rester fidèle, même si j'avais trouvé l'autre père ? Ah, toujours la même peur de l'abandon ! Dès que je l'ai vu, j'ai compris ce qu'est un père. J'étais frappée par la différence entre lui et mon père naturel : quand mon père naturel m'avait embrassée, j'avais l'impression de toucher un étranger, quand j'ai vu arriver mon père adoptif, je me suis jetée dans ses bras et j'ai compris : c'est lui, mon père ! Lui, je le connaissais, nous avons vécu ensemble, nous avons une histoire commune, nous nous sommes faits souffrir mutuellement, nous nous sommes disputés, nous nous sommes pardonnés, il m'est resté fidèle depuis son choix de m'adopter, nous avons appris à nous connaître et à nous respecter, nous avons appris à nous aimer.

Je lui ai raconté mon aventure des derniers mois, et heureusement, au moment de l'adoption ma mère lui avait dit la vérité sur mon père naturel. Tandis qu'il m'écoutait les larmes commençaient à couler sur ses joues, puis il m'a pris la main et il m'a raconté sa propre histoire : j'ai appris ce jour-là que lui-même ne connaissait pas son père naturel, car selon son expression, « je suis l'œuf de coucou que ma mère a posé dans le nid de son mari ». Nous avons pleuré tous les deux et j'ai senti que je l'aimais encore plus profondément. Quelques jours plus tard, je lui ai écrit une lettre pour lui dire : « Il y a déjà vingt-trois ans que tu m'as choisie comme fille, mais moi, je t'ai choisi comme père il y a seulement quelques jours, je te demande pardon pour toutes ces années où je ne savais pas accueillir ton amour ! » C'est étonnant, j'étais partie chercher mon père naturel et j'avais trouvé mon père véritable !

La présence de Marie

Après ce marathon émotionnel, mes responsables de communauté (que je tenais au courant des événements par téléphone) m'ont proposé de prendre un bon temps de vacances, dans le lieu qui me conviendrait le mieux. Je désirais passer ce temps avec ma mère pour profiter et approfondir cette nouvelle relation entre nous. C'est elle (protestante et croyante), qui un soir où nous parlions de ce projet de vacances m'a proposé timidement : « Outre le désir d'aller un jour avec toi en Israël, mais ce serait trop fatigant pour maintenant, j'ai tellement entendu parler de Medjugorje que je voudrais bien y aller avec toi. Qu'est-ce que tu en penses ? » Je croyais rêver, mais pour une fois la réalité dépassait mon imagination ! Deux jours plus tard nous partions, nous nous sommes reposées au bord de l'Adriatique et nous avons prié ensemble près de la Gospa.

C'est un soir pendant le rosaire à la paroisse que le puzzle a pris forme, c'est à ce moment que j'ai perçu l'œuvre de Dieu et la douce présence de la

Vierge Marie : en 1993 pendant la guerre, j'avais passé plusieurs mois à Medjugorje. A cette époque une voyante avait posé pour moi une question à la Gospa : "Est-ce que mon père naturel vit toujours et comment est-ce que je pourrais le retrouver ?" Je n'ai pas eu de réponse explicite et j'avais même oublié que j'avais posé la question. Maintenant tout me revenait et tout devenait clair : c'est trois ans plus tard, en partant de Medjugorje, poussée par un appel intérieur, que je suis allée à Berlin. C'est là que j'ai entrepris les premières démarches pour rechercher mon père. Cela a abouti et m'a donné de vivre tout le parcours que je viens de raconter. La rencontre se termine de nouveau à Berlin, d'où l'on me propose de retourner à Medjugorje. Ces deux passages à Medjugorje deviennent alors comme un cadre qui entoure et rend encore plus belle cette œuvre de Dieu dans ma vie. C'est cette présence toute discrète et pourtant réelle que j'aime tant chez Marie, ma mère du Ciel.

La présence de saint Joseph

Autre clin d'œil du Ciel : au printemps suivant, mon père adoptif a accepté pour la première fois de venir seul en Suisse pour me rendre visite dans ma communauté. D'origine protestante, il a quitté l'église il y a bien longtemps et se dit « incroyant » – alors pour lui, venir au monastère pour voir sa fille religieuse était un grand pas. Il ne pouvait pas le savoir, mais il est arrivé le 19 mars, pour la fête de saint Joseph !

C'est aussi le moment de préciser qu'en 1995, j'ai eu la grande chance de prononcer mes vœux définitifs pour les vigiles de la fête de saint Joseph. Celui qui a été donné comme père à Jésus a choisi cette occasion pour me manifester son adoption toute personnelle.

Guérir dans la sainte Famille ?

J'avais toujours imaginé ma guérison comme un événement mystique, comme une grande révélation de Dieu le Père dans la prière ; j'avais aussi, comme tant d'autres, espéré avoir un jour une apparition de la Vierge Marie, je me trouvais tellement blessée par la vie que je le méritais bien. Pendant des années j'ai en quelque sorte cherché « le truc spirituel » qui allait m'apporter la guérison, que ce soit une technique de prière ou la rencontre du bon maître spirituel dont j'aurais déjà lu tous les livres. Je m'attendais à quelque chose d'extraordinaire et de prophétique, une intervention d'en haut qui allait en un instant m'enlever tous mes maux.

Parmi les propositions spirituelles j'ai essayé aussi de prendre la sainte Famille comme ma famille, j'ai choisi Marie comme mère toute pure, j'ai choisi Joseph comme père et maître spirituel et je me suis imaginée avec l'Enfant-Jésus dans la crèche. Pourtant je me décourageais vite, car cela restait des efforts que je faisais à la force du poignet. D'habitude je ne ressentais rien ; cela restait dans ma tête et dans ma volonté. Mais je désirais que Dieu me touche, me console et me comble de sa présence.

Ma guérison avait besoin de s'incarner dans le réel de ma vie. Comment construire sans s'occuper des fondations ? Tant que j'étais coupée d'une partie de mes racines, je ne pouvais pas porter des fruits qui durent. Pendant ces trois dernières années, j'ai souvent été frappée par le fait d'avoir maintenant deux jambes pour me tenir debout et pour pouvoir avancer. Pour vous, cela est probablement une évidence, pour moi c'est une découverte qui a changé ma vie. J'avais cherché un "truc" quelque part et je suis presque déçue de ne pas l'avoir trouvé, cela aurait était si simple de pouvoir dire aux autres : mais faites comme moi, ça marche !

Oui, guérir dans la sainte Famille !

Le chemin sur lequel le Seigneur m'a menée est son chemin avec sœur Ivanka. Avec quelqu'un d'autre, il fera autrement. Ce qui me remplit de reconnaissance, d'émerveillement et d'amour, c'est justement ce respect de Dieu envers mon histoire. Il ne me demande pas de faire semblant d'avoir vécu autre chose, il m'apprend et m'aide à assumer ce passé douloureux comme un adulte, tout en me sachant son enfant bien-aimée. Sur ce chemin j'étais soutenue par mon directeur spirituel, par un accompagnement fidèle (quelquefois quotidien pour toutes les questions pratiques), par plusieurs thérapeutes, par les frères et sœurs de ma communauté, et bien sûr par la présence discrète de la sainte Famille. Mais cette présence n'avait rien d'extraordinaire, de magique ou de miraculeux, elle a été tout à fait terre-à-terre et s'est inscrite dans le quotidien de ma vie.

Je découvre que désormais je peux me laisser aimer, en accueillant les choses telles qu'elles se présentent. L'année dernière, à Noël, j'ai reçu quatre paquets par la poste : un de ma mère et trois de mes pères. Je sais maintenant que chacun m'aime à sa manière, avec ses limites et avec ses qualités, et j'ai le plaisir de me sentir aimée par chacun.

Mais ce qui a vraiment changé ma vie, ce qui me rend heureuse, vraiment heureuse, c'est l'expérience de Dieu dans la prière. Il y a des moments où je ressens sa présence : parfois c'est Dieu le Père qui me touche, d'autres fois c'est la Vierge Marie, ma mère, qui me console ; d'autres fois encore je peux bercer l'Enfant-Jésus dans mes bras ou je peux contempler la sainte Famille. Le mur a disparu, le ciel s'est ouvert et « de sa plénitude je reçois grâce sur grâce. »

Medjugorje, en entrant dans le jubilé, décembre 1999.

Conclusion générale

Découvrir la sainte Famille est une réponse d'actualité aux difficultés rencontrées par les familles ; c'est une réponse humble et pleine d'espérance qui prend une intensité croissante aujourd'hui. Dieu a eu besoin d'une mère et d'un père pour vivre et grandir humainement : il nous rappelle ainsi l'impasse dans laquelle nous sommes à vouloir naître et grandir sans un père, sans une mère. Croire que l'on peut grandir sans un père ou sans une mère, que ceux-ci sont interchangeables, que l'absence de l'un ou de l'autre n'est pas si dramatique, que nous avons assez de ressources en nous et autour de nous pour pallier ces insuffisances, tout cela mène à une terrible confusion dont les enfants à naître sont les premières victimes. En accueillant la maternité et la paternité que le Christ nous donne à travers ses parents, nous expérimentons une guérison qui passe par une pacification et une réconciliation, un épanouissement progressif de notre humanité où nous goûtons à l'œuvre salvifique du Christ. Sans nous faire la morale, sans s'imposer ni nous contraindre, il nous guide vers le lieu où il désire nous sauver : la sainte Famille.

Si dans notre société, le père se revèle interchangeable, les enfants quant à eux ont besoin d'une stabilité dans la durée afin de grandir harmonieusement. Or de plus en plus d'enfants sont conçus par un père et sont élevés par un autre. Ils grandissent par séquence parce que les couples ne se construisent plus dans la durée. Les familles recomposées se multiplient et le drame intérieur des enfants demeure, sans qu'il soit suffisamment pris en compte, jusqu'à l'âge adulte.

La femme ressent la pression de la société qui désire socialiser le plus vite possible son enfant, comme s'il n'était pas bon qu'il reste avec sa mère quand cela est possible, pendant les premières années de vie. On invite les mamans à mettre leur tout petit enfant à la garderie même quand elles choisissent de rester à la maison. Il reste nécessaire de socialiser l'enfant, mais après avoir répondu aux besoins d'une relation privilégiée avec la mère. Pourtant près d'un tiers des enfants sont déjà scolarisés à l'âge de deux ans[1].

L'homosexualité est en voie d'être reconnue comme une condition naturelle de vie, sans que l'on s'arrête sur l'origine psycho-affective du trouble qui est accessible à une guérison, ni sur l'impact éducatif qu'une telle condition aura sur les enfants adoptés. 42% des français n'approuvaient pas l'homosexualité en 1980, ils ne sont plus que la moitié en 2001[2].

Devant l'évolution du mode de pensée et de vivre, devant la solitude affective et la complexité de nos blessures dont l'homme seul est bien incapable de se guérir, la réponse divine est simple, humble et puissante. Certes l'homme pécheur continuera son rêve prométhéen, il essayera de maîtriser la vie jusqu'à devenir sa propre source. Mais pèsera-t-il les conséquences de ses actes sur la génération suivante ?

Dieu nous donne son Fils, le Christ, le seul Sauveur. Le Christ nous donne ses parents « comme s'il savait » que ce serait le lieu de notre guérison. Il nous invite à le suivre.

1. Source INSEE dans la revue TOP FAMILLE, n° 11, mars 2001, p. 14.

2. Enquête de Arval (association pour la recherche sur les systèmes de valeurs), *Les valeurs des français de 1980 à 2000*, Ed. Armand Colin.

Table des matières

CHAPITRE DEUXIÈME
FEMME, ÉPOUSE ET MÈRE

CHAPITRE TROISIÈME
RENAÎTRE EN MARIE

CHAPITRE QUATRIÈME
DE LA MÈRE AU PÈRE

CHAPITRE CINQUIÈME
LA PATERNITÉ DE SAINT JOSEPH

CHAPITRE SIXIÈME
À L'ÉCOLE DE L'ENFANT-JÉSUS

CHAPITRE SEPTIÈME
GUÉRIR AVEC LA PETITE THÉRÈSE

CHAPITRE HUITIÈME
TÉMOIGNAGES

Achevé d'imprimer sur les presses de

BUSSIÈRE

GROUPE CPI

à Saint-Amand-Montrond (Cher)
en décembre 2003

N° d'impression : 37501.
Dépôt légal : octobre 2001.

Imprimé en France